Van Gogh

现在这里没有风,阳光灿烂,火辣辣的燥热。正好成全我的事。有太阳,有阳光,别无他法,我只能召唤黄色、淡硫磺色、淡柠檬金色。黄色多美啊!

Vincent

梵高传

Van Gogh

〔法〕大卫·阿兹奥 / 著

李玉民 / 译

著作权合同登记号　图字01-2018-9061

David Haziot
Van Gogh
Copyright © Editions Gallimard, 2007
Simplified Chinese translation copyright
© People's Literature Publishing House 2018
All rights reserved

图书在版编目（CIP）数据

梵高传/（法）大卫·阿兹奥著；李玉民译.—北京：人民文学出版社，2020
ISBN 978-7-02-013841-8

Ⅰ.①梵… Ⅱ.①大…②李… Ⅲ.①凡高（Van Gogh，Vincent 1853-1890）—传记 Ⅳ.①K835.635.72

中国版本图书馆CIP数据核字（2018）第032225号

责任编辑　黄凌霞
装帧设计　刘　静
责任印制　徐　冉

出版发行　人民文学出版社
社　　址　北京市朝内大街166号
邮政编码　100705
网　　址　http://www.rw-cn.com

印　　刷　三河市鑫金马印装有限公司
经　　销　全国新华书店等

字　　数　274千字
开　　本　880毫米×1230毫米　1/32
印　　张　12.875　插页3
印　　数　1—8000
版　　次　2011年10月北京第1版
印　　次　2020年5月第1次印刷

书　　号　978-7-02-013841-8
定　　价　68.00元

如有印装质量问题，请与本社图书销售中心调换。电话：010-65233595

梵高的神话与现实

(代前言)

生前创造神话,死后还继续创造神话者,古往今来为数不多,温森特·梵高便是一个。"我打算作一些肖像画,在一个世纪之后的人看来,就像出现的幽灵。"梵高于一八八八年写的这句话,而他画的一个"幽灵",一百年后又出现了。这个"幽灵"假借法国当代著名作家皮埃尔·米松(Pierre Michon)之手,于一九八八年再次现身,成为传主,详见《约瑟夫·鲁兰传》。鲁兰何许人也,就是梵高一八八八年所作的一幅出色肖像画上的邮递员鲁兰,是他在阿尔勒交上的一个难得的朋友。其实,鲁兰并不是邮递员,而是在火车站按目的地负责分发邮件袋。当时的邮件里经常装有现钞,温森特就是通过这种方式,每月接到弟弟提奥的汇款。因此,邮局要求员工诚实,经得住一切考验。鲁兰因为工作出色,被授予了邮政服务奖章,后来又荣获银质奖章。他对温森特的慷慨友谊为他赢得了荣誉,成为艺术史上最著名的"邮递员"。正如皮埃尔·米松所说:"事在必然,邮差鲁兰面对的这个人,就是要以画一个幽灵的方式展现他，从而使他长存于世。"

温森特给鲁兰及其全家画了好几幅肖像。经他的彩笔画出的"幽灵"有一批，包括大量的自画像，无不"长存于世"，成为珍宝，售出天价。也许正因为这个缘故，皮埃尔·米松才不无幽默地写道："这些肖像画，极富商业价值，可以怀疑如今能否出现了，恐怕也像钞票上的头像一样难得一见了。这是因为梵高做的是一种黄金生意，也附带当当画家。在这种生意中，他远远超越了自己的作品，现在哪儿也见不到了。我倒是愿意就作品本身看他一看，通过一个不懂何为绘画的人，看看这种现象在上世纪末是否还有可能……"

惊人之语："梵高做的是一种黄金生意！""黄金生意"？这应该是梵高死后继续创造的神话，只可惜他看不到了。不过，鲁兰，他画的一个"幽灵"，看到了他应有的变化："他显得年轻了，胡子也修整了，他还终于有了钱，镶了一套假牙，替代掉了的牙齿；至于他那只耳朵，是否又长出来了呢，恐怕安了一块比肉体还真实的肉体，即美国制造，用硬纸板或着了色的皮草制成的；尤其眉头紧锁的那副眼神，那张专横的嘴，已经化为乌有，暴怒平息了，他的身心放松，平静下来了；他怀着喜悦的坚信，肯定自己走在这条坚信的路上，他一直作画，情况还要好，速度慢一些，更加老练了，在巴黎美丽的街区，在明亮的画室里。如果有人来访，就会有一位绝色女子引您进去，请您坐下，她比玛丽娅·吉努还要美，还要年轻，但是同样端庄，她热情地告诉您，温森特正在工作，稍微等一下，接着给您送来报纸、一只玻璃杯。"

这段描绘的情景，同本传所讲述的梵高的生活状况大相径庭。"终于有了钱"？这是梵高一生的梦魇，每天早晨起来头一个思虑，也是他给提奥写的数百封信大谈艺术和憧憬，最后落实的一个问题：速寄钱来。可以说，温森特是固执地走向他自己也不知道目标的路上。直到二十六岁，他才破天荒第一次回到本我，敢于明确表达自己的愿望、乐趣和愤慨。他要开始学习绘画，不再从事任何别的职业，这就意味他毫无生活来源，只能依赖别人了。比他小四岁的弟弟提奥，自小同哥哥关系亲密，现在当了画商，有能力和感情基础支持他。兄弟俩达成契约，提奥按月供给一定数额的生活费用，温森特的绘画作品全归提奥所有。但是谁也没有料到，温森特从艺十一年，只卖出过一两幅画，直到他最后自杀，恐怕也跟钱有很大关系，难说不是钱最终把他逼上绝路。

　　没有提奥的经济支持，也就不可能有梵高的艺术生命。兄弟之间绝对相爱传为神话。温森特有一幅画鞋子的油画，他是不知疲倦的行者，用画笔向鞋子表示敬意。两只鞋子虽已穿破，但是画得仿佛互相支持，能让人看出梵高兄弟二人的形象：他们彼此扶持着走完人生路。须知温森特死后仅半年，提奥几乎在同一日期病逝了。其实，由于想法和见解不同，又时而出现实际的经济危机，兄弟二人并不总那么默契。提奥还没有真正认识温森特的才华，认为他"当画家只有中等才具，仅此而已"。温森特抱怨提奥身为画商态度消极，也不是没有道理。提奥难免不受几个态度激烈的妹妹的影响；他在信中承认常有抛弃温森特的念头，有时候差一点点就干出来，但是最终总能回到这样的信念："他肯定是个艺术家，尽管他现在画出来的，也许并不都是好的，但是这对他今后有益，将来也许会有人欣赏；因此，阻止他继续学画，恐怕那会留下遗憾。"惟恐"留下遗憾"，就支持十年，这虽非神话，反倒更加难能可贵。

"至于那只耳朵，是否又长出来了呢？"一句谐谑的话牵出了高更，温森特一度认作朋友的人。如果在温森特的艺术道路上，提奥是福星的话，那么在一次相聚中，高更就能为他的克星。这是命数酿成的悲剧，既由不得高更，也由不得温森特，但是给了温森特一次致命打击。

温森特早在下煤矿的时候，就表现为超前的工人教士，把自己的衣物钱财全给了受难的矿工。在安特卫普学艺将近一年，他仅吃过六七顿热腾腾的饭菜，他需要一种帮助、一个栖身之所，由此产生撂不下的心事：创建一个画家合作社。几个人拧成一股绳，就能对付反对前卫艺术家的这个残酷无情的社会。但建艺术家团体，就成为他一生的情结，大家能在经济上相互支持，精神上相互帮助，艺术上相互切磋。然而，那些画家表现出了法兰西特色和巴黎特色十足的风气，体现为罗伯斯庇尔式的小集团和排他性。温森特看到一些在生活上困苦挣扎，居然还有余力钩心斗角，进行他所说的"大家都倒霉的内战"，实在难以理解。

温森特生性桀骜不驯，顽固地拒绝向现实低头，自己一旦选定了目标，就不顾所有人反对，不惜付出任何代价，哪怕背上受诅咒的恶名，哪怕遭受常人难以想象的磨难，也要坚定地走向心中的憧憬，他性格上的这一特点，是他绝对痛苦和绝对成功的根源。温森特这一生，绝对痛苦遭受不少，可以连缀起来，构成他的人生历程。这次他不顾现实，极力敦促高更来阿尔勒同他会合，认为这是一次好机会，能实现他那艺术家合作的梦想。这无异于拉封丹的寓言，沙锅和铁锅结伴旅行的故事：在路上难免磕磕绊绊，铁锅在无意中，碰碎了它的伙伴。

梵高的个性，不时能发出超常能量。他从不会绘画到创新技法，形成自己的画风，仅仅用了十一年时间。一八八六年至一八八七年，他在巴黎所作的自画像数量惊人，他的艺术在这个领域，一下子就达到了顶峰。他到阿尔勒不过半年多时间，就创作出数十幅油画，不是精品，而是绝品。梵高现象，在艺术史上仅此一例。然而，这样的个性极不稳定，有时会犯在常人看来的低级错误，在对待高更的问题，他就犯了极大的错误，造成灾难性的后果。

高更去阿尔勒之前，刚刚借鉴（剽窃）了贝尔纳尔的轮廓分明的画法，终于找到他一直未能表述自己的方式，创立了后来的综合主义。高更自信早已找到绘画之路，不免自我膨大，还真把已经飞升到创作高峰的梵高当成"小学生"了。这两位大师级的艺术家，相互并不了解，只是在想象中定位，从而形成不应有的严重错位。这种落差，对于高更不过是纠正看法问题，而对于梵高这样一个心理脆弱的人，就是个致命打击了。

问题主要还是出在温森特自身，尽管高更扮演了很不光彩的角色，利用了温森特的利他主义和妄自菲薄。高更在一封信中，描述他的"冉·阿让"式的自画像，温森特没有看到作品，就被高更的描述"触动了内心深处"，他心中的信念动摇了，某种东西打碎了。他把高更想得无比高大，把自己想得无比渺小，他似乎开始自残，极力贬低自己的作品，简直就该全部丢进垃圾桶："我觉得比起您来，我的艺术创意太过一般了。我的胃口总像野兽那样粗俗，什么我都忽略，不会表现事物的外在美，只因我在作品中，把美的事物画丑了，而我看大自然很完美，画出来就粗疏浅陋了。"

本来自己独具的特点，将近十年激情探索的这种"粗野"，先在素描上继而又在油画上创新的这种操笔的高超技艺，又有一大批在艺术史上堪称杰作的成果，这一切全都一笔勾销了！温森特的判断力一时间归于零，在他的心目中，"高更和一种可怕的父亲形象同化了"，如同升起的一颗"黑太阳"，渐渐遮蔽了阿尔勒黄灿灿的太阳。温森特在判断力归于零的状态中，写信给高更，"无休无止地奉承"，高更得意忘形之余，认为温森特就是个二流的业余画家，如能大力推销他的画作，那么陪伴这个怪诞的崇拜者一段时间也值得。轻率的投机心理，殊不知温森特有双重性格，他仅仅了解一面，而另一面跟他同样有血性。

错位只能在想象中，实际一接触，两个有血性的人势必发生冲突，无休无止的奉承变成了无休无止的争吵。两个月的共同生活成为两个人的炼狱，终于在平安夜酿成悲剧，高更绝情而去，温森特绝望地割掉左耳。一八八九年一月，梵高刚出院，就作了一幅耳朵缠绷带的自画像，一副大难不死的可怜相，比较先前的自画像判若两人。

这个悲剧未免有点滑稽，一八八八年十月，高更赴阿尔勒时，比起如日中天的梵高来，他的资本还欠缺得很，只有马提尼克岛的闪亮油画，以及当年夏天在阿旺桥村的一些作品。可是，他偏偏要"教导"温森特，力图使温森特背离他自己的艺术之路。高更按照自己的观点，要彻彻底底改变温森特深信的观念，这在艺术上就犯了大忌。安托南·阿尔托独具慧眼，在一篇富含闪光见解的评论文章中写道：

"我认为高更主张，艺术家应该追求象征、梦想神话，将生活的事物一直扩大成为梦想神话；而梵高则主张，艺术家必须善于演绎最贴近生活的事物的梦想神话。

"因此我认为，梵高的主张对极了。

"因为，现实远远高于任何故事、任何寓言、任何神性、任何超现实。

"只需具有天赋，才善于演绎出来。"

在金钱社会里，两位如此天才人物因为缺钱而相互死拼，在艺术史上铸成如此低级的大错，实在具有极大的讽刺意味。翻译这部传记，有时就不禁扼腕叹息，梵高但凡随和一点儿，变通一点儿，稍微投点儿时好，以他的勤劳和聪明才智，何至于让钱在自己的一生中占了特殊的位置，时时受缺钱的折磨，持续不断地生活在惶恐之中，遭受这么多有时是丧失人格的苦难，被家人叫作"癞皮狗"，被别人称为"疯子"、"流浪汉"，以及各种难听的绰号……不过，梵高之所以成为我们所熟知的画家梵高，而没有成为后世不会知道有其人的画商梵高或者别的什么，正是由于这种特殊的个性。一句话就排除了一切疑问和可能性。多少谜存疑而难解。一个特殊人物的独特个性，恰如安德烈·布勒东所说寓于每人身上的这种"砸不开的黑夜内核"，正因为砸不开，就越发引起猜测和推演，赋予传记文学长盛不衰的魅力。

其实，温森特还真画了一个幽灵，《吸烟的头盖骨》。一副人的骨骼，截至肩头以上部位，由黑色背景衬托，摆出姿势仿佛让人画像，牙齿间叼着一根冒烟的烟卷，似乎在吸烟。一幅未完成的超现实主义画作，既是向死亡的挑战，也是谶语式的自画像。用艺术嘲弄时间，超越死亡继续生活，但这同时也是给自己的一种警示：死亡近在咫尺，不再是抽象的意念了。须知多年来，他无论做什么，总因为缺钱而透支身体，不料雪上加霜，在安特卫普诊断出感染了梅毒，他这才意识到，自己的生命正走向早夭。他发出这样的感叹："期望能活到六十岁，而一个人将近三十岁时，才开始创作，那么至少也应该活到四十岁。"六十岁，对寿命的期望值并不算高，直降到四十岁作为底线，可见他多么清醒，或者多么悲观。哀哉三十七岁，他的生命戛然而止，终止在创作的盛年。

温森特一到巴黎，就在给同学的信上写道："我亲爱的同学，不要忘记，巴黎就是巴黎。世界上只有一个巴黎……法兰西的空气澄清思想，带来益处，全世界都受益。"他非常喜爱雨果、米什莱、左拉等人的作品，深受巴黎反抗精神的影响。他同父亲的对抗，随着父亲的去世而结束，就在他去巴黎的四个月前，他于一八八五年十月，用几小时就画成一幅油画：《静物：翻开的〈圣经〉》。这幅迷人的画中央，赫然摆放父亲的大部头《圣经》，"像职责一般咄咄逼人"，旁边烛台上熄灭的蜡烛标志生命逝去，而背景如生命之谜一样黑暗，正是谁也窥不透的未来；《圣经》前面还有一本破损的小书，左拉的小说：《生活的乐趣》，是温森特的读物，推荐给父亲读一读。"多亏了绘画，这对父子又将继续对话，永世煽动这种争论。这是儿子通过他的艺术，让父亲超越坟墓生存下来。"

温森特通过这幅画，告别了父亲，告别了一个世界，结束了以《吃土豆的人们》为标志的黑灰色调。《生活的乐趣》书皮的柠檬黄色，好似"一声呐喊，一束阳光，或者高出乐队的一声小号"。黄色，这种生活快乐的颜色，即将登上温森特的绘画，"宣告一个新世界，温森特的成年期"。温森特已经领悟，色彩必须再创造，必须接近"幻觉中的超前的需要"，他把自己的悟道精彩地讲出来："人想要师法自然，直到精疲力竭也毫无成果……到头来，就从自己的调色板出发创作了，而自然也就亦步亦趋地跟随。"

这期间，他的技法也同样取得了突破性进展。他使用排笔和毛笔画肖像，速度极快，就像超现实主义作家所说的"自动写作"，那种令人惊诧的随意性，显示出一个幻视创造者的出色才能，以其所谓的"半成品"，有意未完成的特点，宣告了"二十世纪绘画的一个大潮流"。这种技法运用到油画上，《杨树林荫路》中的树木、天空、阴影，全用不连贯色线表示，自由的笔触彰显了内心的巨大激情。另一幅油画《四棵树的秋景》，颤动而明亮的画面，终于成为他所赞赏的像柯罗和米勒那样大师似的作品。

一个艺术趋于成熟的温森特来到巴黎，标志他进入纯粹创作的阶段。他在巴黎博采众长，不拘一格，只为一个目的，就是"透明"，要清除无数的障碍，以便表现要画的对象同他本身交融的这种时刻，即瞬间的永恒。他全面收获几年来的探索成果，画静物、花卉、风景，乃至自画像，开始得心应手了。这种探索的成果尤其体现在油画上，"赋予主题一种神奇的运动，整个景致都在跳快步舞"，这就是温森特艺术最奥秘之处，这也是温森特所形成的神秘的美学观，即与所绘之物同感交融，神秘地结合，让人物和景物展现极大的张力。需要指明一点，在技法上，温森特虽然多所借鉴，尤其借鉴印象派画家，但是他始终走自己的路，坚持自己的绝对追求，因此他自成一派，并不是一位印象主义画家。

他的不同系列的油画，自画像系列大体上在巴黎完成了，数量有三十余幅。我是谁？温森特以绝对诚恳的态度，不断地询问自己的面孔，也像写自传的作家那样，给自己做一个总结，画出一个时期这个自我的不同形貌和情态。

"温森特的自画像，是这位艺术家身处社会极端的逆境中，重申个人，'我'，优于世上其他人。我就是我，你们看到的这一个，不管是痛苦还是快乐，我通过画作上的这些色彩和笔触存在；我既然做出了选择，就有理由选择自己的路，处境越艰难，越临近死亡，他越是不知疲倦，在巴黎完成一大批自画像，就相当于重新确认一次这种反常文明的惊人力量，说其反常，就因为这个文明往往残害更新它，救它于僵化和死亡之中的文明。"

本书作者将温森特的自画像，置于这种极为特殊类别的绘画历史中，置于西方文明的发展史中，阐明其意义，值得在这里引述。

自画像是西方人文主义文明的一种特异产物。第一幅自画像约一四八五年，由意大利画家菲利皮诺·利比所作。这种绘画类别刚一问世，似乎就成为这种文明的象征：这种文明创造出的自由个人，让自由的个人肩负起革新社会的任务，不惜承担任何后果。从前的所有文明之所以灭亡，就因为以群体为单位，所有人都接受同一宗教思想和信仰，但久而久之信仰淡薄，就导致一个社会衰落，继而灭亡。

一个奇特的世界，随着文艺复兴而诞生。它确认单位是个人，而非群体；个人有信仰自由，有书写、绘画、随意构想的自由。社会总是晚些时候才认识，并且接受某些个人的新思想、新见解、科学和技术的新发明。社会不再拥有强加给人的思想，只有最能创新的成员的思想。自由和个人这两种概念共生共存，而发明出自由的个人，是一个社会从未发明过的自我调解的最伟大思想，每次经历危机都可重生。一如既往，画家最先悟透这一点，画了自己，这种放肆的行为各处效仿……作家步画家后尘，一个世纪之后，由蒙田写出《随笔集》，以第一人称流浪汉式的记述，算作第一部自画像文学；然后才是哲学家，理所当然最后出来摘桃子，由笛卡儿及其一六三六年发表的"我思，故我在"，批准了自由个人的诞生。

温森特在巴黎画的最后一幅自画像，是他对着画架绘制的，显示他已经驾轻就熟，无需夸张，也不必佯装谦虚。自不待言，一幅黄色调的肖像。他在巴黎的伟大朋友，真正的伙伴，还是米歇尔·贝尔纳尔，他这样回忆温森特："一大幅画布搭在背上，他就上路了，接着，他根据主题所需的尺寸，将画布分成若干格，傍晚他满载而归，他就像一个流动的小博物馆，一天的全部激情，统统收集在上面了。"贝尔纳尔说，温森特要找绘画的主题，什么也阻止不了，无论路途多么遥远，也不管刮风下雨，还是顶着炎炎热日。麦田、森林内景、塞纳河畔的桥、头戴草帽的自画像。自画像侵入强烈的黄色，这种《生活的乐趣》的黄色，据贝尔纳尔说，"他看到了爱的大光明"。

温森特在巴黎的绘画作品，表现了强有力把握的主题，"伟大的梵高已经存在了"。他找到了自己的语言，然而，这种语言不能满负荷运转，绘制巴黎周围的自然景物，不可能放情地使用已经存乎内心的熔金的颜色。他给咖啡馆女老板阿戈斯蒂娜画的第二幅肖像，就采用了灼热的黄色，开辟了通往阿尔勒绘画之路。他要追求绝对，展现"吼叫"的黄色，飞向太阳，在个性和命运共同安排下，他前往阿尔勒。

笔者游过普罗旺斯地区，到过阿尔勒古城，那是二十年前的七月份，依然是一百多年前澄净如洗的天空、火辣辣的烈日、一片炫目的白炽世界，多少能体会到为什么温森特要到阿尔勒来寻找绘画的主题，把色彩的光芒推向极致。他画了几幅无比清新的油画，如《朗格卢瓦吊桥》之后，便春暖花开，他立即投入果园系列的绘画：

"我沉浸在工作的发狂状态，只因果园花枝繁茂，而我要画一座欢天喜地的普罗旺斯果园……"麻烦的是，密史脱拉风四天中要刮三天，必须在地上打木桩固定画架，有时刮得太猛，连木桩也给拔出来："刮风天我也必须出去绘画的日子，有时我不得不将画布铺在地上，跪着作画……"

这就是温森特，一进入状态就跟疯子似的，大风天跑到野外，还迎风跪在那里作画，那情景真是闻所未闻。巴旦杏树、李树、桃树、杏树、梨树，都由不断高涨的激情，画在这蓝天上和这疾风里。这些果园的风光从瞬间抢出来，由不连贯的色线和笔触勾勒，既有力又准确；他多年探索，不断改善，终于确立只属于他的风格。果园的五颜六色，借着画笔的激情，化为天堂的幻境。作者说得好："人逃不过大神话，即使转过身去背对着：如果纽南那些黑色调的绘画是他的'地狱'的话，那么阿尔勒的绘画流光溢彩，就如同他的'天堂'了。"

果园风光系列，共画了二十幅，其中十五幅油画。温森特给妹妹的信中写道："如今的艺术，绝对要表现某种非常丰富、非常快活的东西。"他事先就回答了那些认为他画得太快的人："不正是自然的冲动、情感的诚挚在引导我们，而有时这种冲动极为强烈，干活还不觉得在干活，笔触接踵而来，笔触间的关系犹如一篇演说或者一封信中的词语……"绘画犹如写作，温森特用颜色"书写"绘画，在书写和绘画之间开出了一条路。从一八八八年阿尔勒阶段起，他就书写绘画了，在周身亢奋、情动感发之际，当即用彩笔表达这种激情，速度也越来越快，同激情赛跑，也同生命赛跑，即时赋予他的画面一种独一无二的振荡，将一幅风景画变成一场线条的狂欢，效率之高令人惊诧，几小时就能作出一幅非凡的油画。这是一场解放画家之手的革命，可以达到三位一体：书信体作家、素描画家和油画家，但是温森特太过谦抑，太过避让，只把这种创新当做一种手法，一种祈愿，从来不公开打出自己的旗号。

随后五个月，温森特进入了创作的黄金阶段。一幅《阿尔勒景观》宣告了黄金阶段的开始，画的是接近成熟麦田的"一片黄色海洋"。后来他这样记述："现在这里没有风，阳光灿烂，火辣辣的燥热。正好成全我的事。有太阳，有阳光，别无他法，我只能召唤黄色、淡硫磺色、淡柠檬金色。黄色多美啊！"

五月末到六月初，温森特去海滨圣马利亚旅行，所受的冲击，只有下矿井那次可以比拟，但完全是反方向的。有生以来，温森特这还是头一回度了三天假。他写生绘画，在灰暗的色调中苦苦挣扎，承负着痛苦的极大压力，久久寻觅，终于亲眼见到，亲身体会了先前只在回忆中、只表现在绘画上的这种生活的快乐。这是一次蜕变，此后他绘画非同以往，成了"绘画的火车头"，高速前进，创造出几个系列数量惊人的杰作，主调黄色，可以称为"黄色大调"。

温森特画风景，画麦田，画向日葵，画人物，完全沉浸在种种黄色、种种金色和种种蓝色中，表现其令人悸动的颤栗，到了心醉神迷的状态，不由得欢叫:"甚至大中午我还在干,顶着烈日,在麦田里,没有一点阴凉,就是这样,我像一只蝉似的在享乐。"他还在另一封信上画了一只硕大的蝉,词语在蝉的四周排列成辐射状,他在这年夏天所写的信,洋溢着这种大喜悦,贯穿着礼赞似的冲向色彩的诗情。温森特浑身上下都充满了激情的细胞,不啻一位诗人,每个系列的创作都不是简单复制的再创作,不是把新鲜的元素用自己的方法表现出来,而是把绘画当做熔金炉,将景物炼成"我所爱的景物",我与景融合为一,这种融合便是生活的大快乐,即斯宾诺莎所说的"生存的无限享受",也就是人生的永恒方式。在黄金阶段,永恒就成为温森特绘画的主题了。

《向日葵》系列,只有到阿尔勒才能创作出来,而且成为梵高绘画的象征性作品,也就不足为奇了。起初他画向日葵,背景采用淡蓝色,继而,他同所有伟大的创造者一样,明白绝不能打折扣,必须把心中的渴望追求到底。于是,他不断推进这种动机,直到画出的向日葵,不是插在黄色的花瓶里,放在黄色的托架上,就是置于黄色的背景中。要接近熔化状态的黄金并非易事,必须敢于违背"时代的气质所传授的一切",事先他喝足苦艾酒,睡足了觉,次日重又出发,走得更远,画得更出格。然而,这些黄色,也不是一时的任性妄为,其实事先他就有了,"看到了"、"幻见了",然后才有魄力画到极致。温森特自己也承认:"要加热到足够的高温,熔化这些黄金,以及花卉的这些色调——不是随便什么人都做得到,这需要一个人的全副精力和注意力。"

其他作品也无不如此,就像《收获的景象》等麦田系列、《卸煤工人》、《诗人的花园》组画,甚至他的《戴草帽并叼烟斗的自画像》、《诗人的肖像》、《黄房子》等,也都是"黄金制品"。《诗人的肖像》,完全成为光灿灿的金子,颤动的金黄色宛若一颗星体,抑或就是从天而降的太阳,身后不是屋子的墙壁,而是无限的夜空,产生了"一种幽深蓝天里的明星那种神秘的效果"。头戴草帽画面呈现黄色的自画像应是他最美的自画像之一,满脸仿佛惊诧,又洋溢着喜悦的表情,似乎在怀疑这么多高调的作品怎么会出自他之手。他在信中屡屡谈及他在创作中所体会的幸福,表明他到了普罗旺斯这黄金地带,比起巴黎阶段,不仅创作的激情大增,还有了切实的幸福感。温森特生来就有一种少见的那种感受幸福的天分:

"我还从来没有这么大运气,在这里,大自然之美异乎寻常……有房子陪伴,有工作陪伴,我就太幸福了……现在我对绘画,头脑十分清楚,或者像恋人一般盲目……说到累,不是问题,我连夜还能再画一幅,手到擒来……这些日子大自然美极了,而我有时也清醒到极点,就感到自己不复存在,恍若在梦中,一幅画自动来到我的画笔之下……"

温森特处于这样亢奋的精神状态,随时随地都能发现绘画的主题。一天傍晚到罗纳河边,看见工人从驳船卸煤的劳动场景,淹没在落日的光辉中,他当即返身取来画具,以这个场景画了两幅油画,好像给这种绘画系列画了一个最后的延长号。黄色全面侵入画幅,变成画家所经历时刻的素材。"黄色是金,而生活是熔金","黄色是生命和阳光的纯金"。《黄房子》也以同样手法处理:房舍非常明亮,着浓烈的黄色,仿佛在中午,而天空呈现纯钴蓝色,幽深得犹如夜空,着色用大笔交叉涂抹,横线均用竖线截断,好像要叫停时间,停在这房舍里生活的幸福时光:这一时刻停止了,向永恒打开了门。总之,阿尔勒阶段的这些巅峰之作,突出表达了幸福感,温森特将心中的萦念推进到了终极。

梵高在五年的伟大绘画创作期间,就取得了辉煌的成就,"为野兽主义、表现主义和抽象表现主义开了先河"。"在绘画动作上,哪位画家也没有他那样自由,在构图的方式上,哪位画家也没有如此求助于自由观察的目光"。以他这样自由的绘画动作和自由观察的目光,如果再有三年伟大绘画的纯创作时间,那么又该增添多少杰作,梵高的绘画作品会达到怎样的规模? 至少,我于二十年前在巴黎购买的《梵高绘画全集》两大本画册,肯定要增补第三册了。他当然不会重复他在巴黎和阿尔勒期间的创作,少说可以期待两大方面的作品。

瓦兹河畔欧韦的创作,刚刚进入起步阶段,《树根》、《鲜花和叶丛》等作品,不再表现封闭的意境,而旨在探索某种结构,预示抽象形式变化的一种趋势,已经蕴含许多杰作,会另外建起一座"真正的绘画大教堂"。此外,温森特到海滨圣马利亚,见到了大海,进一步感到留在南方的重要性,尤其感到"非洲近在咫尺",还必须夸大颜色。他确曾梦想前往其他国家,梦想附和高更先前的计划,一同去马达加斯加岛,不妨畅想一下,像梵高这样追求色彩的大师,到了热带地区,会大量创作出多么华美、多么炫目的作品……三十七岁,正当创作的盛年! 命运,不管多么令人不解,也不承认任何假设。命运与个性所凝结的"砸不开的黑夜内核",我们只能尊重了。我是受了皮埃尔·米松《约瑟夫·鲁兰传》的启发,提出一个极小的假设,略表我在翻译过程中的遗憾和叹惋。

这部《梵高传》，作者称为书信体小说，这是欧美文学的概念，到中国就行不通了。好在加了个"书信体"，不过在这里有特定的意思，即主要根据温森特与提奥的大量通信，重新认识梵高的一生，这是本书的特点与价值所在。书中许多亮点和精彩的段落，都是从温森特的书信生发出来的，让人读着时时感到画家梵高就活跃在眼前，有一种交流互动的印象。

李玉民

二〇一一年六月于北京花园村

目 录

1 一座谴责的坟墓？ p1
2 嫡亲前辈人 p4
3 孤独而狂野的散步者 p10
4 "一切的局外人……" p17
5 画商 p22
6 初恋 p36
7 印象主义革命 p51
8 决裂 p57
9 难以忘却 p61
10 多德雷赫特或者克伊普的黄金 p69
11 阿姆斯特丹 p73
12 博里纳日解冻 p82
13 提奥的爱情 p100

Vincent

1
一座谴责的坟墓？

温森特·威廉·梵高一出世，就落到困难的境地。他生于一八五三年三月三十日，而就在一年前的这一天，母亲生了一个夭折的孩子，名字也叫温森特·威廉·梵高。

前一个温森特的坟墓距村子教堂仅仅几步远。这个号称大津德尔特的小村庄，有百十来位居民，而温森特的父亲正是主持村子教堂的牧师。因此，小温森特刚一识字，就能看到他的名字，就仿佛刻在他自己的墓碑上。他可能终生是个替身。

按照心理学家和精神病理学家的观点，这种局面给活下来的孩子，制造了对死去孩子的巨大负罪感，只因他的出生造成前者死亡，这种感觉，他的生存本身，注定要占据他的个性中心。后生的孩子要为自己的生存辩解，就必须让自我无限膨胀，创造出奇迹来，或者满足于碌碌无为，如果没有生存能力便从世上消失。再说了，与他同名同姓的这个死者，究竟是谁呢？同一个兄弟或者一个姐妹竞争，已经够难的了，再同一个死者，一个陌生人竞争，又何其难啊！对那个陌生人，就可以做出各种设想，在想象中，那人前途不可限量，能有多少惊人的成就？怎么办方可不枉此生呢？梵高活在世上，简直就过着还债的一生。

许久之后，另一位大画家，萨尔瓦多·达利①，也必须面对同样的状况：在他之前，另一个早夭的萨尔瓦多·达利，曾备受他父母的宠爱。这位画家本可以做出另一种反应，干脆优哉游哉，游戏人生，干什么都屡试屡败，又总是从头再来。

好几种理由倾向于削弱这种诠释。

首先，在十九世纪中叶，幼稚的道德观念还很顽固，梵高的处境是常见的现象，按照传统习惯：小孩死了再生的孩子，就起同一名字。这种做法有其文化根源，从而消除其可能呈现在我们眼中这种怪异的，甚至是可怕的特点。其次，应该了解在梵高的家族中，温森特的祖父就叫温森特·威廉·梵高，而他父亲的一个兄弟，富有的艺术品商人，也叫温森特·威廉·梵高！而且，再往上辈儿推，还有两个叫温森特的家族成员，我们这位画家肯定了解：须知这个家族从几个世纪以来记了族谱，出了好几位牧师。画家的另外几位叔伯，起的第二个名字，不是温森特，就是威廉……这就冲淡了同名坟墓的影响，但又没有完全消除其震撼。

由于这位富有的伯父温森特·威廉没有孩子，给我们的温森特（以及他那生下便死去的哥哥）起这样的名字，当然是为了向他表示敬意，以求

---

① 萨尔瓦多·达利（Salvador Dali, 1904—1989），西班牙画家、雕塑家和作家。

得他的荫护,而温森特在一定程度上也得到了。最后,还应当回到弗洛伊德谈到列奥纳多·达·芬奇时,有限定性的言论:另一个人,如果处于跟列奥纳多同样的心理状态,那一定要成为他的反面。在哥哥死后出生并起同样名字的孩子,远不是人人都能成为梵高和达利。仍然秘不可解,弗洛伊德认为应求助于个人的天生基质,才可能弄清这种现象。

不过,依我们看,这个谜团是解不开的,因为,一种个性的形成因果关系极其复杂,几乎是无穷尽的大小力量全方位起作用的结果,"而且每种力量都有效果",根本不可能说清主体在其成长的每个阶段会做什么。他的行为同星体的运行一样"混乱"。星体一旦超越可计算的预见空间,就再也无法确定了,因此,不可确定性就成为主体生存的本质。换言之,梵高有这个自由,可以是也可以不是他已成的样子。

一个与他同名的已逝哥哥坟墓的存在,是在他生活中起作用的力量之一,而诸多力量大部分我们都不得而知。在荷兰乡间烈日下散步时,一次中暑可能与同名哥哥的坟墓具有同样决定性的作用。这种情况,任何面临艺术创作的人都有体验。因为,梵高的作品并不总是那么忧伤或凄惨,有时还能显示生存的一种无可比拟的幸福。因此,一部传记就必须以谦抑之态,在鲜为人知,但又非神话的背景上,设立几处路标,即使达不到绝非可能的艺术家的透明,至少也为了热爱他,更深度地欣赏他的画作,同时尊重他的自由,或者说,尊重安德烈·布勒东[1]所说寓于我们每人身上的这种"砸不开的黑夜内核"。

---

[1] 安德烈·布勒东(André Breton,1896—1966),法国诗人,超现实主义流派的理论家。

2 嫡亲前辈人

如果说梵高的父亲提奥多鲁斯牧师，是一个比较平凡的人，那么他的家族却不简单。自十七世纪末叶起，梵高家族的成员大多成为牧师、艺术品商人，或者拉金丝工匠（十八世纪）。而且，他们大多做得很成功。

我们的温森特的祖父与他同名，在布雷达地区当牧师。他有五个女儿、六个儿子，即亨德里克·温森特，先做书商，后来成为画家；约翰尼斯，荷兰海军少将；威廉·达尼埃尔，税务官；温森特·威廉，艺术品商人；提奥多鲁斯，牧师，画家的父亲；科尔利乌斯·马里努斯，在阿姆斯特丹经营画店。

梵高家族成员，从传统上讲都受到良好教育，人人都很精明，勤奋，有智慧，至少有搞关系的意识。

温森特的母亲安娜·科尔莉雅·卡本图斯，出身于海牙著名的装订工世家。据见证者介绍，安娜双手特别灵巧，不仅善于用针织毛线，也能用铅笔或者画笔绘画。这位母亲特别喜爱植物和花卉，我们观赏到她署名的作品，显示了她绘画的出色禀赋。而且，她随时提笔写信的能力令人称奇，写了数百封信寄给朋友、亲戚和有交往的人。她也比较喜兴，温森特依据照片给她画的肖像，就是一副笑容。肖像和照片上彰显的这种性情，想必补偿了她丈夫肃穆的悲苦相。

强调这些事实，就可以说温森特[①]从事什么职业，已经规划好了，只能选择牧师、画商或者画家。事实上，他试图为自己打开一条路，通往三个方向，他也酷爱写信，书信的数量无人能比。可见，温森特通过他的选择，走在家族传统的正道上。

还应当补充一点，这个家族成员心理脆弱是无可否认的，至少在两代人身上得以证实。好几个人容易"发病"，在相当长的一段时间内，意志消沉，一蹶不振。于是，他们工作不了，无所作为。画家的妹妹威廉米娜，一九四一年死在精神病院里，享年七十九岁。富有的画商森特伯父[②]，也是非常颓丧。温森特的弟弟科尔死于南非，据说是自杀身亡。等等。

另一份资料就是温森特出生时，父母家庭的状况及其感情的氛围。

温森特的父亲，提奥多鲁斯·梵高，于一八四九年二十七岁时，被任命为大津德尔特村的牧师。两年之后，他娶了安娜·科尔莉雅·卡本图斯。安娜是他嫂子的妹妹，画商温森特·威廉娶的是卡本图斯家的姑娘，后来

---

① 画家梵高，我们将称作"温森特"。他就是这样署名，并渴望别人这样称呼他。客栈老板、咖啡馆老板，以及喜爱他的小百姓，只称他"温森特先生"。——原注
② 我们这样称呼，也是按照家里人的习惯，以避免保留画家真正姓名温森特·梵高而造成任何混淆。——原注

又把安娜介绍给了牧师。兄弟俩娶了两姊妹,这便大大增强了他们之间的关系。

不过,安娜比丈夫大三岁,她生于一八一九年,结婚时已年满三十二岁,这在当时算是晚婚了。婚后第二年,她一天一天数着要做母亲,头胎生的婴儿却死了,这让她格外痛苦不堪。在她三十四岁那年,我们的温森特出世,当然是迎来的大喜事,但是家庭的气氛难免有几分哀伤。

至于温森特的父亲,虽然人称"漂亮的牧师",他讲演布道的才能却平平。而且,他任职的大津德尔特村,临近边境线,毗邻的比利时绝大部分居民信奉天主教,因此,他这职位毫不令人欢欣鼓舞。他在新教的边缘地带当牧师,处境不大令人羡慕,只负责少数普通下层的信众。他的职业生涯,后来调到别的教区,也始终未能高升,一直待在无可争议的下级教职。无论新教教徒还是天主教教徒,都异口同声称赞他是大善人。

牧师在大津德尔特村一直住到温森特十七岁,他每天要走两小时,去看望住得最远的信徒,因为他这个乡幅员辽阔。万幸的是,他喜爱在田野里散步,而这种兴趣,他最大限度地传给了他的子女。对牧师来说,长时间步行是永不枯竭的快乐的源泉。直到晚年,他还俯下身去,仔细观察小花和小草。

画家早年生活的环境,虽然算不上悲惨,但是也差不多,他身上的烙印显出忧伤、惶恐、平庸,以及长期的经济困难:温森特的弟弟和妹妹陆续出生,就逐渐赶他走出家门。

最后,在温森特登上舞台之前,我们认为有必要交代几句荷兰的历史状况。他在通信中,如果说对法国大革命所产生的思想表现出浓厚兴趣,可是对他那时代的政治事件，他显然漠不关心。为他立传的作家，一般都亦步亦趋地跟随他。然而，这个画家，带着他所描绘的对象，不是随便能诞生在任何地方、任何时候的。

十七世纪，是荷兰各省联盟①的黄金世纪，荷兰拥有世界最强大的海军，产生了伦勃朗这样的艺术家，斯宾诺莎这样的思想家，但是那个时期已经一去不复返了。法国大革命之后，拿破仑兼并了荷兰，划分为法国的省份。一八一五年，在战胜国英国的倡议下，由荷兰、比利时和卢森堡组成了一个王国，由荷兰国王威廉一世②统治，旨在筑起一道防法国的坚固堤坝；可是，这个人为拼凑的国家，始终未能令人敬畏。

这是因为采用的政体虽为立宪制，其实是专制国家。两院共治，上议院由国王任命，下议院由地方政府委任。大臣只对国王负责，预算每十年议决一次，而殖民地的收益完全由国王掌管。这种集权的专制君主制，引起了比利时人的反对。

当时，比利时人口比荷兰多，而且正处于工业化进程。比利时为天主教国家，拒绝威廉一世的宗教政治；此外，瓦隆地区的居民以法语为母语，绝对不肯接受荷兰语为国语。比利时人起来反抗，在一八三〇年革命之后，建立了王国，君主称利奥波德一世③。威廉一世拒绝分裂，进入长期的、

---

① 荷兰北方地区七省联盟，从一五七九年至一七九五年独立出来，脱离西班牙国王腓力二世的统治。这七省居民大多为加尔文教派的信徒。
② 威廉一世（1772—1843），荷兰国王和卢森堡大公（1815—1840在位）。
③ 利奥波德一世（1790—1865），比利时第一代国王（1831—1865在位）。

耗尽荷兰国力的冲突。英国和法国不得不在海上和陆上干预，才迫使威廉一世接受比利时的独立。

一八四〇年，威廉一世退位，让权给他儿子威廉二世，留下一个战败国的烂摊子：财政空虚，经济大萧条，百姓往往吃不上饭。那年，温森特的父亲十八岁，他的母亲二十一岁。

荷兰当时大约有三百万人口，全国仍以农业为主，商业发达，大部分收益来自殖民政策，而殖民政策十分残暴，受到作家和政治家的谴责。荷兰没有工业，因而不像邻国比利时那样，拥有无产阶级。一个实实在在的商业国家，但是不大繁荣，农村基本上处于休眠状态，这就是当年所能见到的荷兰。

一次改革的进程开始了，随着一八四八年革命而加速，威廉二世在革命的浪潮中，以惊人的姿态站到了自由派一边。这便是荷兰一场复兴的开端。

在时代的局限中，一部民主宪法通过了。自由派大力改革，重又振兴商业，借助于源源不断的殖民地收益，国家发展起来，得以兴建铁路，兴建大型的排水工程。此外，也做出了一定努力，减轻殖民地残酷的殖民政策。一八四九年，国王驾崩，威廉三世登基，统治很久，直到一八九〇年才结束。

由此可见，温森特的童年，沉浸在一个落后于邻国的国家的乡村里。不过，这个大量表现农民和麦田的画家，并不像米勒[①]出身于农家。至少

[①] 米勒（Jean-François Millet, 1814—1875），法国巴比松画派画家。

可以这样说，在他的家谱中无论上溯多远，也没有一个先人靠锄头或镰刀谋生。梵高家族成员的家中，有一间牧师的办公室、一间书房，孩子也不是顿顿吃土豆。此外，可以推测在做食品方面，农村信徒表现出多种多样的天赋。最后，母亲总有一名女佣帮她料理家务。

从一八八〇年起，温森特开始绘画的时候，这个农村世界远非三十年前那么重要了：荷兰正在大发展。可是，温森特却要走向农民，背对其他题材和他非常熟悉的商界。他执意画农民，这种行为就应该在这一背景下进行评估，并得出其中的含义。

3 孤独而狂野的散步者

温森特早年那些事儿，尽管人们所知甚少，但是我们还是掌握了他懂事之后个性的主要特点，再参照他的书信，就能看清画家的活动。正如巴什拉尔①谈到爱伦·坡时指出，童年，就是充满梦想的陈旧感觉和感知的蓄水池，能供一位艺术家终生渴饮。温森特真正的"培养"正是如此。

应当指出，在他之后，有两个弟弟和三个妹妹出生：安娜·科尔莉雅，取她母亲名字，生于一八五五年；提奥多鲁斯，生于一八五七年，取他父亲名字，称提奥；伊丽莎白·于贝尔塔，取一位曾祖母的名字，生于一八五九年；威廉米娜·雅科巴，取另一位先祖母的名字，生于一八六二年；科尔利乌斯·温森特，取一位叔父和一位伯父的名字，生于一八六七年……

---

① 巴什拉尔（Gaston Bachelard，1884—1962），法国哲学家，著有《科学精神的培养》(1938)，还有分析诗歌想象的作品《水与梦》(1942)。

寥寥几位幸存的见证者（一位同窗、一名女佣、一个细木匠）还记得温森特童年的一些情景，印象最深的是他那火红的头发、满脸的雀斑和那对蓝眼睛。有些人说他长得丑。回忆起来，所有人都说他是个少言寡语的孩子，躲避人，不爱同人交往，难与相处，不听话，徜徉在自我的世界里。他似乎应时而生，备受父母的宠爱，什么都不受约束。

温森特独立性很强，像只野猫似的跑到野外，远离自己的家，长时间在大自然中探索，有时走出去十来公里。他是个敏锐的观察者，特别迷恋罕见的野花，知道去哪里能找见。他也熟悉当地所有偏僻的角落，酷爱昆虫、水族，善于捕捉，所有这些动物都能叫上名来。他还像博物学家那样，收集鞘翅目昆虫，配上标签，观察解剖体的每个细小部位。有几位传记作者谈到科研能力，然而自达·芬奇以来，人们知道绘画首先是一门视觉的科学。不过，人们倒是以为，这个孩子在孤独的游荡中，完全痴迷于无边的幻想。

这个出身于有产阶级、知识阶层的孩子，从童年开始，就同大自然缔结了一种亲密的、终生不渝的关系。因为，这便是幸福，这个举足便可抵达的世界，不知探索过多少次，可是借助于出人意料的光照效果而又变幻不定。温森特总要前来饮用这清泉。对于他来说，散步始终是找回自我、回归本心的时刻，始终是逃避社会的艰难、不顾一切去感受生活幸福的时刻。从童年起，就同大自然结成的这种特殊关系，奠定了他的艺术基础。他在自己的书信中，反反复复地写道，他的绘画必须走向自然，实实在在的事物，远离现代的或历史的素材，根本没有火车站或者铁路，没有废墟，毫无想象的成分。

一个老同窗亨利·霍本布鲁维斯，回答询问时说温森特"爱独自散步，经常在田野里走很长时间"，他还补充道："大部分时间，温森特都独自行动，到我们村子周围转悠，甚至走出很远，一连游荡几小时。"

来往的书信争相证实这些见证，并且允许我们进一步探究。我们看到，梵高家族成员酷爱散步，乐此不疲，就像有的人家爱去看戏一样。早在成为画家之前，温森特就在写给提奥的信中，经常插入讲述散步的精彩片段。他还不是画家的时候，无论到什么地方，也总是设法散步几小时。在他初期信件选取的几十个事例中，这里引用几例，请听他是怎么说的：

"我还经常想到在赖斯韦克大路上的散步，雨后我们曾在那里的磨坊喝过牛奶。"[1]

在伦敦附近的艾尔沃思："再一次长时间散步，这对我是一件大快事。这里的学校，大家极少散步。"[2]

他谈到妹妹安娜在伦敦的情景："晚上和她在街上散步，我觉得非常美妙，正是在这种时刻，我才像初到的时候那样，觉得什么景物都那么美。"

还有这段："这些日子，我几次散步简直太美了，减轻了我在这里度过的头几个月的压力。"[3]

"让我给你讲一讲我们昨天的散步吧。"[4] "讲述散步"的文字，在温森

---

[1][2][3][4] 引自温森特写给提奥的信。——原注

特最初写给提奥的信中，占有很大篇幅。他在信中描述他在散步中看到的一切：风景、突出的景物、花草树木、色彩、散步这段时间的始末阳光的变化。

温森特在伦敦郊区散步，有时到天黑迷了路，只好向人问路。他有几点议论，就能向我们指明这种迷恋。"然而，赋予所有这些事物如此绚烂的美、如此强大生命力的，正是爱。"① 他还写道："情感，即使对自然的一种纯粹而高尚的情感，跟宗教的感情也不是一码事，尽管我想两者之间灵犀相通。"② 而关于眼睛的这种诠释，从第一批书信中，就一切明了："我们一起散步，美不胜收。只要眼睛和善而单纯，没有过多的苛求成为障碍，这里一切看上去就美极了。人有了这种眼光，就无处不美了……"③

最后，温森特对他兄弟谈论一幅画，就像后来他评说鲍顿④的一幅画《朝圣者的行程》时，我们又能从中看到对散步的描述。这幅画就是一次散步："时近暮晚。一条沙土路，呈暗灰色，爬上山坡，通往一座高山，山上坐落着圣城，披着落在乌云后面的太阳的余晖……"⑤

在温森特看来，绘画不是一种形象，目光在上面漫步，宛如走在田野上，并享有同样的幸福，只要艺术家善于真实地表现他所画的事物。温森特的美学观已经形成，他永远也不会放弃。

在温森特看来，大自然的现实就是幸福的载体，只要怀着爱心，带着

---

① ② ③ ⑤ 引自温森特写给提奥的信。—— 原注
④ 鲍顿（Boughton），英国画家，生卒年不详。

善于观赏的眼睛在这种现实中散步,就足以感受幸福了。后来,他投身于素描和油画,回忆起自己的童年时,他记下这样一段话:"许多风景画画家对自然的了解,不如那些从童年起就满怀激情观看过田野的人那么深刻。"①

关于温森特童年搜集的证言,是真实可信的。我们看到他的绘画要到哪里汲取诗情画意。从童年的激情,到寻找自我的青年的激情,再到他的绘画,是连续不断、一脉相承的:他的绘画肩负的任务,就是事后再现这些永恒的时刻,聆听大自然深沉之歌所经历的这些喜悦。

据见证者讲,温森特青少年时,就如饥似渴,不断地读书。他决定献身艺术的时候,还提醒提奥说,读书是他的一大喜好。他的许多幅静物画画的就是书籍。他在信中不断地提起他读过的书,建议提奥看哪些或者不看哪些。书籍是另一个永不枯竭的幸福源泉。温森特一谈起来,就表明他是个勤于思考的读者,思想非常敏锐。

可见,他从童年和青少年起,就通过书籍和大自然培养自己的思想。阅读和散步,两大酷爱,远离家庭和社会,自学成材,可以随意展现他的自由和独立的思想。

先是独自一人,后来兄弟俩共享。温森特比提奥年长四岁,他要等待多年,才能带弟弟远足,到北布拉班特省的乡野探索。小兄弟一旦能够行动了,就成为温森特游玩的伙伴和知己。但为时不长。通信则是扎根于幼

---

① 引自温森特写给提奥的信。——原注

年的特殊关系的延续。温森特在信中，尤其初期阶段，往往采用教训人的口气，让人不舒服。当然，满篇满篇倾注的珍爱还是占上风，不过，我们也不免提出疑问，提奥是否高兴让人看作一个永远长不大的孩子。后来，温森特扮演这种角色就有所收敛，但他始终不会真正放弃，在信的结尾总要表示自己的看法，虽然更有分寸，但也同样坚定。

至于这孩子不服管教的性格，在一件逸事中就突显了出来。有一天，牧师的母亲，梵高·德·布勒达祖母发火了，怪小温森特好动，又不听话。她曾经抚养大十一个孩子，认为在这方面无需向别人领教，就扇了淘气鬼一个耳光，并将他赶出门。可是，她的儿媳妇却不能容忍，整整一天不跟婆婆说话。到了傍晚，牧师费了好大心思劝和婆媳二人。他赶车拉着两个女人，一直行驶到远离村子的一片小树林，施展了外交的套路，终于使她们恢复和睦关系。这件事不仅表明这孩子桀骜不驯的独立性格，也表明他在母亲心中所占的位置。

梵高的一生将显露出这次家庭纠纷的真实性。桀骜不驯，顽固地拒绝向事实低头，不惜付出任何代价。他性格的这一特点，同样是他绝对痛苦和绝对成功的根源。

最后，有些画得很生动的画，有人想要归属为温森特童年之作，以便举证天才画家早熟的才能。然而，这些"发现"经不住起码的验证。大家了解的一幅画，画了一座农舍和一间仓房，是温森特十一岁时送给父亲的礼物，祝贺他四十二岁生日。牧师认为画得非常美，就在背面写上："温森特，一八六四年二月八日"，并让人镶了镜框。

然而，这幅画不可能是这孩子独自完成的作品。只要拿这幅画对照一下他初期十分笨拙的习作，就可以排除这种传说。如果说温森特参与了这幅画的创作，就像参与了另外一两幅同样好的画的创作，那么我们倒是能感到他母亲的手法，须知他母亲绘画技巧纯熟，能完成这类作品。完全可以想象，安娜·卡本图斯要求儿子给他父亲做一件生日礼物，就帮他克服困难，向他指明这处或那处如何绘制。我们不相信温森特是这些画的唯一作者。

反之，几乎可以肯定母亲插手了这些画，这一点倒引起传记作者的极大兴趣。安娜·卡本图斯喜爱这个热切盼望的儿子，便做了他素描和油画的启蒙教师。毫无疑问，温森特喜欢这种练习绘画的机会，绘画练习向他提供了重新发现并再次体会散步中所感受激情的途径。紧紧系于这些小幅绘画的由衷喜悦，他很可能保存着记忆。而父亲的赞赏又强化了这种感觉。后来，温森特每次感到痛苦，就动手开始绘画。绘画将成为他的避难所。可以说他走上艺术道路，并不是因为其他路都走不通了，而是因为他尝到了甜头，这种实践曾给他机会，经历了同深受爱戴的母亲交流的幸运时刻。

4
"一切的局外人……"

凡事都有个终了；这种幸福的童年，幸福也是跟矿工的孩子比较而言，结束得很糟糕。牧师和他的妻子得知，村子的小学教师是个醉鬼，经常丢下课堂去解酒瘾。此外，他们也决定不让儿子跟粗野的农民孩子一起玩，以免受其影响。首先决定退学，在家里给孩子教育。但是这种教育不够，于是在儿子十一岁时，给他注册上约翰·普罗维利寄宿学校。那所学校在津芬贝亨城，距大津德尔特村三十公里。牧师和他妻子乘车送他上学，把他留在约有六十五岁的约翰·普罗维利的身边。

温森特永生难忘别离的场面，十二年后，他在二十三岁的时候，在写给弟弟和父母的信中还提起过。他永远也不会接受，对于兄弟姊妹的长兄来说，这种分离总是很残忍，让他感到仿佛被赶出家门。

"那是秋季的一天，"他在给提奥的信中写道，"我站在普罗维利先生的学校台阶上，目送爸妈乘坐的马车驶离，他们要回家去。望见远去的黄色小马车奔驰，穿越牧场；漫长的道路被雨水打湿，两边夹护着细弱的树木。水洼中映现出这一切之上的灰色天空。

"……在那种时刻和今天之间，绵延着岁岁年年，这其间我感到自己是一切的局外人……"①

这种残忍分离的半月之后，牧师来看儿子，温森特那种高兴劲儿无以言表。比较上次撕肝裂胆的诀别，孩子经历了一种绝对的时刻，他扑上去搂住父亲的脖子，具体感知了无限。"这一时刻，我们二人都感到了我们有一位天父。"②

可以想象，这个孤独的孩子，关在一所昏暗的学校，照明有限而又费钱。他可早就领略了旷野的迷醉、阳光的变幻、溪流的游戏，多少发现，由于在荷兰的天空下无限遐想而超凡入圣，土地的芳香又让人心醉神迷，他怎么能不感到早期的这段童年如同失去的天堂呢？他虽非农民，又怎么能不设法找回这种永不枯竭的幸福源泉呢？

普罗维利学校没有补贴或资助，但是却称为"专业学校"，因为安排的课程超出了通常的教学纲要。校长和他的儿子在外语教学方面很有特长，能教授法语、英语。温森特在这所学校学习了两年。这些教师肯定很棒，既然他小小年纪就熟练掌握了法语和英语。这三种语言，他会话和书写几乎同样好。因此可以推定，这所学校尽管让他伤感，学生在学习方面的成绩却相当优秀。

---

①② 引自温森特写给提奥的信。——原注

四伯父森特，另一个温森特·威廉·梵高，富有的画商没有孩子，把小温森特看成一个可能的继承人。时时想起森特伯父，无疑也是把他推上艺术道路的一种动力。这位伯父因为生意经常出行，去法国、伦敦，甚至去纽约。对小温森特来说，远游的诱惑力给森特伯父戴上了光环，他带着礼品来到牧师的家，讲好几种语言，也肯定鼓励他的侄儿上进。

尽管如此，温森特在这所学校也并不很快乐。"他是一个寡言少语的男孩。"一位同学弗朗索瓦·阿德里安·德·克莱克这样说他。这对一个有语言天赋的学生来说似乎很奇怪，不过，写作课在教学中占有很大比重。温森特在写给提奥的信中，说他焦急地等待放假的时候，以便回到家人中间，重睹他的乡野。

这两年学习之后，要描绘这个十三岁孩子的肖像，看他那样子，就难免想到比他小一岁的少年兰波①。

继而，温森特又进入蒂尔堡的一所学校。他于一八六六年九月十五日注册入学。这所命名为汉尼克的学校，旨在办成一所先锋学校，教学包括每周四学时艺术教育（素描、绘画）。校长是个叫费尔斯的人，他聘请了一位艺术家C.C.胡斯曼，一本很受欢迎的绘画课本的作者，到校来上艺术造型课。温森特是他的好学生当中的一个，不过，这名好学生始终未能掌握透视画法。很久之后，他还把透视画法看成是魔法之类。他语言能力强，得以直接上二年级。

---

① 兰波（Rimbaud，1854—1891），法国诗人，早熟的天才。他十二岁的画像是一幅著名的肖像画。

创办这所学校的校长被一个德国人芬根斯博士所取代，新校长力图建立一套更加严厉的纪律。这样师生就发生冲撞，一些学生被开除。温森特虽然没有列入受惩处学生的名册，但他还是于一八六八年三月离开了学校，再也不返校了，其实他继续学习毫无困难。他重又回到大津德尔特村，在家中待了十五个月，然后他就开始谋生了。他十五岁就辍学了，对他这样家庭出身的孩子，未免早了点儿。

发生了什么事儿呢？无人知晓。为什么突然退学？有人说由于家里经济困难，他父母停止交学费了。在三月份？离学年结束这么近啦？还有一个有求必应的富有的伯父？我们觉得，牧师不大可能这样舍弃长子的学业。这个少年同校领导发生冲突啦？有人提出可能"发病"，神经出了毛病，但是没有证据，这也不符合准备投入职业生涯的温森特，下文我们很快就会看到他从业的情况。一次发病，在我们看来不可能。我们知道头一次发作是什么时候，书信中没有只言片语让我们相信，在那之前还发过一次病。

反之，却不能排除同学校强制性的集体生活不可调和，一颗如此敏感的心灵不可避免地受到了伤害。一些冲突、一些惹人讨厌的评语，可能触动了他这个神经过敏的人。他提起与家人分别之后又见到他父亲的情景，便告诉我们他内心的真情实况，我们也不要忘记，他感到自己是"一切的局外人"。在普罗维利学校，温森特还处在一个"家庭式的"环境里。在蒂尔堡学校，加强纪律对他可能太严厉了。莫非一次争吵之后，温森特就逃离了学校？莫非他给父母写信抱怨，父母就决定把他从学校接走？莫非是校领导采取主动，渴望摆脱他？没有一点儿迹象能给出答案。

温森特回到大津德尔特村，可是提奥上学了。他孤单一人了。他又去游荡，穿越北布拉班特省的田野和树林了吗？毫无疑问，不过，这次学业失败之后，天真烂漫的情趣，在如此敏感的人身上已然消失，快乐的日子已然结束，现在这些散步透出了忧伤的情绪。通过情境的机械重复，寻不回来往日的魔力。时光流逝，产生断裂，天堂失落了，只能在艺术的想象中重新获得，只因艺术能把失落的天堂变成极为鲜明、极为密切的存在，但也变得魅影憧憧了。

"防止我成为一个让家人脸红的儿子。"温森特后来写道。学业上初次失败，他一定受这种念头的折磨。必须给这个独来独往的孩子找个出路。还是森特伯父提出建议：温森特就像他那样做画商。于是，他就安排侄儿在古比尔公司海牙分号。

5
画商

这位伯父,另一个温森特·梵高是何等人物呢?

森特伯父比牧师大两岁,他从少年起就开始了职业生涯,进入一位表兄开的绘画用品商店当伙计。不过,就像巴尔扎克笔下的人物波皮诺,给恺撒·比罗托当伙计那样,森特伯父头脑聪明过人,野心很大。他在职业生涯中做了几个决定,就一跃而成为拥有高端客户,包括荷兰王室的供货画商。

他进入这家绘画用品商店之后两年,就当上了经理,将坐落在海牙布拉特街10号的商店改成画店。他观察形势,同前来买画布和颜料的画家讨论,便决定把希望寄托在崇尚室外绘画的才华横溢的青年画家身上,他有理由确信这种色彩更加鲜艳的绘画,在城市居民那里有巨大市场。我们已经看到,荷兰经过一个经济萧条时期之后,百业重又兴旺起来,金钱回流到社会,在新房装饰方面尽可以投资。

一项技术革新，为室外绘画的出现提供了方便：英国发明了装调好颜料的金属管。这样，画家就无需再调制颜料，可以到户外，直接画实景物，不再满足于先用铅笔或水彩画一幅草图，再回到画室绘制到画布上，色彩自然就暗淡了。欧洲普遍爱用这种管装颜料，尤其年轻一代画家，而且时过不久，画家的调色板在阳光下就鲜亮起来了。

枫丹白露附近的巴比松画派①，以让·弗朗索瓦·米勒为首，雄踞于其他所有画派之上。至于选取的题材，他们想到农村、农活儿、乡村教堂、牲畜、农舍。工业化将大批人投向城市，他们刚刚脱离农村，就想要在自家的墙壁挂上农村图景。这个同他们父辈紧密相连的旧世界，他们感到即将消失，就想要固定下来。

森特伯父买入并收藏巴比松画派的作品，从而鼓励荷兰画家走上同一个方向，展出并出售他们的画作。不过，后来他又想到，他支持的这些青年画家可能在法国找到买主，而荷兰绘画还罩着十七世纪黄金时期的光环。这位出色的商人当即就想建立起整个欧洲的关系，而不是固守本地区。一八六一年，他与法国大商人阿道尔夫·古比尔确定合作关系：古比尔公司在巴黎、伦敦、柏林、甚至纽约经营画廊，形成网络，也需要在荷兰的代理商。

---

① 巴比松画派（l'école de Barbizon），十九世纪中期的法国画派，得名于巴黎附近枫丹白露树林边缘的巴比松村，是欧洲艺术向自然主义发展的大规模运动的一部分，确立了法国风景画的现实主义。画派领袖卢梭（Théodore Rousseau，1812—1867）和米勒迫于穷苦离开巴黎，到巴比松村定居，画枫丹白露树林和自然景物，吸引去大批风景画家和动物画家，形成那时期的重要画派。

森特伯父的商店就成为古比尔公司的荷兰代理。这样，森特伯父就给海牙的青年画家提供被巴黎和欧洲了解的机会，画家们对他都十分感激。他的一位哥哥，亨德里克·梵高，即大伯父亨，在布鲁塞尔创建古比尔公司的分号。梵高家族的人在艺术品市场很有商业头脑。

古比尔公司专营批发，买进估计容易销售的作品，经营的策略是同那些每年在巴黎举办的画展上最引人注意的画家签订收购合同。法国的这些艺术展会，展出由一个评审委员会选定的画家当年的作品。评审委员会很保守，由体制的维护者组成，安格尔①的门徒占主导地位。

印象画派一贯受到排斥。他们的作品强烈的、具有震撼效果的色彩、大胆的笔触，让人看着毛骨悚然。他们从素描中解放出来，用繁复的笔触造型，触犯了强势的安格尔门徒，只因对安格尔的弟子来说，素描是"艺术的诚实"。

最后，人们也过分忘记了，什么市民会买色彩如此强烈的作品装饰自己的家呢？因此，古比尔做一种"新"绘画的生意。这种"新"绘画，往往是野外景物，但是大异于印象派画家狂热的创新。几句话就能让我们明白其中的缘故。

只需瞧一瞧当时住宅内部是什么样子，就能明白印象派画家毫无机会

---

① 安格尔（Jean-Auguste-Dominique Ingres，1780—1867），十九世纪法国古典主义画派的领袖。画风线条工整，轮廓确切，色彩明晰，构图严谨，对后来不同风格的艺术家如德加、雷诺阿、毕加索等人的绘画发展都有影响。名作有《亚加米农的使者》（1801）、《浴女》（1806）、《泉》（1856）、《土耳其浴》（1862）等。

升堂入室：那些套间居室、房屋、大型住宅，里面装修大量使用木材、壁纸和深色沉重的帏幔，怎么能想象在红木五斗柜上，在颜色偏深、已经有丰富图案和花卉的壁纸上，在两幅红色或棕色帏幔之间，挂上莫奈[①]画的盛开的玫瑰花，或者温森特的向日葵和"喧闹的"（这个形容词是温森特的）麦田呢？这是不可能的，放在一起"不协调"。然而，正是资产阶级买画家的作品挂在他们家的墙上，才能让画家赖以生存。这些印象主义新画家却想绘制纯粹的画，毫无装饰的功能。他们为这种选择付出惨痛代价，结果穷困潦倒，不断遭受屈辱，甚至忍饥挨饿。必须等待家具和住房发生一场革命，他们的绘画才能被人接受，一场由印象主义色彩本身引起的革命：粉刷的白墙壁或光秃的石壁，宽敞的窗户，石板镶地，用铁制、玻璃和铝制材料的门厅，总之，形成了一场地中海之风驱赶幽暗的交响曲。

画室创作的绘画，才是与当时家具协调一致的作品，主色调为棕色、赭石色和灰色，还用棕褐色采取无穷无尽的谨慎措施，突出一种红色、蓝色或黄色的色调。野外绘画开始的时候，作品容易销售的画家，是介于室

[①] 莫奈（Claude Monet，1840—1926），印象主义绘画运动的发起人和领导者，坚定不移的倡导者。一八七四年，莫奈展出《日出印象》，批评家以《印象主义者的展览会》为题批评这一运动，由此得名。莫奈的创作目的，主要是探索表现大自然的方法，记录瞬间的感觉印象和他所看到的充满生命力和运动的东西。他把对象当作平面的色彩图案来画。十九世纪七十年代是印象主义运动的顶峰时期，一八七二年至一八七五年间，莫奈、雷诺阿、西斯莱和毕沙罗所创作的作品，是印象主义最吸引人之作。主要作品有：《圣阿德列斯的阳台》（1866）、《花园里的女人们》（1866—1867）、《河流》（1868）、《巴黎圣拉扎尔火车站》（1877）、《干草垛》（1891）、《睡莲》组画（1906—1926）等。

内画与印象主义创新大家之间的那些画家。请看马里斯兄弟①、伊斯拉埃尔斯②、毛沃③和许多其他画家，就可以大体上了解他们略带大胆的创作，便在画展上取得成功，得以靠卖画娶妻生子，养家糊口。他们依然遵循"喜闻乐见"的标准，而市民携太太前来购买，不大犹豫就走向他们，尤其是因为他们的画作受到批评界的褒奖和赞扬。

古比尔各画廊内部模仿客户家居的内部，画幅展示的氛围，接近有意购买者家中的状况。正是在这种木材装饰、沉重的帏幔占主导地位、光线不足的场所，温森特将开始他的职业生涯。

不过，想必是早一步猜测出野外画哪怕还是部分的变革，森特伯父就从中获取大笔收益，也就在真正意义上，聚敛了一份财富，还收藏了一大批绘画作品。他住到巴黎，在城西讷伊买了一座私家公馆，在法国东南芒通买了一处房产，直到晚年，才重又回到他十分依恋的牧师兄弟身边。他住到普林斯纳格的一所房子，在那附近建了一个画廊，陈列他的收藏品。

---

① 马里斯兄弟（Les Maris），马里斯兄弟三人均为荷兰风景画家。雅各布（Jacob，1837—1899）擅长描绘荷兰农村。马蒂斯（Matthijs，1839—1917）更为内向，他的神秘气质曾影响和他一起创作的雅各布。威廉（Willem，1844—1910）受两位哥哥的影响，其《牧牛图》艺术手法新颖。

② 伊斯拉埃尔斯（Jozef Israëls，1824—1911），荷兰油画家和铜版画家，人称"荷兰的米勒"，他是表现农村风俗的海牙画派（1870—1890年盛行于荷兰）的领导者。青年时在巴黎学院派韦尔内和德拉罗什指导下作画。最初从事浪漫主义肖像画和传统的历史画创作。一八五五年移居渔村，转而以写实手法描绘荷兰农民和渔民。一八七一年移居海牙，除了油画，也画水彩画，他还是一流的铜版画家。其风格深受伦勃朗后期作品的影响，表现生活的悲剧场面，用大面积的暗色来突出主要部分，同时也注意细节。

③ 毛沃（Anton Mauve，1838—1888），荷兰浪漫主义画家，曾受柯罗和巴比松画派的影响，描绘荷兰风景和农村生活图景，和一些风景画家组成"荷兰巴比松"画派。他的画作色彩柔和，运用和谐的蓝色和灰色，与柯罗相似。主要作品有《草地上的乳牛》、《沙丘风景》等。

不过，这个人有两个弱点，也许相互关联。他没有继承人，还容易"犯病"，或者说"突发"意志消沉，不得不停止一切活动。我们看到他的一张照片，那眼神有几分疯癫。

他感觉不好，就去芒通休息，然后再回到北方，但是心里惴惴不安，有可能再犯病。鉴于这种身体脆弱的状态，他只好提早退出职场，但仍然是古比尔公司的大股东之一，并且关注艺术品市场的现状。

他那种处境，自然要把目光转向他几个侄儿，尤其转向牧师的长子，跟他同名的温森特。他妻子也是他兄弟妻子的姐姐，很早之前他来看望兄弟的时候，就有意跟温森特和提奥谈谈艺术界和画商的工作，他把温森特视作他职业的继承者和他财产的继承人。

温森特学业中辍，虽然秘不可解，但也不是猝不及防。这个孩子为什么不能像他本人当年那样，早早就开始职业生涯呢？很久之前，他就在海牙经营商店和画廊，于是提议将孩子安置在古比尔公司海牙分号。父母松了一口气，温森特要走上家族的传统之路。森特伯父特意为他设立一个学徒岗位，于是，一八六九年六月，温森特十六岁时，起程去海牙了。

当然在形式上，事先还是征求了他的意见，其实他也不可能拒绝这种提议。如果说他感到自己是"一切的局外人"，他也同样害怕成为"一个令家人脸红的儿子"……

然而，一种对绘画的酷爱，既深思熟虑又颇为意外，在他进入这家艺术品商店初期就产生了。温森特抵达海牙，还是个少年，住进了同梵高家族关系密切的罗斯家。他很勤奋，新职业要入门，他很快就发现自己喜欢上了绘画，懂行了，知识渊博起来，不久之后就迷恋起绘画了。

自不待言，他还只了解博物馆中的老绘画："喜闻乐见的"新绘画，即他伯父倡导的海牙画派的作品；至于印象主义画家，以及巴黎激烈的争论，他还一无所知。总之，除了博物馆，他只出入艺术品商界，不过，这却是他发现激动和启迪的新源泉，他要以自己的方式饮这泉水，远远超越通情达理的限度。

他兄弟提奥于一八七三年也进入这个行业，后来他从伦敦给提奥写信，从四年职业生涯中总结出一句话，是他酷爱绘画的一把钥匙：

"你要继续多多散步，更加热爱自然，因为，这是真正学会越来越理解艺术的方式。画家们，他们就理解自然，他们热爱自然并教会**我们如何观赏**。"

温森特本人在这里，将散步和绘画联系起来。孤独的散步所给予他的无限幸福感，学业失败之后又浸润忧伤情绪的幸福感，他到达海牙重又找见，并且转移到美学上来。不过，美学的转换又更新了原先的快感，集中起来表现，这就让他面对这些绘画，重新感受不再加以掩饰的喜悦，也明白了他作为雇工的社会作用。他看出在多大程度上，这些画家也像他那样善于观察，他感受到他亲身有过的印象、激动，但是他也学会通过这些画家看事物，并且还要更好地享受他在海牙周围的散步。海牙是一座小城市，直接连着田野：风车的景色、与阳光嬉戏的运河、荷兰的辽阔天空，以及施文宁根的海滩，而温森特在他所看见的景物和海牙画家的作品之间，或者和旧时代雷斯达尔①那样画家的作品之间，建立起千百种联系。

这种迷恋，表现在一位画商身上，在一定限度内是可以理解的，而在温森特身上立时变得狂热了，这最终同他的职守不能相容。只要他还在古比尔公司任职，他写的信就屡屡出现"看"这个动词。

"你在信中，千万要告诉我你看到的一切如绘画的景物，告诉我你觉得美的东西。"

"千万让我始终了解你亲眼看到的情景，这总是让我高兴的事儿。"

"不过，你首先应该多对我说说你所看见的东西。"

他的信上净是这类提醒和指令。温森特参观博物馆，确切地说，经常光顾，看画展，为此还去阿姆斯特丹以及别的城市。他的贪欲没有止境，他的知识因尽力购买版画而大大丰富，在一个如此年轻的人身上，就变得令人吃惊了。

"每逢有可能，你就要觉出事物是美的，"他给提奥写信道，"大部分人觉不出事物相当美了。"

"下面我列出我特别喜爱的画家的名字。"随后一份六十来人的名单，

---

① 雷斯达尔（Jacob van Ruisdael，1628/1629—1682），荷兰巴罗克画家，被认为是荷兰最伟大的风景画家。他喜爱以树木为主题，赋予其很强的个性，描绘精细，厚涂颜料，画出的树干和叶簇有深度也有性格。主要作品有《本泰伊姆城堡》（1653）、《犹太人墓地》（约1660）等。一六五六年后作品画面更为广阔，色调愈趋鲜亮。

另：雷斯达尔（Salomon van Ruysdael，1600—1670），荷兰巴罗克画家，以风景画知名。一生在哈勒姆度过，一六三〇年代的风景画堪与扬·范霍延媲美。一六四五年前后，他的风景构图越发有力，一边以高大树木为主体结构，另一边则是一望无际的景色，用色较为温暖而透明。另一喜爱的题材是路边小酒店、牛和牧人。

往往是被人遗忘的当代画家!

"其实,我可以这样写下去,不知能写多长时间;然后,还有从前的所有画家……"

别人会以为读到雨果式的罗列,而温森特和不过十年前出版的《悲惨世界》的作者,具有同样的美学观。雨果声称拒绝进行批评,他写道:我有一页文字、一行诗、一个词,就足以表达爱了。温森特以同样的精神接触绘画。

一切都可取。即使一幅画不够完美,他看一个细部、一根富于暗示的枯树枝、一个措置得宜的阴影、一种姿态、一束阳光,也就足够了。无所谓,反正他受到触动,他喜爱,他赞赏,他善于欣赏并表达出来。他那初萌慷慨的精神、他那极为罕见的敏感、他那智力,能让他看到重要的东西,他也善于讲出来,传递他获取的感动,让人喜爱他所喜爱的东西。因此,顾客来到这家大商店购物,很快就认准他,都簇拥到他的周围。他是最好的售货员,所有人都来问他,只因他能给有意购画者提供他们选择的说得通的理由,而购画的那位先生或那位太太在家展示,接待朋友,就可以侃侃讲出这些理由。

而且,不只是出售画作,画家也来购买绘画用品,温森特就能同他们结识,同他们交谈。也许他没有对手的销售名声,又是老板的侄儿,具有吸引力,画家们愿意来看他,对他都非常热情。有些画家,如韦森布鲁什(Weissenbruch),甚至邀请他到自己的画室,给他看正在绘制的作品。

约瑟夫·伊斯拉埃尔斯是他那时认识的最被看好的画家。这位好画家受到承认，获得许多奖赏，作品屡屡成功，正处于旺盛的创作时期，艺术生涯将一直持续到一九一一年。当时，伊斯拉埃尔斯刚迁居到海牙不久，住进一座漂亮的房子，上面的画室棚顶镶着绒布，他作画时身穿外套，打着蝴蝶结。当后世早已做出选择之后，再俯身去看一个时期的风云人物，总是很有意思的。现在审视这位画风确实很出色的画家，人们就能衡量出才华和天才的差异。伊斯拉埃尔斯是个敏锐、富有激情、技巧纯熟的画家，色彩丰富，但是他终生的艺术，都旨在和谐地运用过去画家的优点：伦勃朗的阳光、弗美尔①的意志和米勒的直觉，且不说其他影响。这些借鉴，即使组合的技巧极高，也还是能辨认出来，大家寻找的是一种显示出来的个性。

这个人也过分明智，过分"文雅"，或者过分畏首畏尾，如柏辽兹②所说，过分欣赏死者。他缺乏那种疯狂、那种过激、那种大胆或者粗野，而这些恰恰能让人敢于打开陌生之门，但事先要接受不惜付出代价。他的绘画是对过去的一种出色的颂扬，我们也应当承认，有些画挂在家里也很合适。这位艺术家，如今仍有很高的评价，但是，他绘画似乎用复合过去时③。

---

① 弗美尔（Jan Vermeer，1632—1675），荷兰画家，以风俗画为主。他是研究和描绘光线的大师，画宁静的街道和市民的日常生活，平凡单调的场景，画面特别鲜明，在美术史上独一无二，但是在一些题材中又有寓意性。他希望通过一些表现手法的实验来扩大视野，如《绘画的比喻》（1665），表现出他高超的技巧和炼金术士的艺术生活。他没有接受当时著名画家的影响，却深受荷兰科学家精确的科学精神的影响，并运用这种精神来分析和描写现实。
② 柏辽兹（Hector Berlioz，1803—1869），法国作曲家。
③ 复合过去时，法语语法中的一种时态。作者在此强调"复合"和"过去"来指认这位画家的特点。

他生前就享盛名，因此他对温森特显得和蔼可亲。自从他去了巴比松，拜会了米勒之后，他就像米勒画穷苦农民那样，画了不同场景的穷苦渔民。

雅各布·马里斯，他则画海景、荷兰农村的景象，灰色调精妙细腻，能看出雷斯达尔的一些特色。

马蒂斯·马里斯，是前者的兄弟，更好产生幻觉，表现雾中的城堡、更加浪漫又更加神秘的景色。他是马里斯三兄弟中，温森特最喜爱的一个。至于小兄弟威廉，他画奶牛、沼泽里的天鹅或者野鸭。威廉·马里斯似乎深深被大面积的死水所吸引。

在温森特的生活中，安东·毛沃扮演了更为重要的角色。毛沃比他年长十五岁，同他关系密切，是因为有一层亲情的缘故。毛沃是梵高家族的常客，后来娶了温森特的一位表姐，杰特·卡本图斯。他的一幅自画像显示一个颇有优越感，或者目无下尘的男人。毫无疑问，是一种很难相处的性格。毛沃遵循海牙画派的风格，描绘大自然景色，色彩更为鲜艳，画牧场中的奶牛、农村生活场景、海滩上劳作的渔民，但是远离在巴黎进行的绘画革命。他是个知名的画家，温森特很赞赏，甚至说他是个"天才"！

不过这种画风，温森特最赞赏的画家，还是他始终未能相见、在巴比松作画的让·弗朗索瓦·米勒。自不待言，米勒始终不会走到印象主义那一步，但是他有达利那样虔诚的赞赏者，如今大家重又发现他，已不是作为共和国时期无数农家住宅的装饰者了。米勒是个富于幻想的人，这一点逃不过温森特的眼睛，他又是极为出色的素描画家。他初期画的裸体像，具有一种摄人心魄的性感，他画的那些人物体现极强的生命活力，田地里劳动者的动作堪称绝对真实。米勒出身于农家，能感觉出田间劳作肢体语言的含义。

温森特开始学画的时候，在很长时间内，还达不到他老师的水平。米勒画一个刨地的人，我们能看见镢头在翻土地，全身在用力气。温森特长时间，很长时间模仿米勒，画出刨地的人，表现不出用力，镢头似乎"放在"地上，并没有劳作，尽管画者的意图是表现沉重的劳动。只要瞧一瞧米勒的作品，就能看出干活的农民膝弯都在颤动。

温森特在海牙画店工作，经理特斯提格本人才二十四岁，便将温森特置于他的保护之下。温森特受一位大股东的保护，他是最出色的销售员，特斯提格一家人经常邀请这个青年。

温森特在画店工作这四年，获取了绘画知识，又学到支持绘画的文学知识。他能阅读三种语言，经常逛书店。求人借书，不停地阅读世界文学作品，而且往往看原版书。在海牙这几年，他在工作中完成学业，念了他的"大学"。

也正是在职业培养的这几年间，温森特同他弟弟结成终生的伟大友谊。提奥赞赏哥哥，常来看他哥哥，兄弟俩在雨中散步，一直走到赖斯维克磨坊，在那里喝了牛奶，然后又上路。他们谈到世界和他们的未来。他们以十分感人的方式相爱，盟誓要超越亲情，终生做朋友，不管发生什么情况也要相助。当时温森特十九岁，提奥十五岁。这种誓言——多具有讽刺意味！——设想他将帮助他兄弟；他们还决定相互写信，一直到死，而且做到了，尽管中断一段时间。兄弟俩的这种誓言，为我们成就了艺术史上独一无二的书信往来。"赖斯维克这条大道，也许唤起我最美好的回忆之一。有朝一日，我们俩能够促膝交谈了，再说说那时候的事。"

关于温森特会多种语言销售资质的报告，一直呈送到古比尔公司的最高层。森特伯父认为自己的决定是正确的，他把温森特视为他的继承人了。温森特父母也非常高兴。他们把温森特看成欧洲艺术品交易的新星，甚至做出不理智的决定，要把这个年仅二十岁的青年派出国，到需要能人搞火生意的伦敦公司上任。温森特闪电般的升迁，就是受命去担起这个使命，而他兄弟提奥在布鲁塞尔已有良好开端，便调往海牙接替温森特。

不过，温森特赴任，如果说掌握了这一职业的丰富知识，那么他的个性还很不成熟。他的情感教育等于零。牧师家庭生活太肃穆，助长他的忧伤情绪，他童年野性的孤独、他那执拗而顽固的性格、他要为弟弟们开路的长子的地位，对他的情感教育并无助益。再者，他阅读小说、爱情诗，看到的是不经必要的思考就直达绝对的感情，对他也同样没有帮助。

温森特使用一个词："认真"，并且在他的笔下再现，他写道，他甚至渴望能"既严肃又认真"。他那极其敏锐的感觉、他那丰富的内心，由他初期的书信中显露出来，可能是他在某些年轻女子身边获取成功的手段，而这些品质，还必须让人从轻薄的角度进行猜测。他内心深处还野性十足，对感情毫无概念，任何人也没有向他传授这一点。此外相貌上，一头红发非常扎眼，又因他的生活方式而愈显厚重，不会对他有所帮助。他一个二十岁的青年，还是一副愣头愣脑的样子。初期接触，一种彬彬有礼、谦抑退让的态度，倒是能博得好感。

如此不更事的一个青年，派往伦敦，是一次风险极大的赌博。在海牙，温森特毫无爱情的经历。他属于初恋能使之丰产或一蹶不振的那种人。

6 初恋

温森特前往伦敦途经巴黎，参观了卢浮宫和卢森堡宫的画展。什么也逃不过他的眼睛，他特意整天整天沉浸在各种集中的艺术收藏品中间，沉浸在京城的氛围中：城市尚有巴黎公社起义①的伤痕，但是已经振作起来了。从古代艺术品到当时的主流绘画，他什么都看。他也去看了古比尔公司的母公司，旗舰店规模之大，画廊之宽敞，给他留下很深的印象。年轻人看得眼花缭乱，能在这样的大公司供职，他十分得意，确信自己前程远大，所有好牌都在自己手中，可以想见，正像他在信中指出的那样，他已经陶醉了。

接着，他又赶往伦敦，一路先坐火车，换乘轮船，再坐火车。大英帝

---

① 巴黎公社起义（1871年3月18日—5月27日），普法战争之后，巴黎数千名工人在市民支持下举行起义，筑街垒，成立历史上第一个无产阶级政权——巴黎公社。以梯也尔为首的资产阶级政府退到凡尔赛，重整军队，包围巴黎，攻破城池后，大肆屠杀公社社员。巴黎拉雪兹神父公墓有巴黎公社战士受难墙。

国的首都让他着迷,如果说巴黎是文化的新雅典,那么伦敦就是新罗马了。正如描绘查理五世①的帝国那样,也可以说在维多利亚女王的领土上,太阳永远不落。温森特在一家公寓安顿下来,但是住址没有告诉别人,他要到南安普敦大街古比尔公司取信件。

他对住所挺满意。"公寓还住着三个德国人,他们十分喜爱音乐,甚至弹钢琴、唱歌,这让我觉得夜晚过得非常惬意。"他同德国人相处融洽,和他们一起出门。不过,生活挺昂贵:一周房费十八先令,洗衣费用另算。当然,散步很美妙。"到处都能见到漂亮的园子,园中高树林立,还有一丛丛灌木,游人可以随意进去散步。"

他的新朋友生活太有规律,让他受不了,于是他换了住处,这一决定也是命中注定。这次,他住进一位法国牧师的遗孀家中。这位太太和她的独生女一起生活,将自己的房子出租一部分,还给儿童上课。母亲名叫乌苏拉·卢瓦耶,女儿十九岁,名叫欧也妮。我们有这位姑娘的照片,五官倒也端正,但是一副坚定的表情。一幅照片不过是一幅照片,而十九世纪的相片不会把本人照得美些。不管怎样,温森特天天接触,就痴情地爱上了这个姑娘,就像当初他迷恋布拉班达的田野,现在迷恋绘画一样,既没有限度,又毫不怀疑。

换另外一个人,肯定要立即花费心思追求欧也妮,或者明确向她表白自己的感情。温森特则受严格教育和他读过的小说的约束。他还是独来独

---

① 查理五世(Charles Quint,1500—1558),神圣罗马帝国皇帝(1520—1556)。

往,而这一伟大爱情,在想象中,似乎脱离任何对欧也妮的感情兴趣,也同样那么甜美。这一爱情将在他的臆想中、他的实际教育和他的极度敏感中,找到一个无限扩大的音箱。年轻姑娘的一举一动、一个表情、一声谢谢、一次无意的微笑,到他心中就像进入大教堂,由巨大的管风琴释放,就变成雷动的声浪。

然而,欧也妮作为爱的对象,却一无所知。局面可悲而又滑稽。无所谓,温森特在这种爱中发现自己,他好似莫扎特歌剧中的小天使,将爱扩展到整个世界。他爱这座城市,爱他的工作,爱云彩、清风、树木、闪亮的水洼、荆丛、房舍、绘画、在街上交错而过的行人。这些无不拨动他的心弦,无不合力促使他幸福……他无论沐浴在幸福之中还是身处不幸,总表现出冲向极端、捕捉永恒的天赋,正是这种天赋将使他生活在狂热的幸福中,长达数月之久。他的信中没有丝毫明确的表示,但是字里行间,无不竞相透露出来。

圣诞节晚上,和房东母女俩一起度过,是他永生难忘的时刻,一切都那么美不胜收,只因耽于幻想的骑士的这种爱,躲进了他的堡垒的高墙之内。春天来临,他阅读米什莱①关于女人的十分暧昧的看法。对于这种生命,与器官完全同化的女性,儒尔·米什莱表现出的迷恋和厌恶,想必扰

---

① 米什莱(Jules Michelet, 1798—1874),法国著名的历史学家、散文家,著作极为丰富,有十七卷的《法国历史》(1833—1846)、六卷的《法国革命史》(1847—1853)等鸿篇巨制,也有《山》、《海》、《鸟》、《虫》等精品散文。米什莱长期在法兰西学院任历史教授,以其民主主义的治史思想、鲜明的人道主义精神、高度的知识性和趣味性,以及魅力十足的人格力量,始终是最受学生欢迎和敬佩的老师。

乱了温森特的思想。米什莱描述了月经、妊娠、情绪变化、分娩、羊水。米什莱的《爱情》一书，成了温森特的"《圣经》"。这本书于一八五八年出版之后，一位女读者曾指责米什莱"抨击他跪拜的性"。乔治·桑也不掩饰她受到几页文字的冲撞。

温森特极为看重的这本书，虽然采用文学形式，却是破天荒第一次毫无忌讳地谈论女人，便在书店非常畅销。这部作品沿着女人的命运写来，从被男人"征服"，到老迈并死去，中间经过结婚、新婚之夜、怀孕、分娩、年老。不过，米什莱还一如既往，书中轮番出现神来之笔和老生常谈——他那世纪的陈谷子烂芝麻。

"女人是病人"，一章的标题，确切地说，是一个"伤员"，四周有一周流血。因此，女人"不大劳动"。女人天生条件差，男人就必须百般照顾。因而，男人是女人的主人，应该"创造她，塑造她"。而温森特可以把书中的一些指令念给男读者听，如这一指令：

"必须想她所想，立即抓住她说的话，修理她，改变她，'创造'她。让她摆脱她的虚无状态，摆脱一切阻碍她生存的东西、她的不良经历、她的家庭苦难和教育。你必须创造你的妻子，而她也求之不得。"[①]

可以想象出这样的话，对这个极无知又极天真的青年，能产生多大的负面影响。他怎么做，才能使他每天见面的少女，合乎一位大作家发挥想象力制造出的这个神秘人，深深扎根于器官中、"每四周就

[①] 引自米什莱《爱情》第八章。——原注

流血一周"的女性呢？米什莱的看法非但没有帮助，反而束缚了温森特。

其实，除掉作者的才华，这本书不会有任何影响力。米什莱头一个妻子去世，成为鳏夫，在超越妻子死亡的关于爱情那章里，语调感动了温森特：

"过劳守护，过度哀哭爱妻！……星辰惨淡了；过一会儿就天亮。安息吧……

"啊！我有多少话要对你讲！在生前，我对你说得太少……刚说一句，上帝就把我拉走。我几乎没有时间说：我爱你。为了向你倾吐我的心，我需要永恒。"[1]

还有许多这类的话，引起温森特无限遐想，同时向他揭示他自己情感有多深。

温森特有这个最不适宜的向导做主心骨，终于表白感情，而且事起突然，直截了当要求欧也妮做他妻子。她断然拒绝，还透露一个情况：欧也妮已私下许人，未婚夫是原先一位房客：萨姆勒·普洛曼。然而，温森特还没有回到现实，他试图改变欧也妮的想法和求婚者。还是拒绝。他坚持，再坚持。正如米什莱所写的，他不是应该"改变她，创造她"吗？欧也妮不爱他，而爱另外一个人，仅此而已。

可是，温森特并不理解为什么一再被拒绝，很难接受，同时泄露他身

---

[1] 引自米什莱《爱情》第208页。——原注

为海德先生①的一些特性，并在一家艺术品商店的模范职员、年轻的吉基尔②有礼貌而讨人喜欢的面孔下面，肯定发现了他自身。面对这种无限膨胀的人物，女人自知不是对手，总要飞快地逃开，这能怪罪谁呢？温森特需要的是一颗博大的女性心灵，如同克拉拉·维克③、玛丽娅·达古尔④，或者朱丽叶·德鲁埃⑤那样一位女子。一位同他一样热衷于绝对的女子，才能够理解他。

同欧也妮不可能有任何结果；所有营造起来的梦想、所有不可思议的希望，都訇然坍塌了，温森特陷入极度的颓丧状态，几年都不能自拔。然而这种情况，一旦由画家的传记作者们一讲再讲之后，人们却忽略了主要的东西：他在这次经历中发现了自己，便在开始的考验中加深对自身的认识。

在一定意义上，欧也妮帮了他的忙。当然要付出惨痛的代价，但是这层幕布撕开了，人们从他童年起，继而从他对绘画的迷恋中推测的这个非凡的人物，走到了光天化日之下。温森特痛苦至极，还衡量不出这种难以

---

① ② 海德先生和吉基尔：十九世纪英国小说家罗伯特·路易·斯蒂文森（1850—1894）的小说《化身博士》中的人物。这部小说探讨善与恶在人的内心搏斗的哲理性问题：吉基尔医生为探索人心善恶的两种倾向，服下自己发明的药物，便化身为海德先生，并把内心的全部恶念赋予海德，甚至干出了杀人的勾当。吉基尔医生无法摆脱海德，只好自杀以结束这场试验。

③ 克拉拉·维克（Clara Wieck, 1819—1896），德国女钢琴家，作曲家罗伯特·舒曼的妻子。

④ 玛丽娅·达古尔（Marie d'Agoult, 1805—1876），法国作家，以达尼埃尔·斯特恩为笔名，发表历史的与哲学作品。她与匈牙利作曲家和钢琴家李斯特（Liszt, 1811—1886）相爱，生有一子二女，其中一女长成后嫁给德国作曲家瓦格纳。

⑤ 朱丽叶·德鲁埃（Juliette Drouet, 1806—1883），法国演员。一八三三年与雨果相识相爱，成为雨果的终身伴侣，为雨果整理材料，誊写书稿，为他的写作做了大量工作。二人往来的书信也成情书的典范。

忍受的痛苦，向他掩饰的这种新发现多么重大。不过，他是咀嚼绝对的人，一旦闯入，就要不断地推进，以便找见自己的路。

温森特在古比尔公司失去了工作的兴趣。发现他自身的个性及其发展空间，正是他在思想上放弃干得那么出色的职业的根源。因为，他开始内视自省了。欧也妮如若应允，就可能彻底，或者长期把他禁锢在艺术品商人的行业里。他会成为森特伯父财产继承人，成为一个生活稳定的资产者，富有，膝下子女成群，住在伦敦一座漂亮的房子里。

他的爱情遭拒绝，让他睁开了眼睛，他扪心自问，这是否正是他想要的命运。否定的回答，同欧也妮的拒绝一样断然。他必须做一件事情，以求满足他心中对绝对的渴望。起初一段时间，他一方面"本能地"拿起画笔，另一方面也想到父亲的道路：他也当牧师，把他在内心发现的财宝奉献给他人。

资产阶级家庭一家之主的理想，就是善终。欧也妮的拒绝，对他当然打击很大，痛苦无以言表，他的精神险些崩溃；然而，他心里并不糊涂。温森特这种自我再生，我们尽可以幻想少受些痛苦，但是不管怎样，一八七四年这个春天，他的命运之门打开了。

他在决裂之后发出的信中写道："近来，我重又开始绘画，但是没有任何特定的主题。"他每逢遭受不幸的打击，不是向人倾诉，而是开始绘画。他似乎在绘画中，重构他的和谐，会合普鲁斯特[①]所说的这个深刻的

---

① 普鲁斯特（Marcel Proust, 1871—1922），法国作家，著有鸿篇《追忆似水年华》（1913—1927）。他通过回忆童年生活所感受到的永恒，也是艺术创作和文学创作的永恒。

自我，重温他童年时在母亲安娜·卡本图斯指导下绘画所感受的没有乌云的激情。

"没有任何特定的主题"。自不待言，现在还不是时候，不能投入这场拼力的战斗。他全身大部分力量，都被痛苦消磨了。然而，我们也不必怀疑，想在艺术上一试身手的念头，也肯定已然掠过他的头脑，他毕竟是绘画的迷恋者，又是画家们的朋友。眼下只是太早了，他立时需要一个避难所，他的家庭，尤其《圣经》，以求自我安慰。

在同一封信里，热爱伦敦的一切的青年大发感慨之后，还意味深长地承认他的心被撕碎了："我特别渴望见到所有人，见到荷兰！"

儿子变化如此之大，父母都惊愕不已。温森特沉默无语，不爱见人，自我封闭起来，父母什么也问不出来，只知道他在卢瓦耶家住宿有"谜团"，或者有"私密"。这个生龙活虎的小伙子，在工作中那么喜气洋洋，怎么一下子就垮了，如何解释呢？他们知道家族有抑郁症的基因，所能做出的反应，也就像看到发病的前兆。失恋的念头，他们万万想不到。

温森特却一心要返回伦敦。在家人身边，他的痛苦减轻了，欧也妮"拒绝"的揪心的记忆，也似乎不那么真实了。他想回去再追求欧也妮，尤其要找回这场失意之前那种幸福的状态，幻想还能像当初那样生活。他的一生有许多事例，近乎表明他的这种心理缺陷。后来，他发奋数次重画在幸福时刻所创作的作品。他从来不能轻易翻过这一页，或者根本做不到。

这种情况同上述看法并不矛盾。其实，温森特进退维谷：一方面是他对欧也妮的爱；另一方面他也感到跟欧也妮一起可能要过资产者的生活，这是他不情愿的未来。因此他心存幻想，一切还有可能。

他想起从前的老板，海牙画店经理贝特西·特斯提格的小女儿，决定送给她一本小画册，是他在英国期间绘制的。画册中有一幅卧在巢里的一只白鹳鸰，一幅卧在网中央的一只蜘蛛，蜘蛛网四周挂着捕捉到的昆虫的尸体。这只白鹳鸰在暖巢里，不受侵扰，是他回到荷兰本人的写照吗？他总喜欢画巢，后来画了好多幅。而这只屠戮的蜘蛛的形象，莫非是卢瓦耶家那个姑娘一种无意识的形象？任何题材都不是偶然采用的；他这个人无论做什么，总要问一个为什么。这些画毫无出色之处，只是表明意愿，恢复先前的一种状态，即在海牙的状态，他在特斯提格经营的画店工作曾经那么快活的状态，恢复他童年的状态，那时他就像个跑野了的小博物学家，在布拉班特的旷野到处探索。

他也画伦敦的景色。母亲了解他，鼓励他说："温森特还画了好几幅出色的画……很有天赋。"出色？未免夸大其词，不过，安娜·卡本图斯是位好画家，也有预见性，她知道，技巧，通过勤奋，全神贯注，酷爱就能掌握。而且，在这种极为普通的实践过程，她能够观察到，温森特在多大程度上忘记一切，甚至忘记他的痛苦。

她感到这正是她儿子应走的路。她看到温森特专心致志，从而解脱啮噬他的不幸。他为什么就不能画素描，画油画呢？归根结底，温森特的兄弟，以及三位伯父，都是艺术品商人。温森特处境很有利，能够得到支持。不过，他有时倒也抚问这种念头，但是意下未决，不能投身进去。

怎么办？父母心想，这一段时间，再加上亲情的呵护，这一切就将回到正轨。不管怎样，家里生活勉强维持，他们二十一岁的儿子应该自谋生路了。恰巧这种时候，名字也叫安娜的温森特的妹妹，也要去伦敦，找个教法语的工作。她将陪伴温森特，这样，她哥哥就会有一种亲情的支持，有助于他行动。

一八七四年七月，兄妹俩便起程赴伦敦，他们住到卢瓦耶母女家中！温森特确实感人，就好像什么也没有发生似的，又开始追求欧也妮，还要试试运气，哪怕重又遭到"拒绝"，哪怕萨姆埃尔，那个未婚夫前来看望他的心上人！局面变得实在难堪了。温森特还是不管不顾，不舍不弃。从前那么有亲和力的小伙子，在欧也妮看来变成了一个仇敌，再也无法容忍了。

任何屈辱也不能使他后退，他面对别人，面对他自身，毁坏他自己的形象，越来越掉价，仿佛乐此不疲，就好像有意毁容：用硫酸洗他这个社会的自我，这个守规矩、讲道德的典范。很快他就什么也不是了。在我们看来，这第二次住进卢瓦耶家，就是起了这种作用。不过，还是十分谨慎的，也许他妹妹安娜更为谨慎，直接干预了。必须搬走了。

温森特和安娜换了住处，在咖啡馆里用餐，花费多了，又缺少家庭气氛。兄妹二人散步倒非常惬意，这对温森特也是一种抚慰。他放弃了绘画，他在信中所言表明，他确实打算学画了："我在英国这里，一度很想绘画，这种渴望重又消失了。不过，迟早有一天，这种兴趣又会苏醒。"对他来说，绘画太过活跃，他没有必要的精力；安安稳稳的阅读对他更适合。他转向《圣经》，惟独《圣经》能给他安慰。一八七四年八月十日的信中，一开头他就引用《圣经》上的话，而这样的信也不是最后一封。

"你们当中没有罪孽的人，第一块石头就抛向他。"他在给弟弟提奥的一封信中，开头这样写道，就好像欧也妮是个通奸的女人……我们在这里抓住温森特新的行为中不断再现的特点：他一旦受到他所爱的一个人伤害或者冒犯，经过搏斗和溃败之后，便回味自尊心所受的屈辱，他就表现出一种迂回的、受挫而掩藏的好斗性，并伴随着犯罪和自残。后来他对待高更①，也不外乎如此。

森特伯父得知这种不幸，便插手进来，争取把温森特九月份调到巴黎，以便把他从伦敦的氛围中拉出来。不过，他只在巴黎待了三个月，直到一八七四年年底。他初次在巴黎的这段时间，没有一封信留下来，我们几乎一无所知。然而，巴黎刚刚经历一个大事件，无论对绘画史还是对温森特未来的历史，都有一种特殊的重要意义：一八七四年首届印象主义美术展。温森特九月份到达巴黎，未能参观这一美术展。这届美术展不大有利的反响，他一定有所耳闻，但是，他对此不感兴趣。温森特的心留在别

---

① 高更（Paul Gauguin, 1848—1903），十九世纪下半叶法国后印象派著名画家。一八八六年尝试修拉和西涅克的画法，决定在巴黎与梵高相会，可惜二人不欢而散。一八八七年去马提尼克岛，发现热带风景的灿烂色彩和动人的阳光，享受了原始社会大自然的妩媚景色，决定通过绘画寻找感情的解放，不再用线条和色彩来愚弄眼睛，而是用平涂来再创造真实场景，从而与印象主义决裂。高更醉心于"原始主义"，他说："原始艺术从精神出发并利用大自然，而所谓的精炼艺术却从感觉出发并为大自然服务。大自然是前者的仆人，是后者的主人。"高更被称为象征主义运动的领导人，他的全部作品是对资产阶级文明写实主义的反抗。他说："文明使你痛苦，野蛮却使我返老还童。"他影响了一批画家，如塞律西埃、德尼、马蒂斯、毕加索等。主要作品有：《在海滩上的塔希提女人》（1891）、《白马》（1898）、《野蛮人的故事》（1902）等。

处，他一心只想返回伦敦，欧也妮居住的城市，他还不停地阅读《圣经》。他终于如愿以偿，返回英国，一直逗留到一八七五年五月，在那里同在巴黎一样，什么也没有做。

这次危机之后，他判若两人：取得骄人成绩的青年已然死了，把位置让给这样一个家伙：他什么也不在乎了；安于失败，可以无数次经历再经历他所爱的女人的鄙弃，而且还贪恋不舍，乐在其中。自尊心、自重、自己的形象，全已毁掉。温森特破罐子破摔，要成为一个废物，如果可能，比废物还不如。

在古比尔画店，他变成一个可鄙的职员，不再顾忌，随口批评他负责销售的作品。别人真不知道该把森特伯父的侄儿怎么办了。家里人出面，派专人去看望他，头一个去的是特斯提格，温森特在海牙供职的经理，继而森特伯父也去了。可是无济于事。他知道梵高家族曾对他期望极大，现在大失所望，但他并不在乎。他天天阅读《圣经》，又睁开眼睛看到伦敦穷苦的景象，这大大改变了他。

他再也受不了艺术品商人这一行了。自从他完全牺牲掉自我之后，他就想要为别人效劳，付出他感到自身的这股利他的能量。因为，安于失败，安于痛苦的状态，也可能有收获，释放了一种为他人的能量，既然自己什么也不是了，或者再也不算什么了。这就好比一只翻出里子来的手套。年轻的温森特的能量在那里，只是改变了方向。他想成为牧师，但是不知道如何摆脱画商这一讨厌的行当。

他为绘画放弃了爱情吗？绝非如此。不过，这一年，他逐渐拆毁自

身可能为安身立命打基础的一切,这之后资产阶级的理想便死掉了。他想要为人效劳,并向提奥引述勒南①的这段话,表达他的心声:

"要在世上有所作为,就必须自我死掉。……人生于世,并不仅仅为了生活幸福。人生于世,甚至不是单纯为做个正派人。人生于世,是要为社会做出重大贡献,以求达到高尚,超越几乎所有人一生跋涉的平庸。"②

这段话的每个字,似乎都是为他写的,这段引语声声敲响了他前段生命的丧钟。长痛的这一年之后,一个新的温森特诞生了。"自我死掉",他还没有完成,但是他在奋力扼杀他可能自我提高公众形象的一切。"做出重大贡献",可是做什么事呢? 眼下,他想要走父亲的路,不考虑他母亲的劝告。

古比尔公司决定重新派他去巴黎,以便换换生活环境,期望他振作起来。提奥看了一八七五年五月八日这封信,想必明白这不会有任何作用。温森特什么也不想干,只愿当牧师,为他人效劳,这表明他头脑里还一片混乱。他要勇敢走上一条对经院知识要求很高的道路,难道忘记了他上学时所遇到的困难吗? 他知道己所不欲,却昧于己所欲,还要摸索好几年,才走上自己的路。

---

① 勒南(Ernest Renan,1823—1892),十九世纪法国哲学家、历史学家和宗教学家。一八四五年背弃天主教,以历史的人文主义方法研究宗教,发表《耶稣的一生》(1863),在基督教文学史上占有重要地位。《我的青年时代的回忆》(1883),总结一生走过的路,如何从民主主义走向集权主义。尤其《科学的未来》(1891),论述宗教起源的重要性,他认为这门人文科学与自然科学有同等的价值。他成功地缓和了科学与宗教的对抗,他在政治和信仰上倾向于自由主义和集权主义,在宗教上倾向于怀疑论,体现了当时中产阶级的两重性。

② 引自 M.F. 特拉博(Tralbaut)所著《梵高:失恋者》第52页。——原注

开始了一段弯路，持续三年半。温森特变得摇摆不定，做什么都不合意，在游移不决中漂荡，整个这段时间也许是他一生最糟的时期。他的一切尝试都以失败告终。在这种严重的危机过程中，他的书信风格也一落千丈，内容则缺乏魄力，缺乏心理统一，词语松散，有时就是连篇废话的宗教议论，无法分辨哪些是没完没了的引语，哪些是个人的言论评说，可以说就像阅读神经错乱的一些文字。温森特成为他周围事物和欲望的玩物，至少可以说，他掩饰起自己的面目，还试图取悦于他的家人。

然而，在这不堪回首的几年，我们注意到一种倾向：从广义上讲，持续不断地、坚持不懈地研读古代和当代作家、画家的作品。他阅读一切他能找到的原版著作，从莎士比亚到左拉，其间还有夏绿蒂·勃朗特、雨果、巴尔扎克、狄更斯和卡莱尔；他看过并提及了丢勒[1]、伦勃朗、柯罗、杜米埃[2]、米勒，也有马里斯兄弟、伊斯拉埃尔斯、毛沃……就好像他表面上试图成为神职人员，暗地里却准备别的事，还不敢承认，或者内心还不认

---

[1] 丢勒（Albrecht Dürer, 1471—1528），文艺复兴时期德国最重要的油画家、版画家、装饰设计家和理论家。丢勒受意大利古典主义和人文主义的影响，尤其表现在他的版画创作中。一五〇〇年前后，他的风格徘徊于哥特式与意大利文艺复兴艺术之间，经不懈努力，终于确定方向。一五〇七至一五一三年，丢勒完成《基督受难》的系列铜版画和木刻组画。一五一三至一五一四年，又制作最重要的铜版画《骑士、死神和魔鬼》、《圣·杰罗姆在书斋中》。晚年致力于理论与科学著作，同时完成杰作《四圣图》。

[2] 杜米埃（Honoré Daumier, 1808—1879），法国画家。善以雕刻式的手法处理石版画，巴尔扎克称他有米开朗基罗的精髓，其印象派绘画，在风格和题材方面都具有高度的独创性。1871年参加了巴黎公社。主要作品有：油画《三个律师谈话》（约1843—1846）、《共和国》（约1848）、《酒徒们》（约1856）、《洗衣妇》（约1860—1862）、《三等车厢》（约1862）、《堂·吉诃德》（约1868）；石版画《立法肚子》（1834）、《出版自由》（1834）、《行家》（1858）；等。

可。他所走的这条反常的道路，聚积着闯社会令人灰心的失败，以及智慧的长足进步：在通信的过程中，我们看到少有的敏锐判断力诞生了。别看表面现象，也不管他本人是怎么想的，温森特无论去哪里，从来没有虚度他的年华。

7 印象主义革命

一八七五年五月三十一日,温森特从巴黎发出一封信。他刚看了柯罗的画展,深受鼓舞。他也提到卢浮宫展出的雷斯达尔的作品,觉得非常出色,还提到伦勃朗和儒尔·布勒东的作品。他没有听人谈过印象主义画家及其一八七四年创立的美术展吗?他的哪封信也没有只言片语,就连否定的话也没有。然而,他身处艺术行业里,我们也知道他很好奇,又博学又迷恋艺术。

这也有据可查,六月份,在巴黎出售米勒的素描,而温森特就在"德鲁奥饭店,在那些画的陈列厅里",他真以为踏上一块圣地。温森特对米勒和对艺术的酷爱依然如故。阅读《圣经》尽可以抓得很紧,可是,这个意味深长的开头却表明,这名未来的牧师丝毫也没有放弃对绘画的虔诚。

他笔下提及的宗教,就绝不会引发如此自然的声音。宗教的话题在他的信中出现时,总是处于沮丧的语境,至少也像自我规定的一项功课。他这种宗教的新志向,只不过是一种幻想,他一生真正的酷爱,惟有绘画,而别人觉出他的志趣正在形成。他已不是初到海牙时的新手了,不会看到德拉罗什①的一幅画就兴奋不已,须知他中魔似的频频出入博物馆,眼睛看惯了大师们的作品了。

温森特在房间墙壁上挂了几幅版画,在信中一一向他兄弟列举。在这份名单上,固然还能见到一些二流画家,我们尤其注意到伦勃朗、雷斯达尔、米勒、杜比尼、尚帕涅②、柯罗、波宁顿③等人。然而,后来对温森特产生那么大影响的印象主义革命,在他的笔下却无迹可寻,这里必须交代几句。

一八七四年,莫奈、雷诺阿、毕沙罗、西斯莱、德加、贝尔特·摩里索和他们的朋友首次参加画展,标志着这群画家在一片嘘声中,吵吵嚷嚷地登场了。此前,他们屡屡试图挤进当年美术作品展览会,结果总是徒劳。美展评委会的评委,多数是安格尔的门徒,他们决定利用入场券,每次都挡路,不让印象派画家通过。面对一种过时的这些支持者的不理解,为了让一幅绘画作品有机会参展,要经过多少场令人身心疲惫的搏斗。如大家所见,安格尔说,"素描是艺术的诚实",对他而言,线条就是一切。用

---

① 德拉罗什(Paul Delaroche,1797—1856),法国画家,十九世纪中期学院派画家,风格介于古典主义和浪漫主义之间。写实的历史题材画成就较大,重要作品是《爱德华的王子》(1830)。
② 尚帕涅(Philippe de Champaigne,1602—1674),佛兰德巴罗克风格的画家,以肖像和宗教画著称。作品以明快的色彩感觉、朴实的构图和纪念性的人物形象为特征。代表作为《祈祷前》(1662)。
③ 波宁顿(R. P. Bonington,1801—1828),英国浪漫主义画家,以创作风景画和历史画著称。他在浪漫主义的运动中,是油画和水彩画的革新者。他的构思才赋很高,设色也不愧为巨匠,对英国和法国都有影响。

颜色勾画形状，似乎是胡闹，野蛮而荒谬。这无异于用一条猫尾往画布上甩颜料作画，或者将一只猴子放在钢琴上弹出音乐。

然而，关键在于别处，而不在于素描和线条。四十年前，一位名叫欧仁·谢夫勒尔的天才化学家，发现了颜色的衬比规律，而这种规律便搅乱了艺术史。

谢夫勒尔任戈布兰①壁毯厂经理期间，深感意外的是，经常听到工人抱怨，说是供织壁毯用的黑颜料质量不合格。起初，他以为生产环节出了毛病，后来，他从欧洲最好的厂家购置来黑线，经过多次试验，才逐渐明白这种"不合格"，原因不在于颜色本身，而在于人的眼睛固有的一种缺陷或者幻视。同一黑色，配以橙色、蓝色或者黄色，会给深度不同的印象，所有颜色只要相邻都如此，色度随着相邻的颜色而变化。

这种令人惊诧的衬比规律，是一种颜色相对性的规律，深深影响了绘画。谢夫勒尔在一八三九年发现并在他的著作中系统阐述的规律，促使画家从凭经验直觉，过渡到高度自觉利用调色板的效果了。达·芬奇和歌德，可以说已经有所领悟，但总结出规律来的则是谢夫勒尔。

牛顿曾经分解白光，以便说明白光是光谱所有颜色的总和。谢夫勒尔明白，颜色世界是由一种"经济学"管理的，一点儿也不会丧失，一

---

① 戈布兰（Gobelin），法国染织师家族，所织挂毯闻名于世。工厂的创建者让·戈布兰卒于一四七六年。此后虽有几次小变故，但一直成为宫廷御用饰品工厂，直至十九世纪。一八二四年起，谢夫勒尔（1786—1889）任戈布兰染织工厂经理，制定了化学染色标准。他还研究色调心理学，对从事挂毯、地毯的画师和工匠极有助益。他是脂类化学的创始人。一八三〇年在巴黎自然历史博物馆任教授，一八六四年任馆长。

点儿也不会创造。如果说"总的"颜色是白色，那么，一个物体吸收红色，就取红色，排除"其余部分"，它的补充色，即绿色（绿色是红色的补充色，以便"重新形成"白光）。由此产生的后果是，这种红色如若置于一种绿色旁边，就将"强化"这种绿色，反之亦然。这两种补充色彼此加强，就能够彰显它们的色泽。然而，同样这种红色，如若置于一种黄色旁边，色度就要发生变化，向黄色释放出它的绿色，而黄色也同样，向这种红色释放出紫色，它的补充色。红和黄这两种颜色非但不能互动，在一定程度上还要彼此"玷污"而变质。谢夫勒尔告诉我们，一条灰色小径切断一块草坪，一块绿茵，由于并排挨着草绿色，看上去就泛红色。同样的灰色，置于一种红色旁边，就泛绿色了；如果挨着橙色，看上去就偏蓝色；如果挨着紫色，看上去就要偏黄色了。至于黑色，它"取"并列色为补充色，例如蓝黑色，黑色接收蓝色的补充色橙色，就会显得更加明亮。

　　于是，谢夫勒尔就得出结果，确认对绘画极其重要的阴影的颜色。阴影是什么颜色呢？这个问题困扰了，甚至折磨了画家们多少个世纪啊。

　　谢夫勒尔写道：天边的落日以其橙色的光芒照耀物体，这些物体的阴影就呈现蓝色，这并不像人们长久认为的那样，是天空颜色的缘故，因为这些物体吸收了落日的橙色，排出了它的补充色蓝色。因为，谢夫勒尔继续写道，如果是红光、黄光、绿光、紫光照射这些物体，那么它们的影子就会分别呈现为绿色、紫色、红色、黄色。

　　德拉克洛瓦对这些理论很感兴趣，他指着铺石马路的暗灰色说道：如果有人请韦罗内塞①画一位金发女郎,而肌肤是这种色调,"他能画出来!那女郎在他的画上还会是一头金发"。一切都取决于在周围设什么颜色。这个典故令温森特着迷,后来他在信中还转述了这个典故。不过,还是印象主义画家将这些发现融入他们的绘画中,他们在大胆的探索中越走越远。补充色经过艺术和科学的布置所起的作用,不仅能让人很好利用一些还一直没有采纳过的颜色,还能给印象主义绘画增添这种虚幻的、超现实的色调,在展览馆里远远就会认出来。所有这些配置的颜色,就好像争相让我们重新感知焕然一新的白光,犹如一种炫目的超白光,让视觉愉悦而兴奋。

当然,色比规律从来就不会赋予没有才华的人多一点点才华,但是毕竟增强了富有才华的人施展才华的意识。从这种角度看,印象主义就好像一种对世界的色彩绚烂的超敏感意识。可以拿这种发现来比较一下安德烈·布勒东及其朋友们的发现,那是关于诗歌意象形成的机制,支配诗歌强度的内在规律。了解这些内在规律,也从来不能让人写出好诗来,但是能让作家更好地意识到,在一行行字的边缘找到的意象的力量。

菲迪亚斯②和伊克蒂诺③在建造万神庙时,就巧妙地玩弄远景的幻视,

---

① 韦罗内塞(Paolo Veronesse,1528—1588),十六世纪威尼斯画派的主要画家和著名的色彩大师。作品多为巨幅的人物群像,如《迦拿的婚宴》(1562—1563)、《大流士全家在亚历山大面前》(1573年,因宗教法庭干预而改名为《利维的家宴》)。他的壁画精确地按透视交错安置人物和景致,与建筑形成极有节奏的整体。他对后世的画家,如提埃坡罗、德拉克洛瓦、塞尚等都有很大影响。

② 菲迪亚斯(Phidias,活动时期约公元前480—前430),古希腊雅典雕刻家,万神庙建筑工程的艺术指导,创造了庙中最重要的神像,监督并可能设计了庙中全部装饰雕刻。他创立了理想主义的古典风格。

③ 伊克蒂诺(Ictinus,创作时期为公元前5世纪),古希腊雅典最负盛名的建筑师之一。他与菲迪亚斯合作建造了帕提农神庙,还建造了阿波罗·伊壁鸠鲁神庙。

利用根本不对称的间距和体积，以便造出一座显示这种完美和谐的建筑；同样，印象主义画家运用谢夫勒尔关于人的视觉缺陷的规律，创作出来的作品具有色彩冲击力，有时变成一场光的狂欢。但是，这种革命性的绘画还必须让人承认，迫使室内能够接受。可以说印象主义改变了人的感觉和室内装饰。这是同色彩建立新的关系，而色彩应召进入城市，进入居室，进入服装业。有些效果极佳，有些效果极差，历来如此。

总之，印象主义引导绘画脱离精确再现的方向，因为新生的照相贪婪地霸占了精确表现法。一下子这么多变革，一八七四年印象画派美展引起公愤：多少疾言厉色，百般嘲笑，肆意辱骂。阅读这些材料，不能不想到当时的轻浮之举多么盛行。当然也应该考虑到，艺术夸张的色彩来势如此凶猛，要呼吁世界包容尚需时日。

现在无法了解温森特当时的想法，而他后来那么热切地研究色比规律。这种将在他一生中扮演极重要角色的新潮流，莫非他当年就投入了？很有可能。他那开放的思想、豪迈的性情，又年轻气盛，都会把他推上这个方向，尤其是他已经同古比尔公司决裂了，只因古比尔公司仅仅推销传统绘画，或者一种很讲分寸的室外画。在他存留下来的信件中，丝毫也没有透露当时的事件，这表明他多么潜心于宗教的思考。

8 决裂

从一八七五年五月至第二年三月，这几个月期间，温森特在巴黎逐步清算他的全部过去生活。模范青年所仅存的硕果，有条不紊地被摧毁了。

他同他曾经的偶像米什莱决裂了。一八七五年九月八日，他写道："不要再读米什莱的书了，一直到圣诞节我们重逢之前，（除了《圣经》）什么书也不要看了。"继而，他又再三再四嘱咐。可是，提奥完全丢弃这些书了吗？唉！他看出来，青春年少无非虚荣心，诗人就传播危险的思想。勒南、海涅，统统丢进地窖里！惟独《圣经》立得正。

温森特住在蒙马特尔，室友哈利·格拉威尔，一个十八岁的英国青年，也是古比尔公司的职员。哈利是一位伦敦画商的儿子，"身体精瘦，像根棍子；两排整齐的大牙，两片红红的大嘴唇，一对活泛的眼睛，两只扇风大耳，通常很红，（黑头发）剃成平头"。他成为其他职员取笑的对象。这颗"纯洁而天真的心"打动了温森特，他萌生念头，要帮助这个年轻人。

于是，他带哈利去参观博物馆，让他弄版画挂在自己屋墙上，引导他节制自己旺盛的食欲，并且阅读《圣经》。他们俩决定一起读《圣经》，从头看到尾。

温森特有一些信上满篇是宗教文，大量引圣诗和祈祷经。其中有一封信，连篇累牍全是这种废话，除了开头和结尾的问候语，对提奥没有讲一句"生活的"话。这种信文寡淡无味，连最宽容的人看了都会诧异，这无非是重复讲的啰唆话，或者不过脑子的自言自语，又臭又长。两相对比，温森特谈论绘画就非常有趣，谈论宗教就让人烦得要死。他从来没有把宗教变成自己的思想。他那位做牧师的父亲不可能看错：对于儿子投身宗教的志向，他始终持保留态度。

这种封闭的印象，由他对他弟弟所采取的语气证实了。温森特比以往任何时候都专断，丝毫不容提奥申辩，专断到了令人厌烦的程度。做这个，别做那个，吃面包！——摆出的理由就是：不是说了吗，"给我们每天的面包吧！"——读这个，不要读那个，等等。

温森特有时候也意识到了，他感到在巴黎这几个月，他做得太过分："我绝对无意教训你……我知道你心中想的都在我的心中；因此，我有时就很严肃同你交谈。"这一供认极为重要。提奥没有自我，他是一个高傲的自我，而温森特同提奥谈的主要是他自己：手上拿着笔写这些信，作为一种自言自语的办法，从而产生封闭循环的这种印象。

我们知道温森特在巴黎期间，每逢星期日干什么：上午去教堂，下午去博物馆。《圣经》和绘画。麻烦的是，他在工作中，已不再费心思分辨他自己的见解能不能为雇用他的公司效力。他公开批评店里销售的作品，拿来比较他在卢浮宫或卢森堡宫看到的艺术展品。他还责怪顾客的鉴赏力，劝阻他们买某件作品，让他们不知所措。他无论对顾客还是同事，变得既不干实事又非常讨厌，而同事们无不知晓，他依仗自己是一位股东的侄儿，才派到歌剧广场的画店来当头儿的。

古比尔公司的人都很惊诧：是为了帮助这个年轻人，才把他从伦敦调到巴黎，结果徒劳无益。只得等待他在业务上犯了错误，才好把他开除了。

过错随着圣诞节等来了。他父亲调动工作，到小城埃滕上任，温森特急不可待，要看看他们家的新居，牧师的住宅，他没有请示经理就走了，在圣诞节销售大忙的时候休假一周。

有人替代了他的位置，等他回到巴黎，经理布索先生召他去办公室，让他"主动请辞"。温森特递交辞呈。三月底，辞呈批准。温森特先后同滋养他的读物，同社会决裂了。他一失去了工作，生活很快就难以为继了。他还极力保持"希望和勇气"。

希望，就是伦敦，他一心想回到那里。他买英国报纸，回答一些小的招工广告。他那惊慌的情绪，也同样能让人觉察出来。他给提奥的信中写道："经常给我写信来吧，因为眼下，我特别需要你的书信。"

哈利·格拉威尔也因此搬走了，以免受这个不可与之交往的职员的影响。温森特重又独自面对他的《圣经》。他试图在伦敦找到工作，久久没有结果。直到他从巴黎动身的那天早晨，他才收到一个肯定的答复。

雇用他的地点在拉姆斯盖特，肯特郡的海水浴疗养地。一位小学创办者提出试聘他一个月，不给工资，只管食宿。温森特已经山穷水尽，得到这个信儿也算喜出望外。他离开巴黎并不遗憾，格拉威尔接替了他的职位。他成不了画商。动身之前，他前往杜朗－鲁埃尔画店，那里销售印象派画家的作品。他在信中写道看见了根据米勒、柯罗、杜普雷的作品制作的版画。他怎么没有看见印象派画家的作品呢？他只字未提莫奈、雷诺阿、毕沙罗。

温森特口袋里揣着到拉姆斯盖特的聘用书，乘坐火车去荷兰，到达埃滕，要在父母家里住上半个月。他十分看重这次出行，而这种乐观却没人附和。这个二十三岁的青年能混出什么样儿呢？

有一天，牧师提奥多鲁斯给他写了一些话，刻在了他的脑子里，他在一八七五年十月的一封信里重述了："有一天，爸爸给我写道：'千万不要忘记伊卡洛斯①的历险，他想要一直飞向太阳，升到一定高度，就失去了翅膀，坠入海中。'"

牧师惊人的预感，或者深知他儿子的个性，除非设想儿子会有一种不自觉的行为，走上这种预告的命运。温森特·梵高是伊卡洛斯。他的确要鼓起绘画的翅膀，一直飞升到黄色，一八八八年夏末的纯金色，将遇见他想要在高更身上认作父亲的这个粗暴的形象，继而，在雷米穿越令人目眩的形态坠落之后，就将在瓦兹河畔欧韦的蓝色中沉没。

---

① 伊卡洛斯（Icare），希腊神话传说中人物。他和父亲代达罗斯被关进克里特的迷宫里，父子二人身上装着用羽毛和蜡制成的双翼逃出克里特。但是他忘记父亲的嘱咐，飞近太阳，蜡翼遇热融化，结果坠海身亡。

9
难以忘却

再次旅居英国开头还好。经过巴黎几个月的空虚和自省，温森特回家度过两周，回归本源，重又亲近自己热爱的故土，他的精神又振奋起来。他不仅谈论他所见所赏，描绘风景并讲述他的散步，而且更愿意表露，文笔更为典雅，词语链条绷紧了，以便表达并传递他的激情，许多段落显出他所蓄养的文学才能。如果必要的话，他愿意这样进行下去，从而辩解在他父母眼中无法解释的行为：离开古比尔公司。

一八七六年四月中旬，温森特到达拉姆斯盖特，坐落在肯特郡东端的小港口。这座城市他挺喜欢，有人指给他看雇用他的斯托克斯先生所办学校的楼房。

斯托克斯先生个头很高，秃顶，留着络腮胡子。他受到学生尊敬和爱戴，只因他同学生一起打台球，显得和蔼可亲。不过，温森特有些失望。校舍陈旧，工作没意思。拉姆斯盖特与伦敦相距遥远……斯托克斯先生空口宣布，两个月之后，学校就将搬迁到伦敦附近的艾尔沃思，结果根本不兑现。

温森特教法语、算术，也上点儿德语课，他还监督十岁至十四岁的二十四名男孩，这就是学校的全部学生。有时他还得帮助孩子洗漱，而盥洗室简直不堪入目。床铺爬满了臭虫，不过，他却肯定地说，他窗外的景致可以弥补。对他这种说法，家里人半信半疑。他在一封信中画出这种景色：一座悦目的小广场，竖立几盏街灯；海边近在眼前，只隔着一道漂亮的栏杆。

怎么能承认他不喜欢待在这儿，这项工作不是万灵药呢？他到达三周之后，就对提奥敞开胸怀："我在此地一天一天度过的日子，真是幸福的时光。然而，**这是我不能完全信赖的一种幸福和安宁。**……不管怎样，这一切我用圆括弧括起来；最好还是不要谈了。保持沉默，走我们的生活之路就是了。"

一种黯然神伤浸染着这一页。温森特画出从他窗口望出去的广场，因为孩子们都聚集在那里，望着来探视他们之后远去的父母的身影。这座广场的景象，将深深刻在他们的记忆中，温森特如是说，正像那条雨打湿的路，当年他小时候，曾经望着他父母乘车消失了。

孩子们若是喧闹，就要被罚不吃面包不喝茶。看着他们走向课桌，多让人揪心啊。"他们日复一日，除了吃喝，可期待的东西就太少了！"

温森特很快就了解到，试用一个月之后，他也拿不到工资。斯托克斯先生确信，只提供食宿，想找多少兼课的学监都能找到。温森特并不是不满意，这种境况毕竟使他解脱了。他写信对提奥说，他希望能找到一份"介乎牧师和传教士之间的"工作。这能让他靠近宗教和父亲的榜样，靠近这条路上的所有沟沟坎坎。不过眼下，这尤其能使他靠近伦敦。

温森特向首都的一位牧师报名求助，帮他找到一个助手的职位，但是强调他没有受过"专门教育"（包括拉丁文和希腊文），拿他的话说，这"超出他的能力"。不过，他也自报是牧师的儿子，"天生爱"教会，"爱上帝和人类"。

终于学校要搬迁了。又能见到伦敦了；欣喜之下，他决定徒步去看望他的朋友哈利·格拉威尔的父母，再去看望他妹妹安娜，路途更远，要一直走到韦林。行程一百六十公里！梵高家族的人都善行路，无人能比，而温森特又胜过他们所有人。这种长距离步行，他只能获益。傍晚，他抵达坎特勃雷，参观了大教堂，又接着赶路，走到"一个小水塘附近，有几棵大树，山毛榉和榆树，我就在那里歇息了"。

到凌晨三点钟，他被鸟鸣唤醒，于是又上路了。中午时分，他到达查塔姆，沿着泰晤士河岸走到伦敦市区，傍晚过河去看望格拉威尔一家人。主人留他过夜，他去拜访他曾写信求助的那位牧师，一无所获。他又从伦敦出发，走到韦林看望他妹妹。安娜五官长相很像哥哥，见到哥哥非常高兴。徒步旅行，至少他的情绪平静下来，一路饱览风景、街景，饱览伦敦郊区十分穷困的人群。有人拿温森特童年的眼睛同兰波比较。现在，又发现同样的兴趣，喜欢徒步长途旅行：在旅途中，大自然现身，犹如一场梦，而且对这样的旅行者来说，由于劳顿和欣喜，梦游的感觉就更加强烈了。

斯托克斯先生迁到了新校址，同意温森特找到工作之前，就住在艾尔沃思。温森特利用这段间歇，去参观了汉普顿宫。"看绘画，对我来说是件很愉悦的事。"他列举了霍尔拜因①、提香、曼特尼亚②、贝利尼③、伦勃朗、达·芬奇、雷达尔。他还四处奔波，终于找到一个职位，就在艾尔沃思当地，到了一位牧师的手下；尊敬的托马斯·斯莱德－琼斯极为仁慈，耐心地听他讲了情况。薪水微薄，但是尊敬的牧师对温森特许诺，如果一切顺利，就让他参加布道工作。就这么一次，好运肯微笑了。温森特受聘了，在琼斯那里安顿下来。琼斯也领导一所学校。

于是开始了一段幸福的时期，并在一八七六年九月四日达到顶峰：在那天，温森特在牧师的教堂里第一次讲道。"我心中升起'从前自信'的某种情绪"，他给提奥这样写道。重又讲述散步的情景了，描述鲍顿的一幅画《朝圣之旅》，温森特再一次让一幅画活起来，因为他把话语交给了画

---

① 霍尔拜因（Holebein），德国画家家族，年长者称大霍尔拜因（约1465—1524）；而小霍尔拜因（1497/1498—1543）是德国十六世纪最重要的肖像画家和装饰艺术家之一，作品十分丰富，有宗教画、肖像画、细密画、书籍装帧木刻、室外大型壁画，如长木刻集《死亡舞蹈》（1523—1526）。
② 曼特尼亚（Mantegn，约1431—1506），十五世纪意大利北部第一个典型的文艺复兴艺术家。他在壁画领域发明了用透视法控制总体的空间幻境，开创了延续三个多世纪的天顶画装饰画风。最著名的装饰壁画是为都卡莱宫画的《婚礼厅》（1474）。
③ 贝利尼，十五世纪意大利文艺复兴画家有三位贝利尼。冉蒂尔·贝利尼（Gentile Bellini，约1429—1507），文艺复兴时期威尼斯画派奠定基础的画家家族成员，以画肖像和威尼斯风光著称，现存重要作品为《穆罕默德二世》（约1480）。乔凡尼·贝利尼（Giovanni Bellini，约1430—1516），威尼斯画派奠基者，著名画家乔尔乔涅和提香的老师，他使威尼斯绘画摆脱对拜占廷传统的依赖，而成为与罗马和佛罗伦萨并驾齐驱的意大利文艺复兴的中心之一。雅各布·贝利尼（Jacopo Bellini，约1400—约1470），他把佛罗伦萨早期文艺复兴原则引入威尼斯。他通过儿子和女婿扩大对威尼斯画派的影响。

上的朝圣的香客。

后来，他第一次以画家的眼光，提起一处景致，明确指出如何设色，正如他以后多次做的那样。

重大的日子终于到了：他讲道，并把稿子寄给了提奥。"我登上讲道台的时候，颇有从一处黑暗的地下出来，进入友好的光明之中的感觉。"这篇讲道经牧师同意，可以说是一次成功。自从两年半之前，他遭到欧也妮·卢瓦耶拒绝之后，这是他的首次成功。他在父亲的路上走出这一步，深受鼓舞，便给父母写信，向他们表示他找到了自己的路。

不过，这次讲道的内容也有其重要性。文稿很长，长得过分，往往枯燥乏味。我们能从中看到一系列含混不清或者缺乏条理的见解，近乎他的信里通常的连篇废话，接着，突然有两部分的演讲词焕发光彩，一直到结尾，表现出了生命力，而不是一再重复死气沉沉的话语。

在第一部分里，温森特激动地谈到他本人，谈到他为了谋生不得不离开父母，以及在他内心沉睡而终于醒来的信念。

继而，在结束讲道的部分，他的感情一阵冲动，谈起鲍顿的那幅画。一个场景全面展开。"它（绘画）表现景物，已是暮晚。"他这样开头。我们能领会，在温森特的心目中，绘画是生命的一部分，因为他简短的一句话，就从绘画过渡到人的经历（已是暮晚）。他这样悄然转移，就能使这些朝圣者活跃起来，就好像他们就在眼前，在漫漫的路上交谈。"朝圣者说道：'我会越来越疲惫，可是，我离你也越来越近了，我的上帝啊！'"

读到这种从一幅画生发的思考，我们觉出温森特从中找到，或者重新找到了他的统一；而这种融合，艺术同一种浸染着宗教感情的使命融合，即使不是同上帝的爱，至少也是同他给头一个伦敦牧师写的求助信中所宣称的"仁爱"融合，将是他的全部绘画的源泉。这次讲道透露出温森特内心的渴望：他感到这正是他该走的道路。自不待言，他想到成为神职人员是必经之路，但是不管前途多么艰难曲折，这种在他身上兼具父母遗传的融合，将永远是他在作品中所追求的目标。

然而，在这次令人满怀希望的胜利之后，又将消沉了。如何解释这次重新颓丧呢？有人说是宗教热情高涨；或者是温森特受命去讨穷困学生家长所欠的学费而有负面反应的缘故；其实在我们看来，原因更为简单，更为明显。

温森特在一八七六年十一月二十五日写的信，他清醒的最后一封信中，他对提奥说要去伦敦一趟，去"看看卢瓦耶太太，这是她生日的第二天"。他没有进一步说什么，他不好讲的事情，总是这样，只透出一点点口风。

随后一封信写起来没完没了，少许有理性的话，也全淹没在宗教的言论中，回忆和思考乱成一团，以及大量的宗教套话，荒诞怪异到了极点。提奥肯定要想，他哥哥是不是疯了，他也向父亲敞开了心扉。

温森特去拜访卢瓦耶太太，并且知道她的生日，显然不是卢瓦耶太太给他开门时告诉他的。这次拜访可以说明他这一年多的历程，也能充分显示温森特心中的系恋有多大力量。我们不免产生疑问，这是不是实行的一种秘密策略，以便重新接触卢瓦耶母女，只等待有利时机的策略。

在巴黎的那几个月，他跟所有人赌气，处心积虑地迫使古比尔公司辞掉他，这样一来，公司也就断了他去伦敦的通路。随后，他又回复英国报纸上的招聘广告，在待遇极差的条件下，他还跟父母力争去拉姆斯盖特工作。总算运气，争取了琼斯牧师录用他，来到他初恋之地的附近。第一次讲道一旦成功，温森特就自觉有了足够的底气，要再次去招惹魔鬼。

　　温森特没有忘记欧也妮母亲的生日，他立即抓住了这一机会。也许欧也妮同她的未婚夫断绝了关系？也许她后悔拒绝了温森特吧？最荒唐的幻想在他发烧的头脑里出没，他的想象力也往四处探索。假如……只因为自身感受过，就相信人变化无常，这是使得艺术家在社会上极易受伤害的幻想。温森特又回到心中百般祝福的住宅，他的心怦怦直跳，又看到这些街道，看到心上人每天所见的景物，他来到门口，拉响门铃。不行！还是不行！欧也妮一直跟萨穆埃尔在一起，温森特从那位母亲彬彬有礼的背后看出疏远的态度：人家很惊讶，看到这个一点儿也不明事理的赖皮讨厌鬼又来了。主人请他吃了茶。温森特重睹了他无限热爱、希望和梦想的地方、家具、室内；伤口重又开裂，把他引到这里来的他那脆弱的成功和积累的小资本，一下子化为尘埃。他是最善于克制的人，在表现得很有礼貌、热情问候之后，便告辞离去，可是内心又受了致命伤。

　　向谁讲，诉诉衷肠呢？当然向提奥了。给提奥写信就像走路，一行行字犹如上百公里路途的一步步，潜心于在这纸上的行走，以便忘却生活和他自身。宗教在这里不过是托词。至少，宗教提供一种消遣，阻止他走向自杀之路。提奥收到令人大惊失色的信，也正是在这封信中，温森特透露,自从父亲送他上寄宿学校,乘坐小黄马车离去之前,他就感到自己是"一切的局外人"了:黄色有其重要性,黄色将远离而去,必须通过艺术找回来的爱的颜色。

圣诞节来得适时,可以暂时休息。温森特一返回荷兰,就不存在再回英国的问题了。对卢瓦耶太太的这次拜访,结束了温森特的"英国阶段"。他父亲知道司祭的职务要求一个人的平衡和自制力,也就不再提选择教职的志向了。这个儿子将在荷兰工作,留在亲人身边,完全脱离教会的环境。再次求助于森特伯父,而四伯父尽管大失所望,还是同意插手安排这个叫人无法容忍的侄儿。温森特将去多德雷赫特,到布拉特先生的书店工作。布拉特先生的兄弟也多亏了森特伯父,在古比尔公司谋了个职位。礼尚往来嘛。

10

多德雷赫特或者克伊普的黄金

　　温森特到达鹿特丹附近的多德雷赫特,安顿下来,住进谷粒和面粉商里肯夫妇的公寓。由于没有空出的单人房间,里肯太太就问一位房客,一个名叫格尔利茨的小学教师,是否愿意和温森特同租他的房间。那个年轻人有条件地接受,只要对方是个"得体的人",这话引起微微一笑。尽管新房客行为古怪、格尔利茨乍一见不免吃惊,后来却交上了朋友。

　　布拉特先生经营多德雷赫特的主要书店,活儿是不缺的。温森特早晨八点钟就到,在里肯家吃早饭,待到晚上,一直到凌晨一点钟。

　　他的工作就是记录书店进货和出货。他头戴一顶伦敦式样的高筒礼帽,欧也妮·卢瓦耶恋情的最后遗物,站在书店里的一个托书架后面,看上去心思完全放在工作上。温森特寡言少语,甚至不屑于回答顾客偶尔向他提出的问题。布拉特先生又困惑,又颇为不满;但是最终发现了其中的奥秘:他这名头戴高筒礼帽的职员,布拉特先生以为他在一心工作的时候,他却在阅读荷兰语《圣经》，翻译成法文、英文、德文，抄写在四个栏中！他也用笔画些小东西，布拉特先生觉得没有意思。拿这名职员怎么办呢？至少他够讨厌的！可是，我们也看到了，布拉特先生的兄弟，多亏森特伯父的关照，才得以进入古比尔公司，要想开掉他这不合群的侄儿，可不那么容易。可以想见布拉特先生有多为难，不过，大家也能想得到，温森特很快就会为他提供方便。

在里肯公寓，温森特惹人发笑，成为一起用餐的人嘲笑的对象。一九一四年，格尔利茨发表回忆录："在餐桌上，他祈祷很长时间，吃东西像隐修士那样少，不吃肉，也从来不加调味汁。他经常不来用午餐，以免生活太富足了。他若是一反往常，参加谈话时，就讲起他对伦敦的印象。他脸上的表情通常很阴沉，若有所思，极为严肃而忧伤。不过，他笑起来时，就显得很开心、很坦率，他那张脸豁然开朗了。"只要有可能，温森特就去做弥撒，也不固定在一座教堂，不管是天主教堂还是新教教堂。

过了三个月，这个精神反常的年轻人的行为，对任何人都不是秘密了。而森特伯父头一个得知温森特对这种工作缺乏兴趣，他非常恼火，干脆同他侄儿完全断绝通信联系。

这样看待，而且坚信这些见证，我们所保留的形象，就会是一个可怜的疯子，一个生来无用的废物，一个只能供人取笑的怪人。其实，这种行为表明伦敦失意之后的一种蜕变。从前，并没有看到他有这种怪诞的行为。然而，这只是部分真相。只要打开他的信，那么真正的温森特就出现了：他是固执地走向他自己也不知道目标的路上。

10 多德雷赫特或者克伊普的黄金

多德雷赫特，在温森特看来，而且在我们看来，首先是画家之城，是克伊普①之城：十七世纪和十八世纪的画家雅各布、本雅明和阿尔贝特。城里的博物馆收藏着他们许多作品，而温森特一到这座城市，就迫不及待地去看他们的绘画。虽然他没有以名字区分他们，但是可以推测出他特别指的是本雅明·克伊普，借用音乐家的说法，就是"金小调"或"金大调"绘画的画家。没用多久，温森特就沐浴在一片金黄色的世界中："今天傍晚，落日的余晖映照在水中和玻璃窗上，将它那完全金黄色的辉煌投到景物上，这恰如克伊普的一幅画。"在另一封信中，他还写道："我真希望你能看到那天傍晚的落日。街道就好像是黄金铸造的，犹如克伊普有时所画的那样。"

后来，他在多德雷赫特的日子临结束时，克伊普的这种金色，就有了他在阿尔勒将获得的象征意义："过去的时光没有完全虚掷，我们在精神上、感情上和性格上，能够变得更充实、更开阔，对上帝的认识更丰富，也更加富有生活的纯金、彼此的爱……"

"生活的纯金"，这就是多德雷赫特所授的功课，这在温森特的道路上，绝非一个无足轻重的阶段。生存的幸福，由斯宾诺莎定义为"生存的无限享受"的这种永恒，等到温森特有能力表现了，就将是黄澄澄的金色。

由此看来，不应过分相信同时代人"客观的"见证：他们仅仅看到了

---

① 克伊普（Cuyp），荷兰的一个美术家家族，主要于十七世纪在尼德兰的多德雷赫特作画。出了七名画家：阿尔贝特（Albert，1620—1691）、本雅明（Benjamin，1612—1652）、雅各布（Jacop，1591—1651）三人是巴罗克肖像画、风景画和风俗画的重要画家，其余四人从事玻璃绘画。

事物的表象。

　　无论布拉特先生，还是森特伯父，任何人都不需要温森特留在多德雷赫特了。温森特必须离开了。现在如何安置他呢？他提出一个方案：当牧师，像他父亲那样，也像他同名的祖父那样。他家族的每一代都出个牧师，难道这不是一种传统吗？提奥接到好几封信，温森特在信中以由衷的虔诚，不断地恳求家人让他步父亲的后尘。这是他最珍视的渴求。他感到自己准备好了。他叫喊，他呼吁，却忘记早在伦敦报名求职时，他自己就认为专门学习"超出他的能力"。

　　家里人商议。对于这种要求，提奥多鲁斯牧师不可能无动于衷。梵高家族，除了气恼的森特伯父之外，都同意全力支持，让温森特进阿姆斯特丹神学院学习。

11
阿姆斯特丹

温森特并不像他的绘画可能给人留下的印象那样,出生在一个穷苦的,或者一贫如洗的环境中,他出身的家族有钱有势,并不缺乏人力财力。既然温森特想要成为牧师,家里人就要给他提供最好的条件。但是他必须首先补课,然后通过选拔考试,方能进入神学院。他十五岁上就辍学了,拉丁文、希腊文、数学、耶稣时代东方古代历史和地理等科目,必须达到水平。温森特要住到阿姆斯特丹学习,而这一次则不像在巴黎或伦敦那样,不会让他单打独斗了。大家碰头作出决定,每人都出力帮助这个年轻人。

约翰尼斯·梵高,即约翰大伯,荷兰海军少将,造船厂经理,他就让温森特住进官方提供给他的大公馆里。他已成为鳏夫,孩子们都成家立业了,他准备接待温森特。这个健壮的汉子,身穿神气的海军服,讲话有海员那种直爽劲儿,他断然决定,替他几个泄气的兄弟做了主。他经常这样说温森特:"用眼白看魔鬼,要多黑就有多黑!"

另一位，科尔叔父，科尔利乌斯·马里努斯，在阿姆斯特丹经营一家有名的艺术品商店，他的所有门天天为温森特敞开，要指导侄儿在首都的生活。

最后，还有一位姨父，约翰尼斯·斯特里克，娶了安娜·卡本图斯的一位姐姐，他可以确保检查学习。斯特里克是城里的名人，他本人也是牧师，极有才华的讲道者，创作出版了好几本书。他在自己的关系中找到一位出色的拉丁文和希腊文教师，B.芒戴斯·达·考斯塔先生，年仅二十六岁，跟巴录·斯宾诺莎一样，是葡萄牙裔的犹太人。再也找不到比他更内行的老师了，芒戴斯·达·考斯塔是荷兰最优秀的古希腊语学者，他后来出版了一本荷马所使用的语言的特殊语法，以及多种译著。芒戴斯还推荐了一个侄子，保证他能胜任数学的教学。

一位海军少将、一位著名的牧师、一位杰出的艺术品商人、一位无人能比的古希腊语学者，温森特不可能失败，他身后几乎有整个荷兰在支持和鼓励他！当然，他兜里几乎掏不出来一分钱，连买邮票的钱也很勉强，但是他没有怨言。

一八七七年五月九日，他在大伯父约翰家安顿下来，开始了解阿姆斯特丹，这座城市的街道、运河、它的港口、教堂、犹太居民区，尤其它的博物馆，其中特里彭尤斯博物馆收藏了伦勃朗的作品。"在前往斯特里克家之前，我又去了特里彭尤斯博物馆，再次欣赏了几幅画。"

温森特确实入迷，他不是看绘画，而是一再光顾，反复不断地证实一种印象，分析一个细节，再仔细瞧瞧他的记忆还难以准确再现的一种构图。

"怎么就不能准确地记住所看到的一切呢，"他写道，"那该有多好啊。"即使像他那样敏锐的眼睛，也还是需要材料，这就可以说明为什么收集那么多版画，为什么他睡觉的每个房间的墙上，总不断变换挂着图像。

这并不像人们时常读到的那样，是什么古怪的行为。温森特完全明白，如果说听觉记忆相当准确的话，视觉就很不完善了。因此，照相尚未替代手工复制的时候，就必须多多参观博物馆，或者多多收集版画，以便支持、维护并加强视觉。所有画家和素描画家都知道这一点。温森特在训练他在造型上的敏感力，我们从他的信中可以看出，他一到达阿姆斯特丹，就毫不松懈，天天进行这种训练。

可是，就学习本身而言，却是另一番景象。一封信一封信地跟踪他，也不乏趣味，而且历来如此，我们看着开心，也同样为他感叹。他还像往常那样，信的开头总有些细微的迹象，必须善于破译。

他到阿姆斯特丹不过十来天，就已经泄气了："现在我明白了，我的任务并不容易，以后还会更加难了。然而，我成功的希望还是很大。"

九天之后，他又写道："我的头脑有时就混乱了，甚至经常到了白热化的程度，我的思想都模糊不清了。我怎么能吸收这么多庞杂而难学的功课呢？我一点儿谱也没有。"

七月十五日，他终于松了口，说出他很久不敢承认的情况："我的老弟，学习很无聊。怎么说呢？应该坚持啊。"

可怜的温森特陷入困境，他在信中也越来越明确地供认。那次讲道的成功，要向家庭证明点儿什么的意志，令他盲目起来。他九年前离开了学校，到了二十四岁上又恢复学习的节奏，就已经自找麻烦了，而且，对他这样一个思想不受拘束的人，这几乎是痴人说梦。

七月二十七日，他以一种不由自主的滑稽的语气声称："上希腊语课，在阿姆斯特丹市中心，在犹太人居民区中心，在一个又热又闷的夏天的午后，同时还感到许多难以通过的考试，由非常博学而狡猾的教师主持，像剑一般悬在我们的头顶，我要说这样的希腊语课，比走在布拉班特的麦田里还让人窒息……不过，正如约翰大伯所说，一定要走下去，穿越这一切。"

然而，希腊语课为他赢得了芒戴斯·达·考斯塔的友谊。这个古代语言的年轻教师，于一九一○年发表这些课时的回忆录。"芒戴斯，"温森特问他，"你真的认为像我这样一个人，只想让世上可怜的人生活得幸福些，就需要受这种酷刑吗？"温森特还一再对他说，他只需要《圣经》和几部著作；而芒戴斯后来说，他内心不得不承认这一点。能透过表象，真正对温森特感兴趣的人，除了提奥和家族的圈子，这位年轻教师是屈指可数的一个。他倾听这个学生，希腊语课从另一种意义上，有时就变成了绘画课。

温森特带去版画，谈论这些作品，还送给他新交的朋友一幅。芒戴斯讲述这个古怪的学生进行残忍的自我体罚，以便逼迫自己学习。他用一根木棍捶打后背，有时为了惩罚自己，还故意晚回伯父家，吃了闭门羹，就在寒冷的外面过夜，没有铺盖，直接躺在地上睡觉。徒劳无益。此路不通，这当然绝非智力上的问题：一个熟练掌握三种外语的人，能阅读英国和法国作家诗人的作品，德语的水平也相当好，肯定不会把学习希腊和拉丁语放在眼里。可是，他身上的另一个存在，再一次拒绝屈服。

芒戴斯被温森特的善良所打动：这个人为了感谢他，送给他一盆雪花莲，这个人还关心不幸的人，关心他的聋哑弟弟、他那孤苦伶仃受人嘲笑的老姨妈，而老太婆发音不准，把梵高叫作梵戈尔。"芒戴斯，您的姨妈叫我的名字再怎么怪也无所谓，她是个好心肠的人，我很爱她。"

他们之间结成了友谊。温森特后来给提奥写道："应当说无可否认，芒戴斯是个杰出的人。我感激，并且始终感激命运的安排，让我同他建立关系……什么事情我都请教芒戴斯……老弟，学习拉丁文和希腊文很难。"

无论自己打棍子，还是芒戴斯给出主意，什么都无济于事。十个月之后，到了一八七八年二月十八日，温森特就承认："……因为，他是最持怀疑态度的人之一，不相信我能成功，不相信我能做到别人对我的全部要求。"他惧怕潮水一般迎头涌来的责怪，心中苦不堪言，只好持续不断地鞭策自己。提奥了解他，接到他四月三日写来的信并不惊讶。温森特并不承认失败，他还像以往那样，用一封通篇宗教废话的长信来表示这个意思。

从这个角度看，阿姆斯特丹的阶段也揭示了内情。他走上一条新路，开头一切顺利，精神饱满，文字讲究，外部世界描写得很精彩，表示色彩的形容词用得越来越多；继而，疑虑逐渐渗透进来，晦涩的短句预示暴风雨，语调变得憬悟，然后猛然间，如同在艾尔沃思那样，色彩消失了，外界也消失了，文字变得紧巴巴的，空洞无物，一种自转的机械，在多少页多少页的信纸上兜圈子，无聊得要命。他一旦走到这一步，灾难就不远了，伴随着逐渐增加的痛苦。随着时间的推移,温森特虽然不能预测,却会感到老毛病又要犯了。

在社会上这次新的挫折,使他丧失家族强有力的支持,也让他父母大失所望。然而,在他人格的进程中,这算不上一次挫折。这种多灾多难的行程每个阶段,对温森特来说,都标志着决定性的进展,而提奥是这种进展的惟一见证。

在阿姆斯特丹,温森特经常提起的是伦勃朗,只因他随时都要跑到博物馆,接受伦勃朗和别的画家作品的熏陶。什么话题对他都是个引子,趁势提及一幅画作。他的博学令人惊讶。在杜比尼①去世的时候,他说根据雷达尔的画做出了蚀刻画,让他开画店的伯父大感意外。

他要去上课,或者找寻廉价的版画,经常出入犹太人居民区,有一次瞧见一大间用作储藏食品的昏暗房子,门都大敞开,而他注意到的现象,对他的绘画特别重要:"在那拱顶下面,在那黑暗中,一些人来回奔忙,身上携带着光。这是寻常的景象,每天都见得到,但是有些时候,日常所见的事物产生一种异乎寻常的印象,似乎换了一种样子,有了一种深刻的含义。"

在阿姆斯特丹度过的十五个月,让他明确了自己的美学观。温森特讲述他同科尔叔父一次关于杰罗姆的谈话。杰罗姆是个学院派画家,在历年

---

① 杜比尼(Daubigny,1817—1878),法国风景画家,以运用色彩精确分析和描述自然光为追求目标,对印象派有很大影响。

的美术作品展览会上大捞好处，他是印象派画家的死对头。叔父问他是否喜爱杰罗姆那幅著名的肖像画《弗里奈》。弗里奈是一名妓女，以其美色闻名遐迩。温森特回答说，比起这个绰约多姿的美人来，他更喜爱米勒画的一个丑妇。"漂亮的躯体，动物也同样具备，也许比人的躯体还要美；可是，一颗灵魂，正如人们所看到伊斯拉埃尔斯、米勒或者弗雷尔所画的人物的灵魂，动物就没有。我们生而为人，不就是为了我们心灵变得更加丰富吗？即使这样会掩饰痛苦。"他还补充道，"伸出来表明干过活儿的手，要比在这幅画上所看到的手更美。"

于是科尔叔父就问他，会不会喜爱一位漂亮女子。"……我回答说，我的情感会更加丰富，我更喜欢同这样一位女子打交道：一个相貌丑的，或者年老的，或者穷苦的女子，一个以这种方式或者另一种方式不幸的女子，一个由生活的阅历或者忧伤证明有理性和灵魂的女子。"

这是因为温森特对一位女子重又产生兴趣。牧师斯特里克的女儿，名叫科尔莉雅·沃斯，大家叫她凯，或者凯特·沃斯。深棕色头发，一脸肃穆，戴着黑纱，为她刚去世的一个小孩子服丧。她丈夫是一名记者，因健康原因辞了职。她眼看着这个男人日渐衰弱，肺部患了不治之症。另一个孩子存活下来，搂着这位戴黑纱的妇人的脖子。凯特·沃斯出现在温森特眼前，活似十七世纪服丧女人的一幅匿名肖像转世了。那幅肖像画，温森特在卢浮宫看过，留下深刻印象，米什莱也经常提起。温森特常去看她，形成了习惯，她也送给温森特一本拉丁文的《耶稣基督的模仿》。温森特爱上人家了吗？没有显露一点儿迹象，但是对这位遭受生活残酷打击的女人，他肯定深深眷恋。

二月份，温森特的父亲去阿姆斯特丹，住了几天，要看看儿子学习的情况。他同斯特里克神父，同芒戴斯谈过话，接着又问温森特关于拉丁文和希腊文的动词变位。看起来，他这次巡视还不大放心。询问这个小伙子这样的事情，也不应该太郁闷了，于是同儿子谈些别的事儿。这就勾引起温森特重温他童年的痛苦分离。这次尤其撕肝裂胆，因为做儿子的当时就知道，他在阿姆斯特丹会一事无成，能觉出可怜的父亲很失望，也就格外依依不舍。

"……我送爸到火车站，目送着列车，甚至滚滚浓烟渐远，许久许久，只要还望得见列车和浓烟。等我回到房间，又看到爸坐过的椅子，旁边的小书桌上，还有昨晚摊开的书和纸张，尽管我知道归根结底，过不了多久我们又能见面了，我还是跟个孩子一样感到不幸。"

突出的椅子，在他看来就是死亡。他想到自杀。有时候，他向提奥透露，晚餐他只吃一块面包，喝一杯啤酒。"这是狄更斯认为非常有效的办法，建议给那些要自杀的人，以便在一段时间内，使他们打消那种念头。"他还肯定地说，去看看伦勃朗那幅画《以马忤斯的朝圣者》，对他也产生同样效果。

事实明摆着，必须承认。芒戴斯·达·考斯塔决定，不能欺骗所有人，再延长这种尝试了，到了暮春，他就去拜访斯特里克牧师，要告诉牧师，温森特绝无可能通过九月份的考试。

梵高家族中断了这次冒险之举，而温森特收拾好行李，回到埃滕父母的身边。再次受挫之后，他的处境越发令人担忧了。他妹妹安娜在英国教书，已经准备结婚了。提奥看到自己的努力得到回报，在古比尔公司步步升迁，受委派去了巴黎。而温森特到了二十五岁，却止步不前了。但是，他非但不改初衷，还仍然坚持要做事，即使不当牧师，至少也得当个传教士。他父亲身心交瘁，再一次从中斡旋为他找一份工作。

12 博里纳日解冻

提奥多鲁斯牧师知道,在布鲁塞尔附近的拉肯,两年前开办了一所学校,专门培养传教士。为什么不试试运气呢? 一名传教士,用不着像牧师学习那么多东西。再说,艾尔沃思的琼斯牧师,对温森特保留着好印象,他一旦得知从前的助手所遇到的情况,就来家庭拜访了。大家商议决定,两位牧师带着温森特去见那所学校的领导,说服校方接收这名新学生。

会见了校长博克马牧师,以及两位创建者,德·荣热和皮特森牧师。皮特森热爱绘画,本人也是画家。学制仅有三年,这让温森特喜出望外。拉丁语课时很少,希腊语课时安排得更少,没有数学课,培养学生具备到博里纳日矿区工作的能力,到矿区有许多事情要做:护理伤员、病人,鼓励那些因矿难陷入困境又要抚养孩子的寡妇们生活的勇气。

校长迟疑是否接收温森特,但是,谈话用英语、法语和弗拉芒语进行,校领导们吃惊地发现,求学者很优秀,通晓多种语言。于是校方决定,他先试学三个月，然后再进入大学课程。

温森特同两位保护人，开始准备一篇旨在测试他的能力的讲道词。他还是选择从一幅画谈起，根据伦勃朗《架子工的住房》来组织讲演稿。他等到妹妹安娜结了婚之后，才离开父亲的住宅。这个夏季，他时常画些小东西。

教堂坐落在拉肯的圣卡特琳广场，学校设在教堂内的一间厅室。温森特的行为当即就引起麻烦。他不仅表现出一种过分苦修的倾向，不顾博克马牧师的指示就着一张桌子学习，居然跪在地下，而且还显出是个不服调教的主儿。

在一堂课上，牧师问他某种形态是主格还是宾格，他回答说"他真的觉得无所谓"。[①]回忆这种情况的一名同学还补充说，温森特"不懂得什么是服从"。

还有一天，老师要求他解释"悬崖"这个词，他的全部回答，就是要求能上黑板画出来，自然遭到拒绝。不过，下课之后，他就上黑板画了一处悬崖。在他背着全班的时候，一名同学蹑手蹑脚走上前，扯他的衣襟开玩笑。温森特立即转过身，眼睛放射怒火，打出一记重拳，那名学生赶紧逃跑。

这种表现当然还伴随别种表现，在校领导眼里就判处了温森特。服从，态度温和，是从事这种教职必不可少的品德。试学三个月之后，借口这名

---

① 引自温森特写给提奥的信。——原注

学生即兴讲演不合格，校方决定拒绝他继续试学了。拒绝的原因很容易找到，因为这些课文本可能够他学三年的。没有公开的真正原因并不在那儿。温森特冲撞所有人，不具备人们所期待的一名神职人员的品质。

不过，在这次动摇了温森特的失败背后，我们再次看到，他又朝已然变为他的生活的这条隧道出口跨进一步。在这种愤怒的举动和这种不顺从的行为中，他第一次成为自身：敢于释放在他内心沸腾的这种能量。他不再是各种事件和他家族的玩具。那名倒霉的学生挨了一拳，我们尽可以感到非常遗憾，然而这个举动却有积极意义。温森特再也不会任人摆布了。

眼下，一八七八年秋天，该干什么呢？温森特接近了精神上的决裂。有人把学习的情况告诉了提奥多鲁斯牧师，他重又活动，这次用信件的方式，请求最后的机会。校领导准许温森特立即去博里纳日。如果他能平静下来，那么从一月份起，就给一个临时传教士的岗位，而规定时间结束时，由视察员决定他未来的地位。薪金极低，每月三十法郎，从任命的一月份起始。

温森特终于能实现他的梦想了：为人效劳。能猜得出他那高兴劲儿……但是我们也知道，他投入行动会做得多么过分，如同他在绘画上、在爱情上、在任何事情上那样。十一月十五日，他写信给提奥，从八月份起，他就没有跟弟弟通音信。从博里纳日寄出的信件会寥寥无几，但是很关键。这封信上说，他准备动身去矿区，从他列举的地理著作中搜集资料。要下煤矿干活的时候，他寄给提奥一幅有趣的素描，画的是工人经常光顾的一家小酒馆，就称作"煤矿"。这幅画令人想起在学校画悬崖的那件轶事。温森特开始既用文字，也用图像表达了。

一八七八年十二月二十六日，他又给弟弟写信：到矿区来足有一个月了，这地方很凄凉，积雪覆盖，有矸石堆、矿场、住房；使他联想到老勃鲁盖尔①的那幅画：《猎人归来》。他感叹道：在博里纳日，看不到绘画，没有博物馆，没有画廊，也没有版画商店！"这些日子，傍晚真是奇特的景象，暮色苍茫的时候，只见矿工走过一片雪的背景。他们整个人儿都是黑的，从矿井上来，回到阳光下，一个个就像通烟囱的工人。"

温森特觉得当地风光很美。开头住在帕蒂拉日，离他工作的地点瓦姆徒步有半小时的路程，继而，他在面包师德尼家租了一间屋，就靠近矿井了。他当众讲道，看望病人，尽量护理，而且，面对一贫如洗的矿工，他把自己的全部都给了他们。他的衣服、床单撕成条儿，用来给受伤的人包扎。

学校领导终于把许诺的岗位给了温森特，他就越发狂热地工作，牺牲一切：他的食物、他少得可怜的钱、他的衣裳，甚至他这个人。他渴望像他照顾的矿工那样，生活在简陋的棚屋里，不再洗漱，不再系鞋带。他的房东德尼太太向他指出来，他回答说："艾丝苔啊，您就不要管这些小事儿了，这种事儿跟天堂根本扯不上！"温森特打算再次搬家，要住进矿工棚屋中间的一间破烂不堪的窝棚里，就睡在一张破床上，德尼太太便责备

---

① 老勃鲁盖尔（Bruegel, the Elder, 1525—1569），十六世纪佛兰德斯最伟大的画家。他突破了佛兰德斯全景式构图的传统，开创了十七世纪荷兰风景画的先声。他探索用风景画来传达不同情绪，将运动赋予没有生命的物体。

他，说是这样行事不符合一位牧师的身份。"艾丝苔，"温森特回答说，"做事就应该像仁慈的上帝那样，必须去生活在自己的同胞中间！"

女房东见他如此自轻自贱，心中不安，便决定写信告诉提奥多鲁斯牧师。牧师收到信，就亲自赶到博里纳日。绝不能放任自流，再让温森特重蹈覆辙了。父亲了解这样过激的行为，在一些初入道的人身上常见，却为负责人所不齿，而他太清楚温森特好走极端了。

牧师住了两天，让事务恢复正常，同儿子谈话，提醒他注意还要这样继续下去，他会再次被辞退。于是二人商定，租的那间陋室就用作画室。接着，牧师又协助学生访问、讲道，给他精神上支持和出主意。父子二人走在雪地上，据温森特讲，提奥多鲁斯这次参观矿区，留下了不可磨灭的印象。牧师要返回荷兰时，还不忘帮帮温森特：花高价买了三幅他绘制的圣地的美丽图片。父亲走时忧心忡忡。温森特将要留给他的，是什么样的新"打击"呢？这是他的原话。

然而，他还是给布鲁塞尔写信，校领导同意延长温森特的试用期，最迟到年内视察员决定他命运的时刻。温森特就这样又获得一次延期。不过，一八七九年四月份起，他就衡量博里纳日是个怎样的地方。他接受德尼家的朋友，一名老监工的邀请，有一天下到马卡斯的矿井。凌晨，他穿上矿工服，同他的向导下了井，而陪伴他们的，却是在那里干活要一直干到死的男人、女人、孩子，以及病痛、事故、衰竭。

直到那时，对于矿工的生活，温森特通过他们活动的后果，仅仅有个间接的概念，这回他才终于明白，三个月前派他来布道的是什么地方。这是他一生所能看到的最恐怖的景象。他内心最深处受到猛烈的震撼，尽管他坚信不疑，带着和他父亲一起下井的决心。矿下的景象使他醒悟，同时治好了他的病，好几年都没有犯，在这一点上，他的信件没有留下任何疑虑。这次下井之后，他感到有必要给提奥写一封长信，描述他所看到的情景，这是他的书信中最精彩的篇章之一。

在左拉①出版《萌芽》的五年之前，温森特的这封信，没有经过丝毫的小说或文学的加工，却是一八七九年欧洲工人状况的让人揪心的见证。下面是其中的选段：

"……不久前，我走了一趟，很有意思：我在一个矿井深处度过了六小时。

"这是名叫马卡斯的地方最古老又最危险的矿区之一。这个矿区声名狼藉，因为死了许多矿工，下井和升井都同样能摔死，还死于有毒气体、瓦斯爆炸、地下水，或者旧巷道坍塌。这是个凄惨的地方，头一眼望去，周围一切都显得那么阴森可怖。

"绝大多数工人都身体瘦弱，因发烧而面无血色，他们的样子疲惫不堪，皮肤粗糙，未老先衰；一般来说，他们的女人也都脸色惨白，非常憔悴。矿区周围，矿工住的棚屋破烂不堪，立着几棵死树，被烟熏得黑乎乎的，到处是荆棘篱笆、垃圾堆、灰土堆、堆积如山的无法利用的煤堆等等。

---

① 左拉（Emile Zola, 1840—1902），法国小说家、剧作家。他的鸿篇巨制《卢贡－马卡尔家族》包括二十部长篇小说，《萌芽》是其中一部，写煤矿工人罢工运动，在文学史上首次成功塑造了革命的产业工人的形象。

马里斯能做出一幅出色的油画。

"我会抓紧试着画一幅草图,好让你有一点真实感。

"……我们一起下到七百米深的矿井,我们去看了这地下世界最偏僻的角落。矿工干活的单人体称为'阶段工作面',距离矿井出口最远,'隐蔽区'(神秘的地点,人要寻找的地点)。

"这片矿区分五层。上面三层已经掏空,因此废弃了,已经无煤可挖,也就没人干活了。如果有人想画一画这些'工作面',那他画出来的,就可能是有新意的东西,是前所未闻的,更确切地说是前所未见的作品。你想象一下,巷道相当狭窄,又非常低矮,由简单的架子支撑,里面排列长串的单人工作面。每个小工作面都有一名工人干活,身穿粗布工作服,又脏又黑,像通烟筒工的衣裳,他借着一盏小油灯的微弱光亮,用镐头刨煤。

"这些单体工作面,有一些工人可以站着干活,还有一些(煤层的纹路是横向的),工人就躺在地上干活。工作面的这种构造,多少有点像蜂房,像地牢的黑暗走廊,又像一排小纺机,或者再确切些,像我们在农家所看到的一套面包烘模,还像地陵的一间间墓室。竖井犹如布拉班特农场的大烟筒。

"这些巷道到处渗水,而小油灯的亮光产生特别的效果,就跟在钟乳石洞穴里的反光一模一样。一部分工人在工作面上干活,另一些人则将煤块装上车斗,由人在类似有轨电车的轨道上推着,而推车斗的工人,许多还是孩子,女孩跟男孩数量相当。我在七百米深的矿井下,看到一处马厩,有七匹老马;马要拉好几辆翻斗车,拉到转运点,即升井外运的地点。还有一些工人维护眼看要坍塌的旧巷道，或者挖掘新巷道……"

接着，他谈起一名矿工，"被瓦斯严重烧伤"，多亏他的护理才慢慢好起来；他还打听绘画的消息，提奥看见了什么好作品，伊斯拉埃尔斯是否有新的绘画问世，然后，他以一幅鲜明的景象结束信文：他下到七百米深处，"到了下面，如果抬眼望去，就能隐约望见一点亮光，比天上的一颗星星大不了多少"。

这次经历之后，温森特就不再是原来的样子了。

这封信既无评价，也无议论，这趟矿井之游认为"很有意思"，但是他内心却完全颠覆了。温森特在农村，在伦敦，也见过穷苦人，但是穷苦，在他看来却美如画，尽管这丝毫也不减损他对穷苦人的同情。伊斯拉埃尔斯画的穷苦渔夫、米勒画的农民，都是绘画的素材。他们穿旧的或者撕破的衣衫，颇有点戏装的意味，大家并不相信是真的。他们朴素的衣着几乎令人羡慕。

可是在矿井里，他面对一种完全的非人性化、比奴隶还要糟糕的地位。米勒画笔下的农民，还属于阳光的世界：他们有信仰，在早、中、晚的钟声里还祈祷，在光天化日之下劳动，随着时日和季节的节奏；然而，对这些被打入地下的人来说，任何宗教的安慰话都显得滑稽而无理性。温森特明白他讲道毫无用处：面对一些人给另一些人，并且给许多孩子造成的这种困境，讲好话就不够了，必须战斗。他的宗教志向在马卡斯矿井深处死灭了，但是他对人，尤其对普通民众的爱却没有止境。他成为一种超前的工人教士，独自以永福武装起来，毫不计较地献身给矿工们。

他这次经历的另一个后果,就是决定投向艺术创造。他给弟弟写信说,马里斯若是下到矿井里,就可能绘制出前所未闻的画作,其实当时他就知道,马里斯永远也不会深入矿井,必须由他温森特来完成这类作品,用形象,用绘画来证明。我们已经看到,自从夏季以来,自从要以画来代替解释"悬崖"的愿望之后,变化就开始了,他有一些绘画的小活动,但是下到马卡斯矿井,则加速了他的觉醒。这才是他的道路,绘画,见证,有利于民众,而且做出更大的奉献。就好像绘画是一种奢侈,而这种有社会化倾向的计划,就消除了他那份道德的或者宗教的禁忌。他在通信中说得再清楚不过了:随后一封信,他就明确地向提奥指出艺术的一种定义,而且终生也不背弃。他又在下一封信中,宣告他终于开始创作一系列矿工写实画。博里纳日的阶段,绝非身陷绝境,倒是一个再生的阶段。温森特终于成为他自己,他可以"吼叫"了,在此借用福楼拜的话。

不再顺从家族了,也不再顺从强加给他那么多扭曲和无效攻读的学院派。他谈起阿姆斯特丹的阶段,对提奥说道:"那是我一生最糟糕的阶段。比较那段日子,我在这个穷困地区,在这种没有文化的环境中所过的艰难生活,倒让我觉得令人渴望,很有吸引力。"温森特长到二十六岁,破天荒第一次回归本我,他敢于明确表达自己的愿望、自己的乐趣、自己的愤慨。不过,冲撞太猛烈了,开头他不得不通过一个危险时期。

因为,他又旧病复发,重新陷入他父亲来看他之前的恶习。他把自己所有的一切都给了人,什么也不吃了,身体消瘦,正如他的绘画所表明的那样,脸庞都瘦成苦行僧似的皮包骨。他就睡在地上,没有铺盖,也不顾寒冷，他的鞋子、钱都给了人，衬衣也用来包扎伤员和被瓦斯烧伤的工人。他不洗漱，也不刮胡子了，买奶酪喂老鼠，而自己只啃干面包，以表示爱所有生灵，连虫子他都保护，拾起来放回树上；他身上穿着用包装纸做的衬衣，当每年春天博里纳日必发生矿难、瓦斯爆炸死伤惨重时，他看到自己的反抗精神怒吼了。一八七九年的春季是死亡之春。阿格拉普矿被矿工称为"棺材"或者"万人坑"，矿难死伤的矿工、烧伤严重的人从井下送上来，温森特见这惨象不禁五内俱崩。

然而，这种反抗精神，不会因为以绘画见证的初始行为就化解了。甚至可以说，以绘画见证的初始行为倒滋养了反抗精神。他随着本能绘画，不拘画在什么纸上，手头有什么算什么，不讲究方法，也没有适当的材料。始终重内涵而轻外观，这是温森特的思维方式。在参加这年春天的救护中，他写的第二封信就向提奥透露，他给艺术下的定义，同左拉的路线一致：

"我不知道还有比这个艺术的定义更恰当的定义：'艺术，就是人加上自然'——自然、现实、真相，艺术家要突显其含义，阐明其特点，艺术家要表现，要清理，要分辨，要释放，要澄清。"

巴尔扎克通过《幻灭》中一个人物，达尔泰之口说："艺术，是自然的浓缩。"温森特的见解相差不远了。艺术家形式上的加工，也就服从于他打算通过作品传达的信息。形式不管多么大胆，本身永远也不应该充当目的。温森特当时就是，而且始终是个现实主义者。他的绘画，如果得以见天日，那就必然继续像传教士讲话那样。他的绘画应该见证、揭露、建设。有人会指出，他还没有持续画过画，还没有创作出哪怕是一幅有分量的画作，就感到有必要在艺术上拿出他的定义。温森特这样做完全反常。他从头武装到脚，带着最初阶段所形成的思想，进入绘画领域。别人开始绘画，要手握画笔摸索很久，然后才逐渐看清他们的路。自不待言，他要传达自己想说的话所运用的形式会发生变化，"社会化倾向的"一面将变得模糊，以便扩大视野，但是，他在艺术定义上的态度却不会改变。这种步骤实在令人惊诧，早在会画一个苹果之前，竟然对他未来的艺术，在头脑里首先形成了一种清晰的概念。

这次新的失控，只能在教区当局的面前给他拆台。布鲁塞尔派来一个名叫埃米尔·罗什迪厄的视察员，检查他的工作。那人看到的是一个流浪汉模样的人，睡在破烂的棚屋里，不遗余力地向矿工提供一名传教士的低劣形象，被孩子当成疯子追逐戏弄。这不足为怪，他已经有了这种名声。当地人很喜爱他，不仅喜爱，还把他视为上帝的疯子。视察的结论是否定的，重又采用了在拉肯学校拒收他的理由：温森特没有讲道的口才。视察员也强调他忠于职守，舍掉自己的衣衫床单，以及他为矿工所做的一切，但是终止了他的有酬劳的使命。

重又遭受失败，温森特简直垮了，他要去布鲁塞尔，面见教区教务会议成员，试图让他们收回成命。他身上钱太少，只好步行上路；途经蒙斯，要一直走到布鲁塞尔，腋下夹着他画的矿工素描，去见酷爱绘画的皮特森牧师，温森特把那位牧师看成一位保护人。他像在英国那样，走几十公里，夜里随便睡在什么地方，露天或者在仓房里，也不怎么吃东西。

他脏兮兮的，满身尘土，一副流浪汉的样子，又一脸红胡子，一对带着质疑和激动神情的蓝眼睛，模样有点儿吓人。牧师的女儿给他开门，吓得尖叫一声逃开了。不过，皮特森接待了他，听他讲述，领他看了看自己的画室（"他的画风类似薛福或者霍彭布劳沃斯"）。牧师把温森特画在临时抓到的纸上的画摊在面前，久久地观赏。

温森特绘画笨拙、死板、僵硬，践踏解剖学最基本的数据，这完全表明他十一岁那么完美绘制的图画并非出自他的手。这个时期所绘制的习作，他承认几乎全销毁了，但是看看残留下来的几幅就能明白：构图，尤其构图的意念值得关注，我们能感到一种真正的活力，但是技巧就太欠缺了。

牧师注意到这一点，心想温森特作为传教士所表现出来的发愤顽强的劲头，哪怕有五分用在学习这种艺术上，那么即使起步晚，不需多久也能够掌握技巧。可是怎么对他讲呢，要他完全放弃教职之路吗？这是不可能的，会使他心痛欲碎。这位杰出的牧师便特别鼓励温森特在艺术的道路上走下去，请他赠送给自己一幅矿工的肖像画，建议他还像一月份任命之前那样，回去从事教士的工作，酬金由他本人支付。

牧师希望温森特能自己明白，他的路在哪儿。对这个年轻人，皮特森比谁都看得透，比谁都更有分寸，更准确，善于引导他走上艺术之路。温森特告辞的时候，心里得到极大的安慰。一段时间以来，他确实在考虑绘画，但是从另一个人的口中，从一个很有权威、本身又是画家的人口中，听到如此热情的鼓励，就不是情感上的一种小小支持了。

温森特告别皮特森，在重新上路之前，他到布鲁塞尔一家商店，花了几苏钱买了真正的绘画用纸。在这次会面、这次买了画纸之后,一八七九年这个七月份,就是他决定开始艺术创作的日期。皮特森给温森特的父母写信,告诉他们他发现温森特"现在被一种内心的光明照亮了"。

温森特回到博里纳日,向一对矿工夫妇德克鲁克一家,租了一间屋,比棚屋更宽敞,更明亮,以便在里面绘画。"我经常画到深夜,以便画定一些记忆,牢记所见事物引发的思想。"他邀请提奥来看他,还匆匆去了埃滕一趟看望父母。

他母亲注意到,他不断地阅读狄更斯的作品,他在一封信中还谈起过。他看待苦难的眼光变了。其实,他也研读雨果①的著作,接连看了《悲惨世界》、《一名死囚的末日》,尤其非比寻常的《威廉·莎士比亚》,他称赞是一本非常好的书。这部作品非同一般,却不大出名,雨果在书中以充满诗意的华丽语言,抛出他的美学观、他纵观世界文学的眼光,同温森特的思考有不少契合之点。雨果在书中写的这句话,肯定引起温森特的思索:"读者,你在艺术上有权要求一切,除开一种界限。"

接着,他返回博里纳日。德克鲁克一家住在奎姆,距可怖的阿格拉普(棺材)矿区不远。温森特同他们一起下到这座新矿井,他这次从矿井出来义愤填膺。

他得知煤矿按四六分成,合四十法郎分给股东,六十法郎分发工资,就立刻跑到经理室,以矿工的名义要求更加公平的分配。他被人赶出来,

---

① 维克多·雨果(Victor Hugo, 1802—1885)所撰写的《莎士比亚论》(1864),是一部文艺批评专著。

还遭威胁,要把他关进疯人院:矿工们起来反抗,聚在一起,相互鼓励,要去烧毁矿井。雨果的影响? 温森特干预进来,对他们演讲,劝说他们必须保持人格,而粗暴行为就会扼杀人身上一切善的本性。他主要不是引用《圣经》,现在却给他们念哈里耶特·比彻-斯托①的《汤姆叔叔的小屋》,那是奴隶地位的另一段历史,必须诉诸行动,而不是靠他不再相信的祈祷,才可能摆脱奴隶地位。

提奥终于来看望他了,这次见面不再像从前那么热烈了,兄弟二人之间出现了一道鸿沟。自一八七八年秋季以来,温森特不大写信了,他兄弟再也不可能像从前那样,逐日跟踪他的变化。提奥再也弄不懂他了,并且告诉他,催促他从事一种职业,以求谋生,不管做什么:发票笺头的石印工人也好,会计、木工学徒或面包师也罢,反正不要再优哉游哉,不劳而食,这种情况已经持续够久的了。温森特听着,但是没有反应。在获得皮特森给予他的支持之后,作为朋友、兄弟、知心人的这种责难,不免伤害了他。

提奥一走,温森特就给他写了一封长信解释。还一如既往,要善于看懂温森特借以表达真实思想的晦涩语言。"但愿我们彼此永远不要变成陌生人……"这句话表明,在写这些信的时候,提奥经过这次训诫,对温森特就已经变成了一个陌生人。

---

① 哈里耶特·比彻-斯托(Harriet Beecher-Stowe,1811—1896),称斯托夫人,美国女小说家。她从十九世纪五十年代起,在一家废奴主义的刊物上连载《汤姆叔叔的小屋》,引起国内外极大的重视与反响。

接着，他又提起他在阿姆斯特丹的那年，又提起他的过去，以便证实他每次听从就像提奥刚刚苦口婆心对他的劝告，就总是遭受"惨败"。因此他决定，此后就只听他自己的了，这就是他的信所传达的信息。他自我辩解，并不想不劳而食。"能否允许我提醒你注意，我这不劳而食的方式是一种相当奇特的方式，恐怕难以承担这种角色吧？"接着，他又补充这样一段话，字字语义沉甸甸的，十分清楚地说明了后来的情况："感到我自己对你和对别人而言，变成了一种累赘或者一种负担，感到要不了多久，我在你的心目中，就成为一名不速之客，一个游手好闲的人，因而最好没有我这个人存在；了解我自己在别人面前，就应该逐渐消失——假如是这样而不是别种情形，那么我就会陷入悲痛，成为绝望的牺牲品。……果真如此，那么我就不愿意在这世上久停了。"

最后，这封信以一种希望的调子结束："然而，严寒冰冻迟早会有尽头，不管我们同意不同意，忽然一天早晨，风向变了：这便是解冻……将来的结果，也许比我们想象的要好。"

温森特以冷淡的语气结束他这封信，从十月十五日一直到次年七月份，他停止给提奥写信了。这是他们兄弟二人中断书信往来最长的一段时间。我们注意到这封信措词用语坚定，不见了任何宗教的套话。

温森特身边尽管有德克鲁克夫妇和他护理的矿工，但他还是重又陷入极大的孤寂之中。他不习惯于这种事实。这是他不期而至的新的痛苦。怎么办呢？友谊、交流，这是他性命攸关的需要，谈论绘画、谈论他热切掌握的这门艺术。他听说儒勒·布勒东在库里耶尔安家，距博里纳日约有七十公里。他立刻决定去拜访那位画家。

儒勒·布勒东，画农民的成功画家，从前曾来过古比尔画店，温森特见过，但那时他只是个非常年轻的店员。为什么还要见人家呢？在他的思想里，此行的动机很模糊。接触，寻求帮助找工作吗？不管怎样，他腋下夹着自己的绘画上路了。秋季这漫长的一周，他遭受冷雨的侵袭，每天走不了多久。他到达时筋疲力尽，双脚都冻伤红肿了。

他曾幻想什么呢？一间农夫的茅屋？他迎面看到的是高高砖墙围着的一间画室，"那样整齐匀称赛似循道宗①，那面目拒人千里，又冷漠又让人讨厌"。他未能看到内部。他大失所望，不肯按门铃了，在街上游荡一阵，便踏上归途。

我们不禁纳罕，在这个无比平庸和愚蠢的学院派画家身上，他发现了什么特别令人景仰的东西呢？他可能喜爱米勒，我们能够理解，然而喜爱儒勒·布勒东！这个画家的农民画，套路固定得让人啼笑皆非，人物的表情傻到家了，无论死板的绘画，还是构图和色彩，没有任何能表达超出轶事的东西。但是，他八面玲珑，获得批评界、美术展览会评委会和公众的极大好评：他的作品很有销路。

要理解温森特，必须牢记在任何事物上，他都不在乎形式，优先考虑内容到了偏执的程度。正是出于同样的冲动，他拒绝正式学习而成为牧

---

① 循道宗，基督教新教卫斯理宗，创始人约翰·卫斯理，他的思想在英国迅速传播。一七九五年，循道宗与圣公会决裂。该宗的教会在英国称循道公会，传到美国为卫斯理公会，不设主教，追求完全圣洁的教义。

师，因为他看出那是直接同穷苦不幸的人接触的障碍，他也喜爱一个叫儒勒·布勒东的画家。这位画家画穷苦农民，而且怀着怜悯心，表现得很好，即使画得相当糟。温森特特别看重信息，因而欣赏这位画家。

种种迹象表明，温森特·梵高要成为一个早熟的、毫无意义的"社会主义"画家。一八八二年，他本人就在从海牙发出的信上写道："作为工人，我的位置就在工人阶级之中。我愿意在他们当中生活，在他们中间扎根越来越深。"他还写道："当我看到多少弱者遭受践踏，我就开始怀疑所谓进步和文明的价值。即使在我们的时代，我当然还相信文明，不过，相信的是一种基于真正慈悲的文明。一切摧毁人的生命的东西，我认为是野蛮的，绝不值得尊重。"不过，他也说明"没有形成人道主义的打算或者计划"，同时又声称："我一直需要，并且永远需要爱一个人或另一个人。偏爱——我也不知道为什么——一个不幸的、受歧视的、被抛弃的人。"温森特在他的艺术上一旦有了具体进展，他的艺术计划就扩大了："我画人物和风景，不是力图表现一种多愁善感，而是表现一种极痛深悲。"

不容置疑，博里纳日的经历，引发了温森特献身艺术的决心。但是，他要从事艺术，如果说首先出于社会问题的原因，那么随后，他就更加深刻地分析了他从事艺术的设想。如果说在博里纳日，这种"极痛深悲"是显而易见的，如果说这是一目了然的，那么到了后来，这种悲痛在他的心目中，就将同人类的生活状况紧密相连了。一旦成为儒勒·布勒东式的画家，就会着重表现不堪重负的矿工，犹如一种画家记者，而温森特不可能满足于这样的艺术。

幸好，不待进一步分析，不待他意识到自己的行为，他那狂暴的性情、他那想表达的狂热劲头，总是要推动他往前冲，将会把他从这种暗礁之间救出去。

最后，他在两年半之后写的一封信中，似乎要向他自己解释怎么一直喜爱布勒东、梅索尼埃①、马里斯之类的画家："有时也能以间接的方式，从程度不同的平庸的艺术家那里学到许多东西。"温森特看什么都睁大眼睛，绝不鄙视，表现出一种难能可贵的宽容大度。

他长途跋涉，到库里耶尔无功而返，又徒步回到博里纳日。不过，他踽踽独行这么久，对他倒有益处。后来他回忆旅途上挨饿受冻，疲惫不堪，说长途旅行给了他勇气，回来之后，他的铅笔变得"更随心了"。

他留在矿区不停地绘画，但是他的魂儿已经飞走了。可以说，博里纳日拯救了他，通过极端悲惨的景象，使他重新找到了真实。初恋失意的考验，在这里总算过去了。他的物质状况一塌糊涂，但是他的思想十分清晰。

他终生不会忘记博里纳日，后来他称之为"欧洲夹竹桃和硫磺太阳之国"。对目睹他起步的这段时间和这个地方，他将保留一股深挚的柔情，这也正是后来他对比利时朋友，他曾为之画了一幅出色的肖像画的欧仁·博克所讲的。

---

① 梅索尼埃（Ernest Meissonier，1815—1891），法国油画家，描绘军事和历史题材，尤其拿破仑战争，技法细致、严谨，得益于对十七世纪荷兰画家的研究。其代表作有军事题材画《索尔费里诺》（1863）、历史风俗画《吵闹》（1855）等。

13 提奥的爱情

一八八〇年初夏，温森特到埃滕探望父母，父亲希望他随便找点儿什么事干，便跟儿子争吵起来。温森特含混地说起要去伦敦，随后又放弃了这种肯定让可怜的牧师毛骨悚然的计划。他还是得回博里纳日。父亲见他过了二十七岁，仍然一事无成，实在痛心，但还是答应帮助他，每月供给六十法郎，并且告诉他，提奥每月给他五十法郎。接受提奥的钱，温森特不免犹豫，他不是跟弟弟断绝关系将近一年了吗？还得给他弟弟写信，自从上次见面之后，他就没有一点儿这种愿望了。可是怎么办？他没有选择，只能接受提奥的钱，返回矿区。后来，父亲又告诉他，每月给他的钱全来自提奥。因此，我们可以认为，每月这五十法郎启动了将要持续十年的财力支持。

一八八〇年六月，温森特说他"违心地"写了一封长信，表示感谢，并向他弟弟解释。当时提奥在巴黎，温森特在瓦隆，这是他用法语写的第一封信。为什么用法语？当时的情况和地点并不能解释一切。一时放弃荷兰语，明显表明他有意脱离母语，尤其脱离家族语言，建立不同以往的关系。因为，温森特已经说过，他越来越受不了他的家族及其"潮水般的指责"……他倒忘记了，正是他自己强烈渴望成为牧师。法语更为中性，这是艺术的语言。

温森特有点粗暴地使用这种语言，尽管书写好得出奇，但是也出些错误。他说"窘迫"（la gêne），却写成 le gêne，有些动词变位也错了。这也无妨，他的语言，这种难以模仿的语言出现了，能允许他既保持一定距离，又同他弟弟和解了。[①]他的书信先用荷兰语，后来用法语，此后就主要评论，或者伴随他先是画素描而后画油画的历程。兄弟俩建立了和平，订立了和约，提奥后来这样确认："我打算尽可能帮助你，一直到你能自谋生路了。"

为什么提奥这么做呢？为什么要资助这个让他见鬼去的哥哥呢？看中才华吗？那个时候，温森特毫无才华可言。画画还是涂鸦，而提奥作为艺术品商人，不可能不知道这一点。只能认为这是恢复原先的行为。首先，他要求温森特无论做什么也得自立，后来又决定供养他，如同一名舞女，根本不顾自己新教家庭严格伦理的所有原则。他指责温森特想要成为坐享年金的人之后，却亲手把他变成一个无限期享受年金的人，尽管年金的数额少得可怜。

---

① 在我们的引语中，我们保留了温森特和提奥用法语所写书信的原样拼写和句法。——原注

提奥后来对他妹妹威廉米娜所作的声明，尽管故意显得洒脱而富有理性，但是他似乎更离不开跟温森特的手足之情，而不是相反，正如后来所证实的那样。十个月不通音信，在当时想必他就受不了了。小四岁的弟弟，认为几乎一切都是哥哥给予的，他这么做就是要还债。他肯定抱有这种想法，温森特曾经那么慷慨，给予他那么多，他那样责备哥哥，实在是大罪过。

再者，还有巴黎的作用。提奥由古比尔、布索和瓦拉东公司派到巴黎。到了那里，他发现印象主义绘画，并为之欢欣鼓舞。他去印象主义画派的经销商，杜朗－鲁埃尔画店，看了作品，听人评论，他还光顾那些画家聚会的咖啡馆和饭店，结识了毕沙罗，并邀请温森特前来巴黎，只因一切都在巴黎发生，远离他哥哥极力赞誉的马里斯兄弟和伊斯拉埃尔斯之类画家，而他哥哥也一直固守外省似的荷兰，固守博里纳日那个小洞不肯出来。

印象主义画派的油画开始有了销路，即使还没有卖出高价，基本卖不上高价，但是提奥已经明白，未来属于印象主义画派。而且，他尤其知道，或者早就知道，他们有些人长久生活在极度贫困的境地，毕沙罗还因此成为嘲笑的对象。

提奥有了情人，他在巴黎的生活方式，跟在海牙大相径庭，远离家族的网络和视线。自不待言，他去探望父母时，事事循规蹈矩，不负对他的期望，需要去教堂就去教堂，祈祷并聆听他父亲讲道；然而，一旦回到巴黎，那就是另一码事儿了。这种巴黎生活，使他相对地看待新教的伦理观，而那种伦理观讲究责任，要他到巴黎来不是为了寻开心，而是为了工作。

既然如此，为什么不帮一帮他离不开的这位哥哥呢？他看出温森特异乎寻常的个性，即使这种个性还没有通过与之相匹配的成就体现出来。

须知他已然收到哥哥一百三十五封信，全部珍藏着，因而我们得以赏析。也许他不时拿出来重读，正如我们怀着无比喜悦的心情可能做的那样。即便那时候温森特不幸早逝，那么这些丰富多彩的信件也会令我们着迷。可见提奥以手足之情所赋予的这种清醒，相信温森特。温森特身上有其独一无二的品质，于是提奥准备帮助他。也许这不会有任何结果，但是提奥选择这么做，就是避免将来会有良心上的自责。

从此我们看到，这兄弟二人令人十分惊讶的分工：温森特后来多次对他弟弟说，他视弟弟为他的作品的共同作者。事实上，提奥仅仅出了钱。当然，他也从中斡旋，找到所需要的关系，日后能允许他哥哥来这座城市住两年。巴黎这座城市是创作大绘画的地方，人才荟萃，大批大批画家，如后浪推前浪，堪比意大利十五世纪文艺复兴时期。如果没有提奥，温森特的人生轨迹，甚至他的绘画，纵使能有作品问世的话，就可能是另一番情景了。

温森特写的那封长信说到这个问题。有人把他视为游手好闲的人，不过，真正游手好闲，那是懒惰，温森特则不是；还有表象的游手好闲，即前进不得，像笼中之鸟，他身陷囹圄。"你知道什么能使牢笼消失吗？那是任何深挚的、可靠的情感。是朋友，是兄弟，爱，这会以主宰的力量，以极大的魅力来打开监牢。反之，没有这种情感的人，就只能是行尸走肉了。"这段话的意思再明确不过。

兄弟二人之间的关系重又建立起来。从此以后，温森特就不用费神想谋生的事了，一心扑在艺术上，总是力图升得更高；而提奥则负责对外，在社会里战斗。正如夏尔·莫隆（Charles Mauron）所指出的，一个自我，分成平时聚于一身的两部分。这样不会没有冲突，温森特这方面，行为并不总像天使，不过，这样套起来的两驾马车，将顺利行驶十年。

眼下，温森特的目标还是不高：他要成为报刊的插图画家、文献或小说等书籍的插图画家。他的目的就是搞一种为穷人、不幸者、被遗忘者的艺术，讲述他们的磨难、他们的痛苦、他们的生活状况。他从来不谈油画。他当时很不了解自己。他怎么可以想象自己中途停顿，根本不接触色彩，不涉及色彩的魔力与诡谲呢？

然而，他的素描不确切，他在解剖学上的欠缺阻止他的目光附着形体。他缺乏那种准确性，不能赋予线条以生命力，不能赢得人的确信。必须熟练掌握解剖学的原理，才能像安格尔那样违反。温森特清楚地意识到这一点，他在造型艺术上的修养，眼睛自然很有把握："我认为比例的缺陷，是我迄今为止所作的素描最大的缺陷。"一位现实主义的画家不可能摆脱这种耐心的学习，而温森特拥有一种近乎无限的工作能力。

再者，他很快就碰到初学绘画的人所遇到的这种难题：上一堂课，练习画手、胳臂、躯体的平面图之后，他发现要真正作画时，想利用这些事先画好的手势、姿势或形态，不可能快速地组成新的图像。必须根据实景或模特作画，因为姿势千变万化，没有一种和另一种完全雷同。他为了自学，巴尔格的全部教程他可以画上两三遍，但还是躲避不了画模特，而雇模特费用高，他也付不起钱。

最后，温森特在两点上，表现出一种令人惊讶的清晰：他很快就明白，孤单会成为陷阱，于是想要会会油画家和素描画家，以便学习并和他们切磋。提奥在布鲁塞尔工作过，他就让提奥把他介绍给一些艺术家或者专业人士。他这样主动和画家建立关系，就将避开了孤单的艺术家所遇到的阻碍（缺乏自我批评、盲目、坏习惯、独自摸索出基本的技法、浪费时间等等）。第二点，他写信说，在必要的时间内，他准备踏踏实实当个平庸的画家：平庸是一个阶段，也许总觉得时间太长，但是不可避免。他低首下心，接受这种必要的阶段。只有勤奋猛干，他才能表达出自己的想法。

不过，他要实现这个计划，就必须有画纸、绘画材料，也少不了有利的氛围、博物馆、艺术家、艺术品商店。突然间，如同他以后经常的做法，他离开博里纳日，迁到布鲁塞尔，在南方大道72号租了一个房间，那栋楼如今已经毁了。他还买了些旧衣服换上，立刻就去拜访古比尔公司经理，一位叫施密特的先生，向人家请教，并且询问可以会面的画家姓名。他一方面第N次临摹巴尔格教程，另一方面则学习人体解剖，即借来一副骨骼，画在用好几张纸粘接起来的纸上。

这个人向我们做出了那么多事例，证明他不合群，可是在初学绘画的实践中，他却显示出一种非凡的远见。固然，他在艺术界工作过，了解艺术界，家族也有这种老传统；不过，他完全可以把什么都搞砸了，就像他在别处多次做过的那样。提奥给他寄去他所需要的在布鲁塞尔的画家地址、根据米勒的绘画所做的版画。温森特努力地临摹。米勒塑造的播种者的形象让温森特着迷，那种宗教的意蕴来自《圣经》。温森特要临摹很多幅，后来又在画布上绘制了这个题材，但是效果比原作差远了。

米勒的播种者，形象宏伟、神奇，仿佛是仰视取像的，双脚扎根在土壤里，而头则高耸入星空。播种者以其举动恢复了宇宙的统一，成为生与死的一个连词符号。这个面孔幽暗的人一种果断的动作，将整幅画面带动起来。温森特的素描始终贫乏，即使由米勒启发画在画布上的形象，也难于获取我们的认可。直到他从日本艺术获得灵感而画的一幅画中，找见"他的"播种者形象，温森特才会升华到他推崇的老师的高度，甚至还会有更大的发展。

温森特要找的同人，既不跟他相差太悬殊，也不是入道太浅，要能带他入门，掌握基本技法。一位画家建议他去上美术学院的课。他去注册了，但不知是否去上了课。肯定没有去上课：经历那么多失败之后，还总是本能地怀疑形式和教育。他想要直接绘画谋生。因此，他发奋拼命工作，却长时间成绩平平。后来，他听从提奥的建议，会见另一位画家安东·凡·拉帕尔，他是富有的荷兰贵族，多少有点儿放荡不羁，在布鲁塞尔有一个画室。一个是从前的矿区教士，一个是出身高贵的艺术家，二人乍一见面，彼此不免猜忌，继而，他们终于投契了，成为朋友，温森特便去他的画室绘画。

人已二十八岁，还处于素描方法的练习阶段，这实在有些晚了，因此，他碰到一个出乎意料的难题。一般来说，油画家和素描画家起步都很早，他们初期的涂鸦和他们思想的摸索交织在一起。谁也不提起，因为那些习作没有什么意思。温森特却处于一种反常的境况，他的艺术思想、他的想象力、他的幻视都已经成熟，可是他的手还几乎做不出什么像样的活儿来。他一开始学习绘画，就已经有了非常明确的造型意念，但是动起手来非常笨拙。因此，他不断地周而复始，继续开发自己的意象，直到完全掌握自己的艺术。看他初期的素描，给我们留下最深的印象是，许多意念已经就绪，要等数年之后，他才有能力发挥出来。

例如，他刚一学习绘画，习作中就出现这种痛苦不堪的形象，表现一个坐在椅子上的男人，臂肘支在大腿上，双手捂面似乎在哭泣。然而这个人物，温森特把股骨画得过长，阻止我们进入他的作品中。缩短股骨也不可能，因为脊背不合比例，且不说胳膊也成问题。我们会想，缩短大腿或许好些，但实际上，这样修改也不可能，整个画面就比例失调，必须推倒重来。然而，温森特不会转向别的方面，这个十分鲜明的形象困扰他，这也许是他常常经历的处境，他就是要反反复复地画，一直到后来很久，才算画成一幅油画，一个称为《索罗》的女人画像。

父亲到布鲁塞尔来看他，惊讶地看到儿子那么勤奋。归根结底，也许这才是他的人生之路。我们还记得，皮特森牧师曾给温森特父母写过信，表示支持他的艺术生涯。

不过，如果说，布鲁塞尔是一座对学习绘画有利的城市，那么城里生活却很昂贵。温森特入不敷出，难以为继。况且，凡·拉帕尔返回荷兰了。温森特没有了画室，他很快地算了一下账，便决定回埃滕，住到父母家中。他学习绘画期间，在父母家中食宿，可以分文不花，而且身为牧师的儿子，他能找到自愿的模特儿，比在布鲁塞尔雇模特儿便宜得多。这样一来，提奥给他的生活费就可以全部用在绘画上了。说办就办：一八八二年四月，他就带着自己的一套器材，回埃滕父母家中。

起初一段时间，一切顺利。父母都看得见，温森特学绘画特别勤奋，模特儿也不缺少，甚至森特伯父也同他和好了。他这样矻矻终日，定会结出果实。他的画家朋友凡·拉帕尔来看他，住了十二天。两位艺术家在田野里一起作画，一个画油画，一个写生。他们交换看法，相互批评。温森特心满意足，从而萌生了创建一个艺术家社团的梦想。继而，凡·拉帕尔走了。温森特父母邀请他再来。他对温森特施加了有益的影响。二人也开始了书信往来。

一八八一年六七两月，温森特画成了他的第一幅大画作：他父亲的一幅出色的侧面像，使用木炭、中国水墨，并且用白色衬托。牧师的善良、谦卑、他的退让的品格，由一个还在自学绘画的艺术家以自如的笔法、惊人的活力表现出来。于是，所有人都长出一口气。

当然，这种田园诗般的氛围不会持续多久。

14 痴情与绘画

一八八一年夏,凯特·沃斯－斯特里克,应温森特父母的邀请,带着幸存的儿子约翰尼斯,到埃滕牧师住宅来度过好季节。凯特,我们在阿姆斯特丹已经见过,当时她父亲斯特里克牧师曾是温森特的良师。就在温森特费力啃希腊语语法的时候,凯特的丈夫已经病得很重。温森特在博里纳日那几年,凯特的丈夫死了,丢下一个已经有个孩子夭折的年轻悲痛的寡妇。

凯特·沃斯留下来一张照片,是晚些时候照的,还有温森特给她画的一张素描。后来,温森特又在《埃滕花园回忆》的画中表现了凯特。从凯特这三幅肖像可以得出结论,她是一个肌肤呈褐色的女子,近乎西班牙类型,一道中缝分开的黑发,在脖颈上挽成髻,身穿一件衣领收得很紧的黑衣裙,高鼻梁而又不过分。她是一位漂亮女人吗? 还不好说,可掌握的材料并不能让我们对她的形体作出这种判断。那张照片似乎向我们透露出几分冷酷。

　　凯特同她的姨妈,温森特的母亲非常默契,经常和姨妈私语,几乎无话不讲。继而,在这几周期间,她又养成了同温森特每天去散步聊天的习惯。凯特的孩子也跟在身边。温森特喜爱孩子。后来凯特也证实了这一点。温森特照顾小约翰尼斯,教他认识许多自然物,同他一起玩耍。两个年轻人总是长谈。温森特谈他的尝试和他的计划。他的谈话很有趣,也激动人心,凯特乐得与他共度这些时光。她很有教养,是在有教养的环境中长大的。而温森特面对这样一位少妇,不禁心醉神迷:她的个性吸引他,她年轻守寡的痛苦也让他百感丛生。他爱上了凯特,一旦确认这一点,他就产生一种无穷的力量,产生一种在那之前所未感受过的生活乐趣。

　　他二十八岁了,还不认识既渴望又深爱的女人。也许,他甚至从未接触过一个女人。他初入艺术之道,恰逢这种日益增长的爱情,这对他是一种运气。"就是她,而非另一个!"他在给提奥的信中不断地这样写道。他终于找到了他寻找的女人,并且盲目地献身给这种爱。

　　这些信件不会给人错觉,这些信件是一声呼号。温森特清醒而恰如其分地表达了他的感情。读他的信就能明白,他谈起从前爱上欧也妮·卢瓦耶,那充其量是一时的迷恋。他那时二十岁,在伦敦经历的是一场小青年的感情冲动。而现在,他爱的是一位完美的女子,经由生活、快乐和可怕的磨难而成熟的女子。

　　他终于表白了,当即得到答复:"不,绝不,一辈子也休想。"为什么呢? 凯特对他说,她始终要面向她的过去,面向那个她爱过并失去的男人，她不可能有什么前途，只能这样面对面同一个逝者厮守。温森特还坚持。凯特重申她拒绝的态度，并缩短了她逗留的时间，匆忙回到阿姆斯特丹父母的身边。

在她表弟向她表白爱情之前，凯特一定察觉了表弟的感情，这是一个聪明而有阅历的女子最起码的本事。可以推测，她的答复是事先考虑好的。她很喜欢温森特这个表弟，这个散步的伴侣，但是这种关系不能再往前发展。总之，这个男人靠人资助生活，还没有明显表现出来能有出息的才华，同他一起生活，能设想有什么前景呢？十九世纪的社会残酷无情：没有财产，生活无异于地牢。

凯特的父母气愤填膺，而温森特的父母则无地自容。为什么故态复萌，他总是设法毁掉别人寄予他身上的希望呢？温森特伤心地指出一点：假如他每年挣一千荷兰盾，那么这些人和其他人都会改变看法。他应该做何打算呢？接受这次新的"不，绝不……"去适应社会呢，还是坚持过"就是她，而非另一个"的生活，他对此坚信到了狂热的程度呢？他选择了第二条路，只因他感到自己心怀大爱，要体验这种无比强烈的爱情。不，这次他不会陷入忧伤的状态。他自我感觉相当坚强，能够睁开眼睛直视太阳了。

温森特头脑很清醒，他有了一定阅历，自然明白感受这样一种爱，一生不会常有："如果她永远不回应，永不回应我的感情，我很可能就变成个老光棍了。"

传记作者、评论家们看待这种爱，往往认为只是一种"固恋"，或者是一种短暂的激情。不错，后来凯特·沃斯声称："他是在想象中爱我。"

但是，一定得看他给提奥写的那么出色的信，从那明白无误的语气中，我们就能毫不怀疑地感到并确认，这位女子曾是一种大爱的对象。

"爱是某种实在的、强有力的东西，而且深入内心，要扼杀这种爱，就不可能不伤及生命。"

"……你瞧，我有了生活的乐趣，我因爱而感到幸福。我的生命和我的爱合二为一了。你会向我指出：'可是，你碰到了一种态度：不，绝不，一辈子也休想！'我可以回答你：'老弟，我把这句：不，绝不，一辈子也休想！暂时当作一块冰，就紧紧搂在胸口焐化了。'"

不，这一次，他不会向忧伤退让，他只想快活，好似春天的云雀。他领悟这种大爱和他的艺术紧密相连，他工作的劲头儿激增十倍，以一副新眼光看待一切了。他明白爱打开了生命的无限之门，他成了伟大艺术的精魂："……一位艺术家力图将情感置于他的作品中，那他必须首先自我感觉，同他的心一起生活。"

温森特发生一次蜕变。他勇于自诩为艺术家："不管怎样，现在我感到自己'绘画有一手'了。能有这样一种天赋，我喜不自胜，即使眼下还不善于表达。"他在这里讲的是绘画，而不是素描。他对凯特的爱，同她的交谈，促使自己张开了翅膀。

还可以长时间引述这些温情脉脉的信，信的抬头也不是老习惯的称呼"亲爱的提奥"，而是换上"亲爱的弟弟"，或者称为"老弟"，表明现在陪伴他的是喜悦和微笑。温森特从未如此敞开心扉。如果没有这种促使他诞生为自身的爱情，温森特的作品绝不可能飞升到如此高度，绝不可能在豁达中大放光芒。

但是，凯特给了答复："此刻我感到，压在我心头的重负，就像把我打下地狱似的难以承受——不错——我冒昧地说，一时间我被掷到地上。"于是她离去。温森特还抱有一线希望。他的渴望也并非不理智：他就是希望继续同凯特交流，给她写信，有机会就见见面，解释解释。他明确表示并不寻求结合或者结婚，知道自己身无分文。无此奢望，他只想保持这种能提携他、充实他的关系，只想告诉她，他为什么并且如何爱她。温森特经常给她写信，而她一封信也不拆开看。她是受到父母的压力吗？她可是带着小约翰尼斯生活在父母家中。温森特认为是这样。因此，他决定去看望。他请求提奥给他寄点钱，作为阿姆斯特丹之行的开销；他在绘画的同时，焦灼地等待着。

造成这种局面，温森特的父母都懊丧不已。他母亲十分伤心，祈祷儿子能在自身找到安分守己的力量，深恐他恋爱再次受挫，从此就一蹶不振。提奥多鲁斯牧师非常恼火，温森特居然如此对待他邀请来的守寡的外甥女。在一场激烈的争吵中，他甚至脱口骂了一句脏话！温森特简直不敢相信自己的耳朵，他在给提奥的信上写道，他们的父亲，这位圣徒，竟然像个不信神的平民似的骂出了口。

儿子对父亲心心相印的感情，从前多少封信都是见证，现在一下子消失了。温森特这些经历、阅读的书籍和这种爱情，促使他睁开眼睛，看清一个不理解他并且拒绝理解他的父亲。可是，父亲能这样吗？他指责儿子受了法国思想的影响：雨果、米什莱、左拉等等，换言之，受了法国革命的影响，自由思想就是通过这些作家的小说和论著传播的。然而，温森特请他父亲看看这些作品，以便讨论，但牧师却固执地拒绝。

这场危机加速了温森特同宗教的决裂，他离宗教渐行渐远，一直到他在表现手法上，显示一种激烈的反教权主义的色彩。

向提奥要的钱一寄到，温森特就立即动身去阿姆斯特丹。他不事先通知，就在晚餐时刻登门，求见斯特里克牧师。一名仆人去通报，让他在门厅等候。仆人又回来招呼客人，温森特看到斯特里克一家人围着餐桌，但是不见凯特：她得知温森特找到这里来，就赶紧躲开。没有给温森特摆餐具。温森特要求见凯特。牧师站起身。温森特重申只想同她说说话，同她交换想法。得到决绝回答：不行。他永远也见不到凯特的面了。温森特伸手放到一盏油灯的火苗上。让他见见凯特，就是他经得住火烧的这么短时间。那只右手，绘画的手烧灼了。多么疼痛他也不屈服。牧师仍然镇定自若，走上前去，吹灭了灯火。"您见不到她了。"牧师对他说道。"我当即感到我的爱死了，"温森特后来写道，"爱情死了，既不是完全，也不是立即死了，不过也相当快，我的心一下子掏空了，无限空虚。"用餐的人，还有斯特里克太太都走开了，只剩下牧师和温森特了。老人读着温森特开始给他写的一封信。

温森特现在觉得，这种散文夸夸其谈而又虚伪，他不再使用了："不信教的人，若论心如铁石，趣味低下，不算牧师的妻子（当然有例外），那就非牧师莫属了；不过，一些牧师倒也有一颗人心，但是外面护着三层铁甲。"他向提奥表达的这种判断，充分表明他的变化。结束了，他所说的"令人难解的抽象概念"的时期,即指他从前宗教的狂热。不,他不会一而再,再而三地进攻,也不会像从前那样,陷入绝望的境地,即他说的"人心不古的无法探测的深井"。他明白他这种地位,永远也不能期望同他这阶层的一位女子建立任何关系。在他们的眼里,他是个贱民,无权谈情说爱。

这一次,他要走上一条创建的路,因为,他有一生的大计划:他的艺术,而且通过这种爱,艺术的规模扩展到了油画。不久他就会见了安东·毛沃,他的表姐夫和著名画家,不过在见到毛沃之前,他就有了想法,不再满足于画素描和插图了。他右手烧伤,在阿姆斯特丹街头游荡的时候,脑海里想的是油画。可是,他需要一个女人,认定这一点是痛苦的,要用此来对抗他对凯特的爱吗? 不是。他向弟弟陈述,他为什么不由自主,最终将爱情和肉欲区别开。"我的行为无论好坏,也别无他法,这道神圣的墙壁太冰冷;我需要一个女人,我不能,也不愿意生活中没有爱情。我不过是个男人,而且是个充满欲望的男人。我需要一个女人,否则我会冷入骨髓,浑身冻僵,就再也讲不出话来了。"

温森特身上还有点儿钱。他先去哈勒姆,看望他妹妹威廉米娜,然后就去海牙,他知道在哪儿能找到一个女人。

"我的上帝,不用走多远去找。我遇见了一个,她远远谈不上年轻,远远谈不上漂亮,可以说,没有任何特别的魅力……她的个头儿相当高,长得也很壮,她没有像凯特那样的女人手,而有一双勤劳的手。她不粗鲁,也不庸俗;她身上倒有某种非常女性的东西……任何女人,不管什么年龄，她若是爱，若是心善，就能给予男人，给予的虽非瞬间的无限，也是无限的瞬间。"

这个女人没有劫夺他，对他相当好，因此，他为妓女辩护："我跟她的谈话更有趣，比如胜过同我那位非常博学、非常专业的姨父的谈话。"

莫非他是第一次去嫖妓？话里话外并非如此，但是措词十分暧昧，讲述这次幽会特别彰显，就好像是头一回，不免让人以为，此前他就没有尝过女人的味道。

她们是什么女人都无关紧要，道德不道德都无关紧要，他跟她们一样是贱民："……我产生这种印象，从社会地位和生活经历来说，这些穷苦的女人是我的姊妹。"从此以后，也几乎只有这些女人肯张开双臂，搂住他的脖子，给予他一点儿爱，博爱的这种肉体的体验。

温森特到海牙来，也是为了见毛沃。这位著名画家娶了他的表姐杰特·卡本图斯。温森特开门见山，问他表姐夫能否带他绘画入门。毛沃为此本来要到埃滕去住几天，但是，温森特担心这样不够，或者担心行期一拖再拖。因此，他从现实考虑，也从实用主义考虑，打算再次来海牙，住在老师附近，以便深刻领会教授的课程。

温森特承认，他这种请求相当唐突，但是不管怎样，他求成心切，已经过了二十八岁，时间耽误不得了。毛沃问他是否带来点儿习作。温森特出示给他看。画家说画得不错，立刻让他坐到静物前写生。

毛沃看到他的画作，鼓励他说，他很快就能做出可以销售的作品了。"接着，他还对我说：'原先我一直认为，你是个大笨蛋，现在我明白了，根本就不是那么回事儿。'"

　　毛沃同意帮助他，过几个月，温森特就迁到海牙去住。说定之后，他就返回埃滕父母的家中，但是没有待上几天。到了圣诞节，又爆发了一场危机。温森特拒绝去教堂祈祷。然而，他是牧师的儿子，在埃滕谁都认识。如果圣诞节他不去教堂，别人会怎么想呢？温森特不肯妥协，提奥多鲁斯牧师也不能让步。他口气十分决绝，要儿子滚蛋；温森特收拾行李，离开父母家去海牙。这次决裂也是一种承诺：他将成为画家。

15 海牙,"靠你的汗水"

按说,读者已经习惯,到了海牙,开头一切顺利。温森特在安东·毛沃的住宅附近租了一间小屋。毛沃要大量给他上课,在家中接待他,预支给他数目不小的钱为他安家。温森特能有一间凹室和一间可做画室的屋子。他打算还像在博里纳日那样,就睡在地上,可是毛沃反对,给了他钱买一张真正的床铺。他向自己的学生明言,瘦奶牛的时期结束了,温森特已经有了给他看到的活儿,再跟他学些本事,很快就能卖出作品,靠他的画笔过上好日子了。他也建议温森特穿戴得体一些,换下沾满颜色的衣服,好能把他介绍给城里哪位知名人士,哪位绘画爱好者。温森特从前在海牙画店的上司特斯提格,同毛沃很熟悉(可见这个圈子很小),他也表示温森特一旦过了必不可少的学习阶段,第一批作品就可以放进他的画店里展销。

有了这样的支持,温森特就太乐观了,便忘乎所以,不再注意同父亲和家里人处理好关系。提奥严厉责备他同爸爸决裂时所讲的绝情的话，说他太幼稚，也太放肆了。温森特承认这一点，但是他要翻过这一页。"在我的记忆中，我还从来没有像这样大发雷霆，断然讲我觉得这种宗教很可怕，不愿意再去关心了，恰恰是因为我在生活最悲惨的时期，就曾经沉迷于这种宗教，因而我应该当心，防它就像防一种厄运。"

尽管如此，提奥多鲁斯牧师还是主动提议借给他钱用。温森特拒绝了，他要保持自己的独立性。负担就将落到提奥一个人肩上。

但是，眼下无需担心，也不必产生什么疑问。这样断绝关系，倒给了温森特一股巨大的力量。"实话对你说吧，我丝毫也不遗憾，甚至还不由自主地感到心头轻松了。"温森特颇为得意，有了自己的画室，他的头一个画室，由他竭力装备起来。有人把他当成"废物"，那就走着瞧吧。

他又开始绘画了，但是很快就身无分文，因为他要付钱给雇用的模特，每次摆姿势还得另外付钱。他不断地要钱。几乎每封信都以"谢谢，钱收到了"的话开头，结尾往往还请求一笔"额外费用"。温森特收到多少钱就花掉多少钱，马上就买价钱贵的材料，钱花了有时也后悔，不是向提奥，而是向另一个通信人，如凡·拉帕尔表示悔意。他同模特或者供货商打交道，总好承诺日后再付款。提奥寄来的一笔笔钱，温森特提前花掉了，他还是身无分文，要熬上漫长的几星期。于是他写信抱怨，又要钱，还是要钱，简直成了一篇连祷文，贯穿他从海牙写出的信件。为了摆脱困境，他严格限制饮食的开销。他在博里纳日已经学会几乎不吃什么就能活着，就毫不犹豫，拿自己的身体冒险，以便能够"赶活儿"。

这样拼命干活儿，终于付清欠款，而且他叔父科尔，阿姆斯特丹画店老板，早早就来看望他了。温森特给他看自己的习作。在没有真正价值的素描当中，叔父被一组城市景观的无可争辩的力量吸引住了。温森特有才华吗？他最终找见了自己的道路吗？叔父出三十荷兰盾，向他订购一套同样类型的城市六景，还明确对他说，他还要六幅，由温森特定价。"真是奇迹！"在给他弟弟的一封信中，温森特感叹道。一切来得如此之快，他立刻投入工作。

看他的画作就能明白，温森特靠他的风景画和素描画，很快就能过上好日子。然而，他固执地要画人物，换言之，要画劳动者（劳动妇女、樵夫、工人等），因为，他要为穷人搞穷人的艺术。可麻烦的是，这种选择在模特上开销太大，而穷人又不买艺术品，至少成本相当高，艺术家难以谋生。买画的是有钱的市民，温森特就碰上这种矛盾，却又满不在乎。

上毛沃的绘画课，温森特进步非常快。除了基本技法，毛沃的主要影响，就是温森特过渡到色彩画的愿望越来越强烈。特斯提格也鼓励多画小幅水彩画，市面容易销售。但是这样也挺难：如果说温森特拥有非凡的意志和工作劲头，可他自己后来也承认，他初学绘画"笨到家了"。他学得很吃力，糟蹋了数量惊人的画纸和管装颜料，而这些材料价格昂贵，他又身无分文。

看到他初学绘画如此状况，痛苦不堪，人们不禁产生疑问，他天生是否适合绘画。这种疑问可能显得令人惊诧，但是不无道理。纯以禀赋来说，温森特肯定更适于当作家，而不是画家。凡是通读他学习绘画这几年所写的信件的人，都能证明这一点。看他初试画笔那么笨拙，构图甚至还不如我们严格，有些作者就说，在艺术史上仅此一例。他同时代的人也没有做出不同的评价，能在温森特的习作中看出点儿门道来的人，可是少而又少。

画水彩画，而他的画技又那么差，让他饱受煎熬。不过，他在绘画过程中领悟到，他素描的不是损害了他的水彩画。他打算表现的题材，只要还摆放不准位置，不符合透视法和人物的解剖比例，那他怎么能致力于水彩画呢？毛沃也觉察出来，便建议他照石膏像画，提供给他头像、手臂、腿脚等。这等于在公牛面前抖动红布。

自从他入教会学校受挫之后，温森特就总是要直击事实，不通过中介，直接画活人。他拒绝画石膏像，而画石膏像便宜得多，石膏像摆在那儿几小时，也不要求付多少多少荷兰盾。毛沃也不是个很随和的人，不免生气了。他接收了温森特，资助他，给他上很多课，都纯粹出于友谊，却看到学生不听老师的劝导。他尤其感到恼火的是，他正创作一大幅油画，时间本来不多，又时常生病。五年之后他就去世了。

在画石膏像这件事上，温森特同毛沃吵得很凶，而且气急败坏，干脆将石膏像摔碎，投进他画室的煤炉里！这还不算，他居然声称自己是个艺术家，而毛沃还仅仅把他视为一名学徒。温森特向提奥明确指出，"艺术家"一词在他口中就意味：总在探索，永远也不满足的人。不管怎样，这两个男人之间的气氛很快变得糟透了。毛沃很窝火，当他的学生登门的时候，他就让仆人说他不便接待。温森特重又雇模特，坚持人体写生。这样费用太高，可是他根本弄不懂，一味向他弟弟要钱，也很难达到目的：

他画的人物总有缺陷，而他画的景物就更容易摆对位置。然而他说，他不愿意局限于风景画，尽管风景画取得了无可争辩的成功。他的两幅水彩画：《黄盖鲽晒鱼场》和《洗衣女工》，置于海牙城景观和荷兰辽阔天空的大背景下，由一位刚运用彩色不久的艺术家创作出来，还是很出色的。"这开始像水彩画了。"毛沃曾对他说过。温森特为自己打开一条生意之路，如果可以这样说的话。他竭尽全力拒绝。一组数字能说明这种处境：毛沃卖画，每月能挣六千法郎，而温森特一直艰难度日，每月只有提奥寄给他的一百五十法郎。

至于特斯提格，他看到温森特放弃销路好的水彩画，重又画结果不如人意的人物。为什么放弃呢？不久就有了答复。"尽管我不能蔑视金钱，尤其是这种时候，要知道，我却坚持认为，最重要的，还是创作出站得住脚的东西。"

成功的水彩画还是非个性的。这些画制作得很好，体现出必要的才华和审美趣味，只为了融入海牙画派，打开了一条温森特不愿意走的道路。即使为了减轻弟弟的负担，他受到必须卖画的念头折磨，还是禁不住往深里探索。这种苗头，也许毛沃头一个觉察出来，对此感到不安；其实，特斯提格也看出来了，但是他以完全不同的态度进行干预，表现出越来越强烈的嫉妒和仇视。

温森特的这位从前的经理，当温森特带着习作到画店来看他，或者再次来看他的时候，他就产生了尖刻的念头。为什么温森特离开一条易行的路，要花费那么多时间，想走向哪里去呢？特斯提格将是温森特生活中的克星,但凡伟大的创造者,一旦要锐意深入探索,总有一天要撞上这种克星。他来到温森特的画室,不断地用话刺激,深知在当地,温森特不能失去一个这样有影响的画商。他责备温森特过分"耐心",赖在他兄弟的背上,不快些制作出很好加工而又没有奢望的可销售的作品,看来温森特蛮有信心,要做个吃年金的人,靠提奥出钱过好日子。

"我确信你不是个艺术家。"

"没什么可说的,你起步太迟了。"

"你应该想着挣出自己的面包。"

"于是我回答他:够了! 您还是省点儿心吧。"

可是毫无效果。特斯提格抓住不放,继续拆台,他干预温森特的生活,所起的破坏作用越来越大了。毫无疑问,是为他自己的利益。他劝毛沃在钱的问题上,不要再相信温森特了,还对毛沃大讲他学生的坏话。毛沃对温森特已经大为不满,自然听得进这种恶语中伤。

温森特在海牙,同他两位支持者这样对立,还是有一种美学上的缘起。他并不排斥画风景,甚至不排斥制作卖品,但是现在他有能力再创造了,就不惜任何代价,不肯融入这种无个性的海牙画派。他说,他想要这些景物本身也"显示其面孔",换句话说,景物也有个性。后来他又以一种很奇特又很阳光的方式,说明他的想法,他这样写道:"刚抽穗的小麦,散发某种难以言传的纯洁和温柔,宛若睡觉的婴儿,能让人产生同样的冲动。大路两旁被践踏的草,又疲惫又满是灰尘,就像穷人区的居民。上次下雪的时候,我看见几棵绿叶卷心菜都冻蔫了,这种景象让我想起一群衣裙单薄围着旧披肩的女人……"

然而，温森特还没有想清楚用什么办法画出来。他了解自己所不愿意做的，而这种拒绝的态度，毛沃势必感到不言自明，温森特的艺术判了死刑。特斯提格则认为，温森特是个可怜的疯子，欺骗他那天真的兄弟，因而他决定插手，结束这种状态。

随着所谓的"自己人"克里斯蒂娜进入温森特的生活，这种艺术的对立很快又追加了一种社会的对立。

温森特到海牙还不足一个月，他就遇见一名酗酒的妓女，怀着身孕，还领着一个小女儿。温森特找模特，也同样要找一个女人，他随时准备救助比他还不幸的人，便跟这个妓女建立关系，负担她们母女的生活，帮助她放弃街头卖淫，作为交换，要求她接受当模特。"碰到这种情况，任何男人，只要长了一张人皮，都会这样做。"

这女人并不住进温森特这里，但是经常到画室来做模特，待上一整天，再回她母亲家睡觉。有人很长一段时间都认为，这正是年前十二月份，温森特烧伤了手在街头游荡时，所碰见的那个女人，这就能让人往前推想，"自己人"怀的是他的孩子。撰写梵高传记的那些著名作家还恢复了真相，有的进而了解这个名叫克拉西娜·玛丽亚·霍尔尼克的女人的身世。其实，看一看温森特的书信，就可以终结这种虚构的故事。温森特在给他弟弟的信中写道："接着，毛沃抛弃了我，我病了几天，将近一月底遇见了克里斯蒂娜。"

克里斯蒂娜个头儿很高，身体强壮，长了一个大鼻子，神态颇显高傲，一副极爱幻想、非常懒散的样子。她谈不上漂亮，但是以温森特给她画的几幅肖像来判断，她似乎很有风度，两条长腿很美。以他绘画或素描的人物的大量照片表明，他善于抓住面部表情，达到了非凡的准确性。因此，我们信得过他所画的肖像。日复一日，"自己人"那么温顺，逐渐变得必不可少了，她的肉体既入画也是欲求。她学会了摆姿势，温森特把她看作他雇用的一名工人，或者他只供给她母女面包的一名助手。逐渐地，他爱上了她。

我们看待这种局面，不会像某些传记作家所建议的那样，首先要算带着特斯提格眼光的温森特的弟媳妇。温森特爱这个做过妓女的女人，对她说他打算娶她。他们二人之间建立起来的关系，当然不是恋情，而是一种巨大的温情："我对她的爱不如去年我对凯特的爱那么强烈，我再也不能怀有那种爱了：那样一种爱，大家知道已经毁灭了。她和我，我们是两个不幸的人，相依为命，共同承担生活的重负。正是这种关系将我们的不幸转变为幸福，把我们不能忍受的东西变得可以忍受了。"

温森特写出一封封信，用很长篇幅解释是什么让他爱上"自己人"。她跟他一样穷苦；没有钱的时候，也善于忍受饥饿之苦；她还很朴实，不卖弄风情，什么事儿都一意孤行，总保持本色。"没有谁对她感兴趣，也没有谁要她，她孤孤单单，被人抛弃，如同一个可怜的残疾人，被人丢弃在街头。我收留了她，给了她全部的爱，以及我所能提供的各种照顾。"

"自己人"给他带来他从未有过的感情上的安全，他不再独自一人了，小姑娘在他周围玩耍，这是正在组建的一个家，温森特由衷地感到喜悦。他的一句话说出了他的全部感受。"持久的结合给内心带来极大的安宁。""自己人"裸体给他摆姿势,这就允许他终于研究了人体比例,正如事后他在一封信上所讲的,人体的比例,穿着衣服是不可能看透彻的。信心、大胆、魄力,都重又回到他身上,他画了克里斯蒂娜一幅名为"贵妇人"的肖像,在定型之前有点儿立体主义的意味;这之后,他画出他的头一幅杰作《索罗》,痛苦的形象,灵感来自一个双手掩面哭泣的老人,被不幸压垮的这种揪心的形象。

"自己人"左侧身,裸体席地而坐,头埋在两膝之间,似乎在哭泣。看不见她的脸,披散的一头黑发垂落在肩上,线条无不准确。然而,《索罗》表现一种特殊的时刻。如果说这幅画作标志一次长足的进步,那么这种进步在一段时间内仍属孤立现象。在较长一段时间之前,温森特再也找不到如此有力度的形象。

这种不幸的形象,仅仅是表面的反常,能足以说明他生活在幸福中。因为,创造者内心必须有一种安逸感,才能强有力地表现不幸。提奥接到这幅作品,认为画得非常成功,而画家魏森布鲁克(Weissenbruch)见了也很喜爱。

当然太美了,温森特也意识到这一点。他周围的其他人,特斯提格头一个,要插手进来。

说来也怪,一阵暴风雨推进了事态的发展:狂风刮了一整夜,损坏了温森特的画室,将它破烂不堪的小屋的窗户,连同玻璃和窗框一起刮走。他用绳子尽量固定。他得知毗邻的一幢房子出租,间量更大,可以收拾出

15 海牙,"靠你的汗水"

画室和多间卧室。尽管租金高了,温森特还是请提奥允许租下这幢房子。他带着这个固定的念头等待答复,希望能和"自己人"在那里安家并且娶她。

温森特心里有了准主意,却十分谨慎,一直没有透露同她的关系,对任何人,甚至对提奥也只字未提这种关系,惟恐提奥有看法,影响对他经济上的帮助。"自己人"如此频繁出入他的画室,对外讲也有正当的理由:她是模特,正在摆姿势或者准备那么做呢。

然而不久,特斯提格就察觉出发生了什么事,而温森特在海滩附近的沙丘上碰见毛沃时,对此也有一种直觉。画家跟他的关系已经冷淡了,这次又指责他背信弃义,突然同他断绝关系,掉头扬长而去。砸烂石膏像的事件已经过去很久,毛沃还至于反应这样强硬吗?温森特有种直觉,这种激烈的态度另有缘由。有人知道了他同一个卖过淫的女人保持关系吗?他再也不能对提奥隐瞒真相了,担心弟弟通过最坏的方式了解这件事。莫非特斯提格向毛沃透露了他的怀疑?他甚至还可能给梵高家写了信,正像他多次威胁的那样,以便让家人停止资助,迫使温森特谋职求生吧?

时值一八八二年五月初,温森特不得不向提奥供认了这种关系。他供认的方式相当庄严,也十分巧妙,想要通过他弟弟传给他的家人。埃滕的牧师的儿子,梵高家族的一名子弟,著名的朝廷艺术品供货商和海军少将的侄儿,斯特里克牧师的外甥,居然跟一名妓女一起生活!"那么好,先生们,这件事我就告诉你们,你们这些人多么迷恋好风度、彬彬有礼,只要那一套全是虚假的。"温森特写了好几封长信,为自己辩解,声称他打算娶克里斯蒂娜，他爱她，跟她在一起很幸福，永远也不会放弃她。提奥会不管他了，不再给他寄钱来了吗？

温森特睡不着觉了。他度日如年，痛苦了好多天。终于收到回答和定期的汇款。温森特这才放宽了心。提奥还将继续帮助他，不过，这件丑闻已经败露，全家人都义愤填膺。提及解决办法，似乎开了家庭会议，要把温森特关进精神病院，或者把他置于监管之下。提奥要求温森特不要娶那女人，以免犯下无法弥补的过错。温森特在提奥面前屈服了，他别无选择，但是他迁怒于他的家人和他父亲，并向提奥声明，别人无权把他置于监管之下。凭什么理由？ 他是荷兰公民，头脑健康；他也了解过，并且列举好几个事例，那些家庭有类似的企图都未能得逞。他最后宣布，他绝不会退让，要斗争到底，让真相大白于天下，不惜反对他父亲。

提奥在各方之间充当仲裁，一定传达了温森特的态度。大家只能见好就收。但是，温森特在海牙的境况变得非常艰难了：毛沃同他断绝关系，特斯提格也要这么做了，伯父姨父不愿意听人再提起他；在阿姆斯特丹的科尔叔父，本来向他订购了海牙景观，也不了了之了。温森特未能跟毛沃深入学习绘画的艺术，他还远远没有掌握基本技法。他在困难的境况中，要靠自学了，又得浪费他本来就极少的时间，于是开始了一个没有成效的长长阶段。他现在只剩下带有条件支持他的提奥，以及他从死神手中救出来的这个女人。而且，他病倒了，"自己人"把病传染给了他，他因患淋病住进医院。

他久久拖延，一推再推治疗时间，在小解时忍受着变得难以忍受的痛苦。"自己人"很快就要分娩，在她临产的最后一个月，温森特却不能支持她。当时，淋病需住院治疗三周，可怕的导尿管插进阴茎，以阻止尿道变窄，还有各种治疗方法的痛苦注射，多少有点古怪的预防措施。这种种情形，温森特都详细地给他兄弟描述了。他尤其痛苦的是不能在学习绘画上用功和进步了。

他父母听说他病了，就开始给他寄包裹，有食品、盒装雪茄烟，尤其衣服，其中一件入冬穿的女式大衣，这大大感动了温森特。他总算认清了，父亲在原则问题上很固执，但是对待受苦的人又从心里慷慨大度。"……仅仅这样一个举动，就能让我忘掉三百升的指责。"

六月初，大夫让他出院了。病差不多治好了，他急于准备迎接"自己人"婴儿的出世。他征得提奥的同意，新租了他觊觎的房子，同他那即将添丁的小家庭安顿下来。他的新画室宽敞多了，画模特时有了足够的活动空间，卧室也分开了，都在楼上。也许将来，他也始终没有这样幸福过，这不是后来创作所给予他的幸福，但是温森特很珍视，他特别看重家庭生活。

"自己人"的性病也治愈了，她生下一个男孩，取名威廉，以表示对温森特的敬意。"哎呀，我真幸福！"他告知提奥孩子出生时，这样感叹道。稍后一点儿，他又写道："弟弟，多亏了你，今天我才流下幸福的眼泪。"他爱这个孩子，看着他长大，在他绘画的时候，孩子"就在他两腿之间"玩耍，他对孩子关爱备至。那不是他的儿子，"自己人"一怀了孕，就被那男人给甩了，但是我们了解，温森特蔑视所谓的社会行为准则。孩子就在眼前，他很喜爱。而这种爱也孕育他，使他多产。"……我有这种印象，在一个早晨醒来、因摇篮充满阳光而在欢叫的婴儿眼睛里，恍若看见某种深邃而无垠的东西，比大洋还要辽阔。在大地上，如果存在一道天堂的光，那只可能在婴儿的眼睛里发现。"

温森特画了"自己人"的小姑娘跪在她弟弟的摇篮前，一幅出色的素描，紧凑，有力，避免任何矫揉造作的成分。他欣喜的心情不减，书信写得更加频繁。"这么多事物，让我喜悦和兴奋。""你说说看，我满心欢喜，认为事情进展顺利……"（1882年8月15日）。"此刻，我对秋天的森林热情洋溢。"处处显示快乐和信心，应当列举出一些来，以便终结温森特终身不幸的神话。如果没有如此强烈的激情，温森特的作品很可能就是另一番光景。他同"自己人"及其子女住在一起，生活了十五个月；从这里可以看出，所谓的"温森特的疯癫"纯属子虚乌有：一旦环境允许，他能真正地生活，所有噩梦就会远远离去。关于长相厮守的伴侣，他后来讲了一句巴尔扎克式的话："我们彼此都了解透了，再也不可能发现我们有凶狠的表现。"

他感到自身焕发一种极大的创造力，也知道有朝一日，这种力量能找见释放之路。他第一次有了个家和体面的工作条件。温森特孤身一人生活了那么久，并非天生适合孤单。我们还记得他少年时期，每逢圣诞节或者一年中的某个节日，又要见到自己家人所感受到的无比快乐。他有一种强烈的家庭意识，从兄弟交流上看，可以说他从内心有一种对别人的需要。他说起自己的新画室，这样写道："这间画室既不神奇，也不神秘，因为，它扎根于生活的心脏。这间画室里有一只摇篮、一把儿童椅子。画室中毫无停滞的东西,一切都在推动,促进和激发工作。"

然而,这种幸福要付出代价。

迫于提奥的压力,温森特放弃娶"自己人",经过深思熟虑,他确定了他们新的金钱关系的条件:只要每月他还挣不到一百五十法郎,就免谈结婚。这个目标一旦达到,他就将重获自由。他信守诺言,此后他在书信里,再也只字不提他与"自己人"的生活。

他动手干活,但是,作品售出的机会减少了。特斯提格到他的新画室来看他,发现这个从前的职员的境况,不禁十分反感。

"这女人和这孩子是怎么回事儿?"

"此外,我从哪儿来的这种奇思异想,还同一个女人和孩子一起生活?"①

交谈随后转向纯粹的挖苦讽刺。温森特忍气吞声,不好当着"自己人"和孩子们的面发作,也许他还希望这个有势力的艺术品商人,他家族的朋友能为他做点儿什么。他只招架不还手,偶尔提醒一下,医生们诊断他头脑完全正常。然而,关系到头了,特斯提格下了最后的结论:"哼!你绘画跟你已经做过的一切,同样是虎头蛇尾,一事无成。"

特斯提格不仅从来不要温森特一件作品,介绍并出售,而且还把他视为恶鬼,拉开所有可能帮助他的人,这名单上的头一个便是毛沃。特斯提

---

① 引自温森特写给提奥的信。——原注

格这个人物，在美学上持保守观点，很晚才向他的客户推荐印象画派的作品，而且斤斤计较，除此之外，大概他始终不能容忍他的旧部下想要越雷池，跑到另一边去。特斯提格穿戴一直很时髦，非常讲究。可以想象，温森特现在身穿破衣烂衫，同一名妓女住在城市的贫民区，特斯提格投去的该是什么目光。

且不说在阿姆斯特丹的科尔叔父，同毛沃断绝了关系之后，又跟特斯提格濒临决裂，温森特的处境越发脆弱，不得不改变计划。上毛沃的课中辍之后，一八八二年春季，他停止画油画了，一看见画笔就心头火起，他在信中说道。他也放弃了水彩画，只因鼓励他画水彩画的特斯提格，又把他撂在那儿了。

直到次年夏天，在提奥来看他之后，他重又兴致勃勃画起油画，但是缺乏技巧。从他画出的习作中，我们看到一个女人靠近树林的一棵树干，另一些人物在施文宁根的海滩上。初学的习作，不熟练，构思大胆，如同温森特在任何事物上那样，而不足之处十分明显：大块的颜料堆砌，用镘刀上的色，身体各部分不够匀称，等等。他画得倒是兴趣盎然，在这新的领域进步很快，感受到了这种表现力。油画比素描更有诗意，"绘画接近无限"，他这样写道。

可是到了秋天，他就中断了，当然由于天气恶劣，不能到户外作画，特别是由于管装颜料太贵，他使用起来又不吝惜。他发现这个新项目开销太大，从而看出用提奥每月寄给他的一百五十法郎，他不可能既画好画，又供养一个家庭。于是，温森特决定舍弃油画，不得已而搞素描，回到他同凯特·沃斯谈话之前，与毛沃相见之前的计划。他勤奋练习，就可能成为一名插图画家，如同他特别赞赏的英国那些新闻画家。画油画需要画布、画框和颜料，而素描就省钱多了，目前能允许他调解他的工作和生活：维持还有一个婴儿的四口之家。

可惜的是，这种盘算又错了。温森特的素描，放弃了风景，他已经有了好经验的题材，却去创作表现劳动人民的社会作品，结果在现行的艺术市场卖不出去。绘画爱好者首先寻求色彩，以便装饰他们的居室。至于新闻插图，那要有关系。可是无论温森特还是提奥，都没有这种社会关系。拿着自己还笨拙的习作前往伦敦，推荐给已经有英国能手为他们效力的报刊经理吗？简直异想天开！温森特描述他想象在伦敦的情景：他被人赶出去，或者主动离开，知道自己没有能力按照约稿拿出作品。

在这期间，生活流逝，钱也流逝。提奥模仿或者潜意志地要像他哥哥那样，在巴黎街头收容了被抛弃而患病的玛丽亚，总之，法国版的"自己人"的故事。提奥将玛丽亚带到家中，给她治病，这女人也就成为提奥的情妇。提奥向温森特透露说：这个消息令人激动，甚至令人狂喜，因为这可以消除温森特的负罪感，这也许是提奥下意识追求的目的……于是，温森特又向弟弟重提"自己人"，兄弟二人现在处境相似，便交流他们的看法。忧心的是，现在提奥要维持六个人的生活，而他的薪酬也根本不是高得出奇。

温森特的作品完全丧失了售出的可能性。又是一次新的失败。他这个小家庭当然还过着温馨的生活，但靠的是提奥给的费用。正如巴尔扎克的一部小说中讲道，金钱要把它的法则强加给人。《人间喜剧》①那些小说的结局，就将是凶猛的、毁灭性的危机。

提奥没有立即承认，经济处境困难，他的工作受到威胁，老板给他安排艰苦的生活，而生活的负担变得太沉重，他越来越支撑不住了，因为他也要帮助父母。温森特这方面旧习不改，提前花掉提奥每月给他的钱，先借钱解决食物和一家人的用度。他向弟弟隐瞒了借债的情况，正如后来他向提奥承认的那样。他不断写信，追加要钱的数目，可是要不来了，提奥给的钱只够用来缓解债主的催讨。

接着，提奥的处境也恶化了，只因温森特没有选对艺术方向，不断地要钱。提奥为了面对，也开始借钱了。他的头脑毕竟还比较清醒，感到脚下的根基不稳了，就决定刹住这种疯狂的生活方式。他告知温森特对未来没有把握了。

可是温森特，现在正致力于大幅绘画，表现许多人的劳动场面。必须使用大批模特。至于题材，可以让人联想到：一群干活的人正在清理一个采石场，而另一群工人正在清除堆积如山的垃圾！这样的作品，温森特打算卖给谁呢？谁愿意把这样的画挂在餐厅的墙上呢？我们感到这台机车高速运转，要冲下深渊了。温森特要钱还要钱，要付给一批又一批模特，而他风景画得那么好，人物还画得很糟糕。

提奥终于承认经济困难了。温森特则回信说，他正拼命工作，作品接

---

① 《人间喜剧》是巴尔扎克小说的总题目。

近完成，对这种困难的惟一回答是：总是要提奥多寄钱！

这种境况的另一面，也应该考虑进来：提奥在巴黎，身处印象派画家之间，感受让他欢欣鼓舞的那种目眩的色彩。进入了色彩时代，而他哥哥所走的路如此昏暗，如此黑暗，只能是通向绝境。提奥对温森特产生怀疑，心想特斯提格是不是有道理，这件事是不是已经泡汤，温森特是不是疯了或者有病。提奥可能要想，除了同"自己人"过上家庭的幸福生活不算，海牙只能是一场新的灾难性失败。他哥哥要钱，语气越来越急切，越来越疯狂，不顾羞耻，这导致他产生疑问。应当让温森特听天由命去吗？他心里这样想，却不会听从这种蛊惑。他对哥哥的感情完好无损，眼前就放着《索罗》这幅杰出的画。温森特的画作最终能卖出去。不可能是别种情况。他应该支持温森特，帮他重新找到生活的目标；然而，眼下的境况变得难以为继，很可能把他们所有人拖进深渊。

提奥寄来一封信，问温森特下个月他能否不寄钱。温森特的回信情绪很大，言词异常激烈。他详细列出他要偿还的债务，他身陷绝境。他所写的信件，字里行间还从来没有紧张到如此程度。他也从来没有如此接近成为一名作家，骑着语言的骏马，能放开缰绳驰骋。他走投无路，逼到死角，到了决裂的边缘。继而，温森特又害怕了。提奥要丢下他不管吗？他极力自责，避开金钱问题，强调把他们连在一起的手足之情，一定是坚不可摧。提奥迟迟不回信。温森特睡不着觉了，一封接着一封写信，要求，恳求，保证他出于诚意。

时值一八八三年七月，一场火山喷发。的确，他错就错在专心画素描，而现在,他恰恰要回到油画和水彩画,今天画了一幅,明天再画一幅,随后还画一幅。提奥应当给他一次机会。接着,他又讲述他顾不得体面,在关系冷淡长达数月之久之后,又去看了特斯提格,向他出示了他的素描,当然包括清理垃圾场的那幅。特斯提格听都不要听。温森特对他说并没有心存怨恨,特斯提格回答说,他同样没有心存怨恨,但是又对他重复一年以来一直对他讲的话:温森特应该画销路好的小幅水彩画。

莫非这是迫使温森特屈服的一种方式?温森特不会屈服。然而,他惶恐不安的情绪达到了顶点,他要一苏一苏省着花钱,吃饭也免了,身体越来越虚弱。迟迟等不来提奥的答复,他又寄出几封信。邮件终于盼到。提奥写的信……随信寄来的钱……温森特长出一口气。他经受了紧张,天旋地转,接下来筋疲力尽。他陷入绝望。

他注意着坐在炉边的"自己人",吸着烟,眼神迷茫,犹如一尊狮身人面像。她可以这样一连待几个小时。什么也不做,这种麻木状态让温森特恼火。温森特给她画了一幅这种姿态的素描。"当时,她干脆对我说:'是啊,是啊,我懒惰,又麻木不仁。我一向如此,毫无办法。'或者还这样说:'不错,我是个妓女,除了这一行,我没有别的出路,只能去跳河。'"

婴儿在那边爬,一瞧见温森特,就欢快地叫起来。怎么办呢?他怎么能离开孩子呢?这种局面没有出路。温森特的痛苦溢于言表。建立一个家庭的尝试,再一次转化为灾难……抉择很简单:要么是颜料费用高的绘画,要么是他们,"自己人"和两个孩子。

一八八三年夏季,提奥来看他,要让他明白,他真想要继续绘画和素描的话，那就必须跟"自己人"分手，哪怕同她保持一种疏远的关系，只因经济负担太重，提奥难以保证了。温森特在信上表示，他确信提奥说得有道理，现在他必须离开"自己人"。他往往如此，开头出于感情，接受对方的观点：他对"自己人"的爱果然减弱，发现她一些缺点，这很容易，谁也免不了缺点，于是，他逐渐坚定了分手的念头。书信中感人的篇章，因为他是迫不得已，无论从肉体上，从道德责任上，还是看在对孩子们爱的分儿上，他都在内心深处依恋这个女人。

他的画家朋友凡·拉帕尔，对他说过荷兰北部德伦特省的荒野地区。要去就去那里，他应该去那地方。包括毛沃在内的一些画家，到那里逗留一段时间，带回画作，表现那片僻远而荒凉的大平原。在城市生活这两年之后，温森特受到新大地的吸引，开始向往田野、欧石楠、沼泽、运河、农民的茅舍。那始终是他的世界、他的家园、他的童年、他的慰藉。

到了处境不堪忍受，困难无法解决的时候，温森特就一如既往，想到逃离，既然逃往别处，他就能重又找到另一个世界重又找到本源人又重生了。不，他不会沉沦，他的艺术在营造他，艺术就是他生存的理由，如同对所有名副其实的创造者那样，他的艺术也优先于爱情，优先于生活的享乐。

他到了德伦特省，也许不花什么钱，就能租上一座破房子，将"自己人"和她的孩子接去吧？他怎么能跟孩子分开呢？尤其是，怎么能离开在他两条腿之间玩耍的"这个小家伙"呢？"我多么爱这两个孩子啊！"他临走时感叹道。想一想都心痛如绞，然而，艺术是他生存在世的理由，没有他选择的余地。他清理掉一些无用的物品，有一些给了人，租了个地方存放他的家具。他和"自己人"谈过了。她本人也同意。他们至少要分开一段时间。她还帮助温森特收拾行李，拿走自己的物品和威廉的摇篮。

继而，九月份的一天，在海牙火车站，便是向"自己人"及其孩子"令人心碎的告别"。她遭逢不幸，一向听天由命，而温森特又坚信她性格懦弱，缺点很多，肯定还要重操娼妓的旧业。她的母亲和兄弟，是两个游手好闲的人，已经有一阵子往这条路上拉她，希望从中捞些油水。她怎么能顶得住家里人的压力呢？温森特上了车，火车启动，他深爱的几个人的形象渐行渐远，隐没在蒸汽和刺鼻的煤烟之中。他重又孤独一人，心灰意冷。

同自己爱的女人每天厮守，自己有个家，这对他都是禁物了。他的艺术将来有所成，就是以放弃爱情为代价。"我不知道今后是否还能享受到在女人身边的幸福，十有八九不能了……"必须重新跌入他讨厌的这种"咖啡馆生活"。

在海牙生活的这段日子，如此讲述，还没有说清楚最重要的问题：这个人为什么消耗他的生命。从成果来看：两年时间，他只画成了一幅《索罗》，画了"自己人"及其孩子的多幅素描，画了大量渔夫、老人、农民、普通妇女的富有表现力的肖像，几幅漂亮的水彩画，几幅很不完美的油画习作。然而，在温森特的艺术中，在他的觉悟过程中，海牙这两年则标志巨大的进展。当然，前面的路还很长，不过，一些有力的线条已经具备。

正像在多德雷赫特，正像在阿姆斯特丹，正像另外许多次：受挫失败仅仅是表面现象，只关乎这个人的生活，并不涉及这位艺术家的生命。

自从博里纳日以来，温森特没有改变观点。艺术，就是人加上自然，他跟左拉一样，谈到艺术便下了这种定义：艺术就是"通过一种个性看到的自然的一个角落"。不过，这种填充了浪漫主义的一种现实主义定义，在他学艺过程的初期就表达出来，便把达到目标的方式问题抛在一边。在海牙，温森特逐渐意识到，什么将是他的艺术核心，他的真正的独特性，这是极少有人谈到的问题，因为总被那种受社会排斥的艺术家的传说遮掩了。

不管多么令人吃惊，我们还是要说，温森特既是美术图案设计者，也是画家。他最终绘画也像他素描那样，"没有上色的一套方法"，他于一八八八年四月，从阿尔勒给埃米尔·贝尔纳尔的信中写道："……我往画布上打色，一下下极不均匀，并且保持原样。颜料堆积，在画布上东一块西一块，有些角落根本没有完成，多处修改，多处粗暴突兀……"瞧一瞧他后来完成的大幅作品：画面的笔触充满激情，很不连贯，用画笔跟他用芦苇削的笔画出的惊人素描的技法相同。他在海牙画素描缓慢形成的技法，后来成为他画油画的技法了。

也正是在海牙，他逐渐抛弃素描的古典技法，走向一种粗放的线条轮廓，使用的画具也越来越粗糙，他从而能解放绘画的动作，其结果便产生一种超前的审美观，一种作品未完成的、解放了印象记忆、解放了感情冲动的审美观；因为感情冲动，并不仅仅寓于油画或素描的结果中，还要从绘画的手喷射出来，并不是动作所固有的，而是像书写、画押一样，黏附着躯体。因此，必须解放动作，抛弃他那时代绘画者使用的所有精制的画具，再回到粗放的线条轮廓。

温森特可能希望成为绘画领域的瓦格纳①。瓦格纳处于说唱之间的十字路口（Sprechgesang②）。温森特在一种表面上非常传统的美学观内部，介于书法和绘画之间开出了一条路。他的举动就是原始人在一面壁上近乎本能地留下印迹的举动。我们甚至可以说从一八八八年起，他在"书写"他的绘画，而且随着时间的进展越来越快。这就赋予他的绘画一种独一无二的震荡，而这种震荡将一幅风景画变成一场线条的狂欢。这就可以解释他创作速度那么快，几小时就能画成一幅非凡的油画。温森特渐渐得心应手，可以放开缰绳，全凭机械的动作，但是用颜色书写绘图，其行为就好像他是三个人的综合体：书信体作家、素描画家和油画家。

他的艺术只能是狂热的、疯癫的，"在他同时代人看来极其粗鄙"，我们的朋友弗朗索瓦·巴朗杰（Francois Baranger）这样对我们说。他本人也是油画家和素描画家，坚持探索梵高绘画的秘密，并且向我们肯定地说，梵高的绘画基于线条。"线条解放了隐蔽的力量，因为目光追随印迹，要超越其停止之点。"用不连贯的线条画风景，就会拖着，目光超越一览无余的休憩姿态。目光必须"工作"，而思想也随之工作。这就激发幻想，

---

① 瓦格纳（Wagner, 1818—1883），德国著名作曲家。
② 德文，意为"宣叙调"。

引向他乡，给予启发，将欣赏者送往所画题材的彼岸。

从某一时刻起，温森特可以画任何东西了，这种搬上画面的震荡，将欣赏者的目光带走，使之脱离现实主义的定见……背景上的一种图案，温森特在某种意义上，通过形式使景物去现实化了。他深入研究过谢夫勒尔的色比法则，现在只需依据这些法则设色，就能扩大这种随心所欲的效果。

他正是在海牙逗留期间，因为缺钱而放弃油画和水彩画，在长时间的摸索中，表面上看素描成果太少，其实在他头脑里，正缓慢地产生这种觉悟。

温森特一旦掌握了素描的基础（人体解剖、透视法等），就一心关注线条，经常回到他所探求的"粗暴"。"我确信一支普通画笔粗暴的宽线条，能产生更好的效果。"一八八三年三月，他给凡·拉帕尔的信中写道。他的一位画家朋友凡·德·威尔（Van der Weele），看了他出示的一幅素描，就认为"这样画，这是在吼叫"。为什么他不喜爱水彩画呢？"要表现人物的粗暴、大气和活力，水彩画不是最适合的方法。"

温森特想要一直回溯到原始的线条，一直回溯到他不用在他看来过分精制的现代画具，而用别种方法所获得的笔迹。譬如他不喜欢法贝和孔岱制造的过细的铅笔，改用木匠用的铅笔，"所取得的效果，远远高于用那些漂亮的法贝牌铅笔画出的效果。我更喜欢天然石墨，而不是价格昂贵的法贝牌超细铅笔"。后来他还试用石版画粗铅笔和山上的（黑）粉笔，黑粉笔是提奥得知他的探索而给他寄去的。这种黑粉笔有其"肮脏的"一面，自身参与进去,"而孔岱牌铅笔太冷漠,自身从来不投入画中"。温森特重又使用这种粉笔,并且想要取名为"茨冈粉笔"。

他用这些"自身参与"、身后留下难以控制的印迹的画笔,画成了许多素描,给提奥寄去了好几幅,在信中写道:"我是想说,这些画若是用一般的孔岱牌铅笔,那么画出来的就是死物,就是金属一般冰冷的东西,会让人一见就要说:'这哪儿是生命,这哪儿是自然!'"

最后,他也是在海牙,开始削芦苇为笔画素描,重又找到古埃及人之路:古埃及人就是使用这样制作的芦苇笔,在纸莎草纸上写字和绘画。海牙的芦苇质地很差,他放弃了这种技法,但是后来到了阿尔勒,芦苇特别适合做笔,他使用芦苇笔的技法就非常高超了。芦苇笔划过时,会留下带有偶然性的墨迹,不像现代铅笔那样精巧。安格尔使用现代铅笔,画出来的素描极为精妙,极为细腻。而温森特仍想要重新找到粗放线条的老路。

自不待言,使用这样原始工具,就促使他减轻画面,仅仅抓住架构,他在一个至关重要的见解中,向我们讲了为什么如此:"然而,我还是尽量不表现过多的细节,因为,过多的细节能抹煞幻想。假如特斯提格或者我弟弟问我:'这是什么,是草还是卷心菜?'我就回答:'我很高兴,就连你们也分辨不了。'"

在温森特的全部书信中,这句话是惟一的,他讲出自己的目的:通过未完成的作品,通过暗示,引发幻想,引发视觉幻想;自由的线条断断续续,留下空白,让目光沉浸其中幻想。他的全部艺术就在这儿,他同时代的人势必难以理解。甚至与他同时期的现代画家,能看出这种创新的革命意义的人，也屈指可数。况且，他们就算像毕沙罗那样有慷慨大度的眼光，也只是猜测到这种意义，未能置一词称赞。

温森特采取这种态度，就势必将重心放在架构上，而惟独架构，能用简单的线条抓住，通过暗示来表现。温森特经常提到萦绕在他心头的架构一词。

这样，我们就最能接近抓住他的意图：他朝这个方向不断地进取。温森特要以这种形式引发幻想，并且得以表现他专爱的一种现实主义。这种架构图，因原始工具画线条所留下的偶然墨迹，就能允许想象力驰骋，只因这种构图部分未完成，甚至在一定程度上可以说有点儿"乱套"；他就是要打碎过分明晰的意象，不让视觉沉浸或滞留其间、迷恋并坚信过分明确的形状。这样理解的素描，其方法将传递给油画，打开暗示的无限之门，给予视觉更多的而又不容易立即处理的信息。头脑大量侵入这种始终暧昧的信息，自然要浮想联翩，这便是温森特探求的目的。

要达到这种结果，就必须勤奋练习，以便能运用线条的芭蕾"讲述"一处风景：线条飞舞，有些密集，有些松散，有长有短，有倾斜，有竖向，有横向。这是一种书写主题的方式，只保留其基本架构。"素描画有点儿像书写的艺术。在教孩童书写的时候，首先就感到这是不可能的事，认为永远也达不到；看到小学教师写字那么快，就显得很神奇。尽管如此，花了时间，最终总能学会写字。"

至于内容，至少在目前，温森特脱离了他一直不远不近跟随的海牙画派。在整个所谓"荷兰时期"，一直到他父亲去世，他的目的始终如一，停留在道德的层面上，沿袭他那未果的牧师和教士生涯的线路。他两次说明了这个问题。他谈起一个因用力翻地而弯腰的农民素描："我看出一点儿他让人联想的事，这便是：'你吃面包要靠你额头的汗水。'"他在别处又重复了同一思想："我更喜欢看翻地的农民，觉得他们在天堂之外更美，我的意思是说，在翻地这儿，我们越发关心这句严厉的告诫：'你吃面包要靠你额头的汗水。'"

经常称为"荷兰时期"，在我们看来命名不当。因为，这个时期并不是同地点，而是同一段时间连在一起，即提奥多鲁斯牧师去世之前那段时间。这些十分暗淡的画作，跟普罗旺斯那里的绘画形成极大的反差，是一段时间，而不是一个地点的产物。这些人物都身披暗影，刨起地里的土豆，这些从地狱里出来的面孔，在画家面前摆姿势，仿佛生活在黑暗中，或者煤矿井里，这些面孔如果不是表现忧伤、温森特的负罪感，那又是表现什么呢？他说，一种悲惨的痛苦。难道荷兰从来就不出太阳吗？显然早就打定了主意。牧师之死，才给了这种涂黑之解的钥匙。等这位父亲的面孔消失了，温森特的调色板就会明亮起来。

16 德伦特地区

一八八三年九月十一日夜间，温森特抵达霍赫芬，到了荷兰东北部德伦特地区，临近德国边界了。他在这里逗留到十二月五日，将近三个月。这是荷兰最偏僻、最落后的地区之一，温森特不会在这里安家落户。我们只看到了三十余幅习作，其中素描在给提奥的信中都列举了，还有这个地区的几幅水彩画和六幅油画。他在德伦特的作品，即使散失了许多，这对一个平时拼命工作的人来说，也还是太少了。

这段逗留期是总结的时间，总结他的过去，他最近同"自己人"一起生活的失败。从德伦特寄出来的书信，内容很广泛，充满有见识的分析和令人神往的景色描绘。温森特没有多少物资可供使用，他住在小旅馆里。提奥寄给他的钱，主要用来偿还在海牙的欠债。因此，他没有像样的饮食，也买不起他画油画所需要的奇贵的管装颜料。"一块乡村面包和一杯咖啡，我在小旅馆就吃这些……"要挺一天，吃得也太少了。

他同一个女人共同度过的这颇长的阶段，不管好年头还是坏年头，也不管他的诽谤者愿意不愿意，身边总有这种感情的关爱，总有他向生活敞开心扉所需要的这种肉体欢爱，经历了这样阶段之后，离别就特别残酷，再回到从前的孤独生活就很难了，尤其难在两个孩子上，特别是"那个小家伙"不在跟前了。"提奥，每次望见欧石楠丛中一个可怜的妇女，怀里抱着一个孩子或者紧紧搂在胸口，我的眼睛就湿润了。在那女人身上我认出她的形影，尤其看那虚弱的身体和破旧的衣裙，就特别相像了。"温森特从德伦特寄出的第一批信就表明，他在那偏远荒凉的地方，陷入了惶恐的绝望。"这就是我想要表达的意思：我再也不能接受这种离别之苦……"

　　不过，提奥和家里人松了一口气，感到宽慰了。提奥多鲁斯牧师还寄点儿钱，在一定程度上，关系开始和解了：得知温森特既同那女人分了手，又去了遥远的地方，大家都很高兴……

　　温森特确信，"自己人"又走上卖淫的老路，提起她时总是很严厉。因此他承认，他尽管痛苦，离开她还是做对了。

　　这个荒凉、萧飒而又不失为壮观的地方，开头还挺投合他的忧伤。温森特又去新阿姆斯特丹逗留数日。在辽阔的天空下，那是个黑色地方，布满泥炭、沼泽和水渠，人烟稀少，住在土坯茅草屋，房盖低矮，几乎接触地面。德伦特地区很迷人，但是气候冷，入冬时节，太阳早早偏西，这不免引起温森特的敌意：他很快就不能到户外写生和绘画了。

　　"一片平坦而广漠的黑土地，一望无际；天空完全赤裸，满目丁香花那种晶莹的白色……显得黑土地还要黑上几分，赛似炭黑……而且一片凄凉，覆盖着欧石楠和永世在腐烂的泥炭。"在这茫茫无际的地方，温森特说人与畜就如同跳蚤，他观看过在河渠的小船上的葬礼。至于民居，里面"像洞穴一般漆黑"，没有"隔板隔开牲口棚和居民卧室"；人和畜完全杂居，就像在新石器时期一些大草棚里那样。

这些景物唤起他某种音乐，最终将给予他宁静。夜晚或者雨天，温森特不停地写东西。他又回顾阿姆斯特丹那段时间，带着几分夸张的语气承认，他那是亲手筹备自己的失败。

难道我疯啦？他回想遭到欧也妮·卢瓦耶拒绝之后漫长的游荡，不禁叩问自己。回答也许能让他终身受益："我努力又努力，可是白费劲，一事无成。不错。然而，我有固定的念头，必须回到正常的状态，我从来没有把我本身混同于我的所作所为和绝望之举，混同于我的痛苦和磨难。"

温森特的"疯癫"始终是个谜团。真疯，神经错乱，当然不是。看他分析，研究，头脑清晰，孜孜不倦地探索，引述整个艺术史，就不可能同意疯癫的论断，以后我们还要谈及。

一个令人惶恐不安的消息传来：提奥告诉他，自己在古比尔公司的职位又不稳了，于是打算动身去美洲，创建一家艺术品贸易公司。温森特这一惊非同小可。如果提奥走了，他该怎么办呢？提奥首先写信说是要去东方国家。继而，这条消息让他忧心如焚，他向提奥建议一种解决办法：不要去美洲，前来同他会合，兄弟俩一齐成为画家！在绘画史上，不是已经有著名的兄弟画家吗？范埃克（Van Eyck）兄弟、范奥斯塔德（Van Ostade）兄弟，还有像龚古尔兄弟那样著名的兄弟。温森特又重温梦想：

创建艺术家团体，大家在经济上相互支持，精神上相互鼓励。

他兄弟二人一同绘画的念头，很有可能像范埃克兄弟那样多产，但是鉴于经济状况，则不可能实现。等待靠不住的售画，他们怎么能维持生活呢？还有一个念头让温森特担忧，就是他选择由他兄弟资助的这条路，便阻止提奥尝试艺术创作之路。温森特把弟弟吸引过来，不让他远走他乡，自己也就释去负罪感。提奥应该成为画家，温森特能教他学会自己摸索多年才掌握的速成法。

提奥最终拒绝了：按他们现在的状况，这种办法至少是不可思议的。况且，提奥说他不是艺术家。温森特反应强烈。在他看来，谁也不能回答这个问题——我是艺术家吗？——除非走到底而成为艺术家。艺术首先是意志，是魄力问题，而不是天赋的问题。他背负着"绝对笨拙"的行囊所走过的路，就是这个问题的明证。在这方面，他同意巴尔扎克的观点：巴尔扎克在《贝姨》和另一些作品中，对这个问题有极其深入的思考。可能成为"艺术家"者，正是准备冒此风险的人。温森特似乎要表明：艺术家不是天生的，而是后天变成的。

提奥拒绝温森特的提议，便结束了这场讨论，但是他推迟了行期。在此期间，又传来另一条消息："自己人"没有重操卖淫的旧业，她当了洗衣工，以便养活她的两个孩子。可是温森特本人，在写信期间，确信是相反的情况，听从了提奥的论证，这便发生了大地震。这一消息将在兄弟二人之间，造成一条久难弥合的裂痕。如此看来，"自己人"并不像他在家人和提奥的压力下所说的那么坏。她同温森特相处之后就改变了，决心不再重蹈从前的恶习。得知这一消息，温森特一时心乱如麻。他想到两个孩子，想到他们的生活，在没有他的情况下不得不自谋生路。负罪感侵袭他的心头，将转化为喷向提奥的怒火。

兄弟俩这样造成不信赖的境况，提奥又不放弃前往美洲这样的念头，而温森特不得不偿还余下的欠债，还不到三十一岁身体状况就堪忧，凡此种种迫使温森特重又打算回到埃滕父亲家中。那样他花费减少，又能有像样的饮食。

温森特头脑是清醒的。他在海牙和在德伦特，提奥两度险些丢下他不管。他知道自己还要不断取得进展，还有一长段学习之路。完全指望他弟弟，这未免太冒险。回到埃滕，食宿免费，生活不花钱，他就可以尽快摆脱债务。他要卖作品也不是明天的事。他必须争取时间，韬光养晦。

提奥的美洲之行计划，再次让他不寒而栗。在温森特的一生中，钱的问题占了特殊的位置，永远也不要忘记这种持续不断的惶恐，每个月都折磨他，自然不会消除他对待现实的冷静态度。

再说，待在德伦特干什么呢？"为我一个人租一幢房子？这就太凄凉、太孤独了。人就需要自己的周围骚乱一点儿，以便激发工作热情，打破停滞的状态。"总之，这个令人忧伤的地方，如果说很美的话，他却感到不是在自己的家园，当地居民排斥他，把他"看成一个疯子，一个杀人犯，一个流浪乞丐，等等。在一个偏远的地方"。

由德伦特引发灵感的画作，也同样没有给他留下深刻印象。他没有画室，在这里的习作不如在海牙的习作深刻，他在海牙总要探究画作所提出的问题。他的油画还是那样堆积颜料，但是我们立刻就能看出，构图好多了，更加统一，更为紧凑，趋向一种目的了。温森特成为艺术家了。

在这黑色的地方，在这世界边陲的阳光下和压抑他的忧伤里，他的调色板又暗淡了。当地人躬身向大地，为挣面包而吃苦；他们黑色的房舍线条柔和，房顶巨大，都蜷伏在暗影中，犹如只看得到脊背的远古野兽。温森特画得笨拙，缺乏技法，可以说一目了然，但是，已经有了一种仍然隐蔽的、微茫的表现力，一种要表述的强大意志。他画风景和这河上吊桥的水彩画，倒是非常成功，表明笔法真正圆熟了。温森特若是顺从特斯提格的意愿，满足于做一个受好评的地方艺术家，这正是一条容易的路，他本可以卖出画得很好的迷人的作品。

在德伦特逗留的日子表明其局限性。必须离开，况且天气太冷，不能在户外作画了。

温森特回到纽南（Nuenen）父母家之行的念头，一点儿一点儿透露，好让提奥逐渐有个思想准备。提奥最后一封信表明，他的心未死，还打算离开古比尔公司前往美洲。在温森特的思想里，提奥的解决方案也许接近尾声。于是他决定动身，只想在父母家小住一段时间。

他的行李和大量习作素描，都寄存在他的旅馆老板斯科特先生家中：在新阿姆斯特丹时，斯科特先生的女儿们喜欢跟温森特玩耍。下雪了，又刮着大风。但是他一旦决定离开一个地方，这种情况从来就阻挡不了。他向店主一家人告别，便上路了。他还病着，全身淋透，在这有敌意的荒原徒步要走六小时，才能到达火车站。

然而，他再也没有回到德伦特，作品抛弃在那里不管了。他的卧室兼画室一直关闭。岁月像夜幕一样，降临到这段插曲上。斯科特家的女儿们每逢圣诞节，就拿一幅温森特的习作送人，并且习以为常；后来有一天，大女儿左维娜·克拉西娜将全部画作塞进火炉里……德伦特地区的作品，只留下来温森特保存的那些幅，后来受到提奥的批评。斯科特一家，是惟一每逢圣诞节能赠送梵高真迹给别人的家庭。

17 纽南、《圣经》和"生活的乐趣"

温森特大失所望。这次回到父母家，是一个开始失败的信号，又重复从前的失败。两年之后他又回来，形同流浪汉，两年间只挣了特斯提格买的一小幅素描的钱，以及阿姆斯特丹的科尔叔父要的那组画的钱。父母疑虑重重，他们犹豫让他留下来：纽南这村子很小，什么事儿大家都知道，而且多数是天主教信徒。温森特以其无情的幽默指示："家里人接待我犯犹豫，就像犹豫要不要收留一条皮毛乱蓬蓬的大狗。这条狗爪子湿漉漉的就要进屋，而且，浑身的毛特别蓬乱。它要妨碍所有人。它还汪汪大叫。总之——它是个肮脏的动物。"

他说来这里是要寻求点儿平静和依靠。不料形势很快就变得难堪了。他父母当初在凯特·沃斯的事件中所持的态度，为什么丝毫也没有改变呢？为什么他们不承认自己的过错呢？他遭受痛苦的折磨，生活困苦，这些本来是可以避免的。温森特忘记了他当时既探索艺术又寻找女人，是

"自己人"改变了他，给了他所期待的情爱、温存和性生活。如果没有打开这扇门，没有这样了解女人的《圣经》，那么他在作品中，对生活又能表现出什么领悟呢？

然而，他固执己见，希望父母当众认错。气氛沉重起来。这个家族所有成员跟所有成员通信，远在巴黎的提奥什么情况都了解，他也不禁恼火。温森特受到家人接待，他还要怎样呢？从前的一场冲突，如今又挑起来，温森特亲自给出理由："至于我，问题一下子放下，我可做不到，还得接着考虑，在别人认为已经解决之后，往往还要考虑很久。"像尼采那样，一个"反复咀嚼的人"。

父子二人进行一场对话。他们两个谁都嘴硬。温森特后来说牧师"不近人情"。温森特在争论中不会取胜："爸当即回答：'你还异想天开，让我跪到你的面前吗？'"

父子之间决裂的结论越来越强硬。温森特和父亲的性情水火不容，这被认为是命中注定，无法挽回的。毫无疑问，这正是温森特在这场新的对质中所寻求的结果。他到父亲的荫庇下是不得已的权宜之计，接受这种主意，然后离开，以便脱离父亲的阴影，另图安身立命。他谈起父亲时写道："老实说，他从来就没有考虑过，父子关系是怎么回事。"

这种确认还将超越父亲，扩展到整个家族：正像这个家族抛弃了他那样，这条"皮毛蓬乱的狗"也抛弃了这个家族。"在性格方面，我跟家族的许多成员差异很大，归根结底，我不是一个'梵高'。"我们理解他在画作上，始终坚持签署"温森特"，从来不用"梵高"，就好像他这名字是真正的姓氏，总之变成他的生身之父。

他对提奥说，如果他也像"梵高"一样行事，那么"我们的道路就会相差太远，再维持现存这样的兄弟关系，我认为就不适宜了"，此话一出，影响可就深远了。风雨欲来之前，温森特总要先讲出这样一句话，经过反复咀嚼；继而再一重复，也就发作了，伴随着真正的怨恨了。

提奥不满意了，现在他父亲上了年纪（刚刚六十二岁），而温森特不该这样对父亲不依不饶。他指责哥哥这种卑怯行为。温森特进行辩解，他同父亲仅仅是话语交锋，从未有过粗暴行为。

这场论战持续了两周，温森特终于厌战了，他向父母宣布打算走了，因为他到家以来，事情毫无进展。看到儿子要走，担心他走向新的灾难之路，牧师终于松动了。父母决定允许他将一间杂物堆放室收拾出来做画室，他可以住在牧师的住宅里。凡·拉帕尔写来一封信，劝温森特留在父母家中，以便专心致志绘画。提奥也介入了，表示了同样的意思。

就这样，温森特将旧水房改成了画室，然后他又回到海牙，取回自己的物品。他的习作、临摹、素描等等，都打包托运到纽南。他也抽空儿去看望他的朋友拉帕尔，尤其去看望"自己人"。

"我完全明白，不可能重新开始这种尝试了。尽管如此，我也不希望装作不认识她。"他从海牙寄出的一封短信中写道。接着他又补上这样一句尖锐的话："我希望爸妈明白，怜悯的界限并不在社会所划定的那里。……我在她身上看到一个女人，我在她身上看到一位母亲，我认为任何一个无愧于这种称号的男子汉，只要碰到机会，都应该保护这样的人。

对此我从来没有感到耻辱,而且永远也不会感到耻辱。"

"自己人"不仅没有重操卖淫的旧业,而且还干活,处于穷困状态;至于温森特百般照顾的那个"小家伙",那状况很凄惨。这次重又见面,唤起温森特千百种记忆,"自己人"也是同样。"自己人",就是《索罗》,就是给他做过模特的女人,就是睡在他身边的女人,他的这段经历,如同生活送给他的一份厚礼。温森特在德伦特时,远远望见泥炭地里的妇女,以为看到了"自己人",不由得流下眼泪,他这种深情再次表达出来。"我们彼此的感情依然存在,只因这种感情扎根极深,基础特别牢固,不可能突然泯灭。"

不过,这种深情很快化作怒火,喷向提奥。在这件事情上,提奥依仗他的钱,难道充当"梵高家族"挥动武器的手臂吗?提奥还是他兄弟,绝对可靠的朋友吗?

于是开始一个长时间发火的阶段,狂怒,有时在信中指责提奥,言词特别激烈,有些段落就被涂掉了。有的信缺了开头,有的信则少了结尾。这些段落是谁毁掉的呢?提奥吗?或者在提奥去世之后,他妻子约翰安娜·邦杰干的吗?温森特回到纽南,写了一封信,宣告一场雪崩。

"昨天夜晚,我回到纽南,要一吐为快,立刻从心里掏出我要对你说的话。

"……我对你的看法,不再跟从前一模一样了。这是因为现在我更加了解,你和其他一些人,你们就是希望我离开她。

"……要知道,这个女人行为很端正,她在做工(主要是当洗衣工),

以便抚养她的两个孩子,可见她虽然身体十分虚弱,还是尽到自己的责任……而可怜的小男孩,当初我当作自己的儿子照顾他,已经不是原先那样子了。

"至于我们的友谊,兄弟,现在已经大大动摇了。

"我已经有机会对你说过,再向你重复一遍我在这个问题上的想法:要知道事关一个生病而被遗弃的可怜人,我们一直能做到什么程度:一直到无限。

"反之,我们的残忍也同样可能无限。"

最后,一八八三年年底,给了这样结束痛苦的一击:"至于你的钱,你应该明白,兄弟,这给我带不来喜悦了。"

"自己人"事件的反复,将导致重新估价温森特和提奥之间的契约。首先,明确这样一点:"我事先声明,我决定和她共享属于我的一切,而你的钱,我只有在毫无顾虑地看作我自己的财产,才愿意接受。"他这样讲,哪怕提奥断绝给他的资助。

即便他什么也没有了,就算是吧!他照样用这种高调结束这封信:"须知凡是不损害别人的事,我认为都可以做,因为尊重自由是我的责任,而且显然,我拥有这种自由的绝对权利——不仅仅我,在我看来,每个人都一样——我是说,这种自由构成我们必须保持的惟一身份。"

面对这样一顿训斥,提奥干脆做小伏低,他在回信中寄去了钱,并寄语他对一八八四年的祝愿!

我们不要过于责备提奥,他那中间调解人的处境并不容易。再说了,也毫无迹象表明他没有自己的理由，甚至没有道理。提奥不是引导过温森特，让他走出在绘画领域外省色彩太浓的荷兰，到巴黎去吗？温森特一离开博里纳日，提奥不是要他去巴黎吗？正是温森特一直拒绝。不过，时光越流逝，提奥心情越沉重，眼看着他信赖的这位兄长深陷在毛沃、伊斯拉埃尔斯，甚至米勒的垄沟里，深陷在一种如此昏暗的绘画中。

我们了解温森特，他接到汇款，如果说还表示感谢的话，眼下仍然要彻底澄清。

然而出了一个意外，推迟了这种争论。他们的母亲下火车不慎，关节下面紧接的股骨折断。温森特正在一户佃农家作画，赶紧叫他去找来医生接骨。当年的医术不会给人多大希望：母亲半年完全不能动弹，后来走路也吃力，一条腿比另一条腿短了。真是一场灾难。

于是，温森特时刻守在身边，尽心护理母亲。家里有个强壮的男人，这是她的幸运。温森特这条"皮毛乱蓬蓬的狗"将赢得所有人的赞赏和敬重。这位母亲，是他绘画的启蒙者，但不是总能理解他这个画家。后来温森特说，她不大能接受在艺术上拒绝妥协。不过，她对儿子做的事儿感兴趣，随便画点儿什么都让她开心。温森特正是为了母亲，画了纽南小教堂那幅名画。

提奥写信来，提到在巴黎举办的马奈画展。温森特问提奥都看到了什么。他说："我一直觉得马奈的作品很独特。"但是他没有左拉对这位创新画家的那份热情。接着下了结论，足以让提奥大跌眼镜："……在我看来，这位主要是现代倾向，给许多画家打开新境界的画家，不是马奈，而是米勒。"

父亲很高兴有温森特在，能把母亲从一个地方抱到另一个地方，逗母亲开心，父子关系也就改善了。他们商定，牧师免费提供儿子食宿，一直到他还清海牙的欠债。提奥每次汇来的钱，就拿出一部分还债，时过不久，温森特就可以宣布，去年的亏空填平了。可是，他又急忙补充一句："……我坚持认为三月份之后，我再收到你的钱，是作为我挣到的钱了。"

温森特想要解脱出来，丝毫也不亏欠提奥。他要从一种兄弟关系转为画家与其经销商的关系。他们的关系应该变成职业性的，供货者跟经销者的关系，这就讲定作品属于提奥。

提奥的资助，不应该是一种恩赐，而温森特一想到恩赐就极为反感。这种资助是一种薪酬的形式，换取作品，不管温森特的行为如何，提奥都不应该充当审判者。

此外，纽南村的居民什么事都知道，问他为什么不卖他所作的素描，他们的言论刺伤了他；至于家里人，大家都把提奥汇的钱视为对一个可怜先生的施舍："我觉得这次，牵连到了名誉——因此，要修改我们的契约——或者断绝关系。"

他们的关系越来越紧张。还远远想不到埃皮纳勒①印刷的彩图。温森特不再接受事物的旧状况，提出一种不让步的总估算。提奥是商人，他为什么那么一直消极呢？"直到现在，你什么也没有卖出去——不管是高

---

① 埃皮纳勒，法国东部城镇，孚日省省会。十八九世纪，该地以民间彩图印刷闻名，世称埃皮纳勒彩图。

17 纽南、《圣经》和"生活的乐趣"

价还是廉价——说穿了吧,你就从来没有试过。"

他重又提起话头:"我必须摆脱这种局面,提奥。我信赖你,结果始终处于几年前的状态。你现在说我的作品:'差不多可以卖了,但是……'又是一模一样的话;当初我从埃滕给你寄去头一批布拉班特人物素描时,你就对我这么说过。"

在纽南居留期间,他的头脑一时特别清醒,又抛出这样的话:"既然我会弄明白,因为接受你的钱,我就丧失了售出的机会,那么我们就应该废除合同。"

提奥·梵高是维护他哥哥的最佳画商吗?难免令人怀疑。的确,面对偏袒的指控,如何辩解呢?而且他在巴黎是行家,是印象派画家的经销商和朋友,怎么同时又资助一个默默无闻的绘画学徒,几乎等于白扔钱玩呢?那学徒见到海牙画派那些小名家,把他们个个看成是天才!温森特还没法跟他兄弟比,提奥接触的那个绘画世界,他连一点概念也没有。

提奥没有明确表达出他的思想,他太了解哥哥了。他知道一旦表达自己的想法,温森特就会进入一种无法预料的恼怒,会找出上千条论据来自我辩解。提奥一点一滴地透露,好让他哥哥保持独自决定的印象。然而,过分就是过分,既然温森特要把问题转移到专业领域上来,提奥就谈谈绘画。他认为温森特的画作"过分黑暗",缺乏色彩,缺乏技法,他向哥哥谈起印象主义画家。可是,温森特甚至不知道是怎么回事。最好的估计,他还停留在对米勒的赞赏。提奥说他"不可思议,走上一条荒谬的道路"。谁能买这种画呢?

温森特早就受到这种批评，在他看来"就像一种毁容的浓硫酸"。但是他不退让，又把冲突转移到政治领域。提奥拒绝卖他的作品，是由于他们的社会观点，甚至社会主义的观点不同吗？他不感到羞耻吗？重又争吵起来。提奥和他不是站在同一个营垒。温森特提到德拉克鲁瓦①那幅名画《自由引导人民》。在一八四八年巴黎起义的时候，提奥就会站到基佐②和朝民众开枪者一边，而他，温森特，则会同米什莱和起义者站在一起。

"不管怎样，"温森特写道，"我呢，我采取了立场，如果你认为自己可能做到不左不右的话，那我不客气就要怀疑了。"

这场同提奥的冲突，由他与"自己人"分手的后果引发，将要持续一年多。气恼、狂怒、关系降到冰点、威胁，乃至决定断绝关系，只是没有实施，这一页一页极其严峻，犹如温森特在一些自画像中所显露出的那种冷峭的共鸣。读这种共鸣也能衡量出，他在争论中那种激烈态度，该让他的对话者多么受不了，因为他不断地重新提起，直到所有话说了又说，重复好几遍。不错，他那境况是不堪忍受的。最终不会决裂，在这个家族连结他们的关系太牢固了。

这个时期，温森特正画在家里干活的织布工人：他们有妻子帮着摇纱，完全受巨大的织布机的控制。温森特拿这些被机器碾碎的苦难者，去比较

---

① 德拉克鲁瓦（Delacroix, 1798—1863），法国画家，浪漫主义画派领袖，也是印象主义和现代表现主义的先驱。他是色彩大师、深思熟虑的创新者。《自由引导人民》是他的代表作之一。

② 基佐（Guizot, 1787—1874），法国政治家，曾任外交部长，一八四七年任总理，因反对选举并坚持政治保守主义，于一八四八年二月二十三日被迫下台。

17 纽南、《圣经》和"生活的乐趣"

博里纳日的矿工。每周夫妇二人要干六七十小时，收入微薄，干的是一种辅助的活儿。温森特认为找到了一种令人感兴趣的题材，极少被人画过。他立志做一个社会画家，在这里尤为彰显出来。他画了大量的素描、水彩画、油画。除了社会和人性的一面，裹在机器中的织布工人，就好像被一只章鱼缠住，显然是温森特自身的写照：他也陷入同样的厄运，即被提奥的钱套住的这种陷阱。

"其实，我将织布工人的身影安置在这里，只是为了表达这层意思：您瞧这黑乎乎的庞然大物，镶着这么多板条的脏兮兮的橡木架子，在暗灰色的背景衬托下显得很突出，于是您会说就在这儿，在这种环境中，有一只黑毛猴子，或者一个地精，或者一个幽灵，从早到晚弄响这些板条。"

不过，还是有一束阳光，照进这个极为昏暗的时期。母亲养伤康复了很长时间，玛尔戈·贝格曼经常来帮忙护理。她已经四十岁了，还跟妹妹们生活在父亲雅各布·贝格曼的家里，姊妹几人都未出嫁，受到父亲的虐待。雅各布·贝格曼是梵高家的邻居，他经营一家小型纺织厂。玛尔戈来帮助受伤的梵高太太，认识了温森特，一起长时间散步和交谈，痴情地爱上了他！这位金发荷兰女郎，有一双蓝眼睛，人很活跃，是他父亲的好帮手，还从来没有结识过男人。

温森特那么渴望爱情，对这个即使比他大十岁、却无比温柔的女人，他能无动于衷吗？显然不能。时值一八八四年夏，他有一年未近女色了，除非他去过几次艾恩德霍芬，也许有过嫖妓行为；不过，他在信中丝毫也没有透露，而他写信很容易谈他的生活琐事，包括这个话题。

在海牙和"自己人"共同生活之后，这种确定无疑的缺失，在贯穿他从纽南寄出的书信的孤寂忧伤和狂怒中，就能感受得到。温森特拥有生命的一切必备条件，但是他很不幸。现在有一朵鲜花肯为他开放。他这阶层的一位女子，第一次爱上了他，而且是相互的。

他没有立即告诉提奥，只是在信的末尾提了一句，表明了他的心态。"我给你写信相当快，是要赶紧工作。早晨我经常很早就工作，或者在傍晚，在这种时刻，一切往往美极了，美极了，都难以形容。"在纽南，是什么突然让温森特感到如此幸福呢？数月之久，沉浸在虽然无辜，但令人讨厌的哀伤中，这句充满阳光的话未免来得太突然。自从他爱上了欧也妮，大家知道他是怎样体现他的爱，将他的快乐扩展到整个大自然。

随后一封信也同样欣喜，忆起提奥所去的伦敦一些街区"异常迷人"……接着，他说看见过"收割后田地上灿烂的落日"。幸福的温森特又浮出水面。

不料，接下来的一封信又痛心疾首了。玛尔戈·贝格曼企图自杀，在他们一起散步的路上昏迷过去。她吞了毒药马钱子碱，幸而剂量不足。温森特"担心得要命"，立刻送到她兄弟家，给她吃了催吐药，又去艾恩德霍芬请来大夫。病人经过诊治，转到乌得勒支住院观察相当一段时间，总算捡回一条命。

究竟出了什么事呢？贝格曼家一得知玛尔戈和温森特的恋情，便进行干预。玛尔戈准备嫁给温森特，可是她的妹妹们也都是老处女，嫉妒得要死，由父亲撑腰向玛尔戈开战，而父亲也需要玛尔戈操持家务和在工厂里干活。他们讲温森特的坏话，大家了解他和"自己人"那段过去的"污点"。跟这样一个人结婚不可能：他不仅可鄙，还靠他兄弟资助生活。玛尔戈什么也听不进去，她就是要结婚。温森特赠送给她一幅在海牙画的美丽的水彩画：《施文宁根的洗衣房》。贝格曼家向温森特建议，等两年再结婚。温森特拒绝了，他坚持要么马上办，要么就吹了。

玛尔戈心理脆弱，既忘不了温森特，又不能自主，无奈决定一死了之。温森特告诉提奥，他本来可以跟玛尔戈做爱，她是心甘情愿的，但是他说，多想想未来，为了让她在社会上能保持自己的身份，免受侮辱，他不肯给已经过于复杂的局面再添乱了。玛尔戈一苏醒过来，就明确说："不管怎样，我爱过了！就好像她赢得了一场胜利，就好像她找到了宁静！"他们的关系在事实上断绝之后，温森特还补充这样一句话："近日，我时常感到很忧伤，要抑郁成疾，无法忘却，也无法缓解这种忧伤，但是不管怎样……"

他所选择的艺术道路，再一次将他排除在爱情之外。他在给提奥的信中写道："听我说，我坚决相信，更准确地说，我确切地知道我爱她：那是很认真的。"可是，我们经常读到她爱温森特，而温森特并不爱她。看起来根本不是那么回事。况且，有一个标志，是骗不了人的：自从和玛尔戈相遇，他就再也不提"自己人"了。自不待言，这还不是对凯特·沃斯所感受的那种疯狂的爱。且不说凯特·沃斯引起温森特那么强烈的欲望，她还是个非凡的女子，既聪慧，又精明，又优雅。温森特并不掩饰颜面，这个事件一旦结束，他谈起玛尔戈时，还不乏幽默感："实在遗憾，我没有早些认识她，譬如十几年前。她给我的印象，如同一把克雷莫纳①造的小提琴给我的印象：很可能让二把刀的修琴师给毁掉。"这并不妨碍他爱这把小提琴，不管修得好坏！

然而，还是家庭胜利了，玛尔戈的妹妹们得逞了。温森特不禁表达他的愤怒："这是什么社会身份？体面人宣扬的这是什么宗教？噢！这不过是蠢人蠢事，将社会变成精神病院，变成颠倒的世界——哼！这种神秘主义！"

提奥不胜其烦，遥隔千里判断这个事件，认为温森特再次在父母的周围制造不和，他重又成为感到气愤的哥哥的靶子。贝格曼一家人，现在躲避牧师及其家人，惟恐碰见可恶的"诱惑者"！牧师这个人，一点点小事就产生负罪感，对这事儿自然往坏处想。他儿子是他的耻辱、他的受难十字架。他虽然好歹看惯了温森特的奇装异服，不管容忍度有多大，有一天看到儿子乘车从艾恩德霍芬回来，身穿一套淡紫色服装，由他自己缀上那么多黄点，他还是惊诧不已！有一个打扮成小丑的儿子，整天在外面混，让所有人都瞧在眼里，这种念头把可怜的牧师折磨得精疲力竭。不错，温森特开始认真研究互补色和谢夫勒尔规律，如德拉克鲁瓦所处理的那样！黄色和蓝色，在他的画上配合使用，前途不可限量……

温森特在牧师住宅，觉得空间狭窄，又不舒服，难免各种争吵，就决

---

① 克雷莫纳（Crémone），意大利北部城市，伦巴第区克雷莫纳省省会，以制作小提琴而闻名。

定同他的家庭拉开一段距离。他租下天主教堂的圣器室管理员沙夫拉特先生的住宅一部分，辟为更加宽敞的新画室。儿子现在跟天主教的本堂神甫和圣器室管理员"交往密切"，这又给牧师带来新的耻辱。他母亲倒是一直关心绘画，让人推着轮椅到新画室，去看她儿子如何安置，画出什么作品。

他母亲的支持值得书上一笔。后来到普罗旺斯，温森特根据照片，给母亲画了一幅肖像画，又在《埃滕花园的回忆》中，也画了由凯特·沃斯陪伴的母亲。除了那幅牧师的素描，他没有给他的家庭留下任何别的肖像画：无论他父亲、他几个妹妹、他兄弟科尔，甚至提奥，谁也没有得到画上一幅肖像的荣幸。他曾渴望画他们，然而，他惟独画了他母亲两次，这并不是偶然的。

温森特要去艾恩德霍芬，到让·巴埃彦开的商店买管装颜料和绘画用品。他在商店结识了好几位业余画家，有的想当他的学生，有的要向他订购作品。其中有个叫赫尔曼斯的，从前是个金银首饰匠，温森特就给他做了几幅装饰版画。但是赫尔曼斯太吝啬，温森特还亏了本。他们之间的关系就逐渐疏远了。

不过，同安托万·凯斯马凯，倒产生几分友谊。凯斯马凯从前是皮草商，似乎有点天赋，他在一九一四年之前发表了回忆文章，当时温森特的绘画已经赢得全世界的认可。他对温森特画室的描述，证实了我们所了解的画家情况：在从不生火的炉子旁，有一大堆灰渣、两把旧椅子，在一个大衣柜里放了三十来个鸟巢，还有一些鸟的标本、散步时采集回来的植物、农具、旧帽子。另一位见证者讲述，在画室见过一大摞素描画，"高如一张桌子"，用石版画、铅笔画的，表现干活的农民。

凯斯马凯回忆温森特在散步时，如何用双手"框住"一处风景，然后眯缝起眼睛，以便只看见色斑。保尔·加舍也讲述在欧韦尔时，温森特往后仰头，半闭上眼睛，好能抓住一个绘画主题的主要成分。这种实践，他总向别人推荐。

他让学生做静物写生，督促他们画了五十余幅，以确保取得进展！

几幅油画证明他在风景画取得不容否认的进步，例如这条映照美丽光亮的秋天杨树林荫路。还有初寒时节，他画了许多幅静物，以便深入练习，还决定画三十多幅头像，结果画了五十余幅。他要学会画人面，尤其普通人的脸。村子里相当一部分人开始鱼贯出入他的画室。请模特必须付钱，可是温森特说，比较起教堂来，他更喜爱画人眼睛，长时间坚持这种难以看出效果的练习。

正如在海牙那样，他画了几十幅人面素描像，这次他要奋力画出同样数量的油画。他要独自学习，不得不重新发现在美术学校上几周课就能学会的技法和规则。这种基础练习排除任何探索，例如不能像他在海牙那样，在素描中探索线条的运用。眼下他发奋自学，一门心思要学会在画布上，用颜色很好表现人的面孔，他还明确指出，"要有性格"。探索以后再进行。他带着这种系统的思想，怀着这种我们所了解的强加给自己的责任感，开始了这一长期计划。

他画的这些面孔是作为画室的习作，虽然并未完成，但好多幅已经是

17 纽南、《圣经》和"生活的乐趣"

地道的杰作了，符合现代审美观。这些布拉班特农民的眼神、表情画得有力度，有启示，很鲜明，出神入化，我们看了惊诧不已，在这种似真又假的初学者的习作中，投入这么大力量和激情。这些作品早有定见，充满激情，往往很夸张，看得出受左拉启发的痕迹。这种练习有一个目的：温森特想要完成第一幅构图。

这些被打入地狱的面孔，就好像从黑暗出来的，酷似他们"靠额头的汗水"栽种的黑不溜秋的土豆。他们的面孔幽暗，往往是黑色或深色背景上的灰赭色、茶褐色和沥青色，温森特认为"很独特"，在一段时间以来，成为他偏爱的颜色。

冬季来临，温森特画了几幅雪景，而他的画室来了一批面孔又一批面孔。同提奥的书信往来，一直不愉快，或者明显带有敌意。一八八五年，将是温森特完全蜕变的一年；年初他给提奥写道："我几乎从未见过一年初始，景象如此黯淡，气氛如此阴惨；因此，我并不期待一种成功的未来，而是一种搏斗的未来。"

在这类创作中，一个农妇的面孔，戈尔狄娜·格鲁特的面孔很突出，她那聪慧的表情似乎挺讨画家的喜爱。格鲁特全家人都将给他当模特，他和他们相处融洽，无疑偏爱戈尔狄娜，经常给她画像，油画或者素描像，她也十分配合。后来有一天，温森特从他们家旁边经过，看见他们围着桌子在吃土豆。这正是他所寻求的群像的构图！三月份，温森特画出《吃土豆的人们》的第一幅草图，从而圆满完成他要做"一种为穷苦人的穷苦艺术"的探索和努力。

冬去春来，不幸降临他的家庭。三月二十六日，提奥多鲁斯牧师到灌木林里散步之后，回来倒在家门口，大概突发心脏病。温森特的妹妹安娜，让一名女用人帮着，力图扶起她父亲。父亲已经死了。赶紧去叫正在画画的温森特。温森特赶来。已经无济于事了。时值一八八五年三月二十六日，差五天就是温森特三十二岁生日了。这位父亲，温森特曾无限崇拜，后来又无比激烈地鄙弃，以便能走出自己的路，同时又口口声声说爱他，这位父亲不在了。这是温森特生活中的一次大断裂。他写信一向能迅捷地精妙分析自己的感受，这次给在葬礼次日就离开的提奥的信中，却只有寥寥数语。

"有些日子，我们会记得一清二楚，其实总的印象并不可怕，只是太严肃了。"

于是他得出结论："生命对任何人都不长久，惟一的问题，就是做点儿事情。"接着，他就谈起正在进行的作品。

在随后一封信中，他画了一幅"草图"，有一只花盆，盆中长着缎花，旁边是死者的烟斗和烟叶袋，死者生前常说到这种花。就是这些，仅此而已。后来，他仅仅以绘画的形式，在他的《静物：翻开的〈圣经〉》中，涉及到父亲之死的问题。

梵高家族的人都参加了葬礼，那是个沉痛的时刻。伯父们和叔父都来了，他们是温森特一次一次沉沦的见证者。同家族这条"癞皮狗"交换的眼色沉甸甸的。

葬礼之后，发生了一个令人难以忍受的场面，安娜带动几个妹妹，朝

17 纽南、《圣经》和"生活的乐趣"

温森特开火了。他在纽南，再也不能住在母亲家了。遗产问题……他要走人，自己没法解决。温森特走了，要住到自己的画室。"癞皮狗"被驱逐，夹着尾巴走了。我们明白，他的画作如果说从未署名"梵高"，这并不仅仅是因为这个姓氏外国人念不出来。他始终拒绝参加清点财产，这事委托给公证人负责起草文件。而温森特放弃他那份财产继续权，给出的理由是，他的生活方式没有得到他父亲的同意。

在他的家人和安娜激烈指责他之后，他记下这样一笔："好吧。你会理解：我不辩驳，只是耸耸肩膀；况且，我越来越不在乎了，由别人怎么想，怎么说我，随他们便，甚至想怎么对付我就怎么对付吧。"

温森特就这样宣告他生活和创作的新方向。就好像他父亲在世的时候，他还不能成为他现在这样子。那时他必须证明，他是苦难的儿子。

正是这个苦难的儿子，父亲主要品德的体现，随着提奥多鲁斯牧师死掉了，而另一个儿子，快乐的儿子即将生活。因此，在我们看来，《吃土豆的人们》不是这个时期最重要的画作，而是《静物：翻开的〈圣经〉》结束了这一漫长的"童年"，打开了随后的时期，成年的大门。

然而，温森特还没有走到那一步。他必须在画室栖身，付饭钱，不管饮食多么简单，还必须安一张床铺。他睡觉的条件十分艰苦，不肯住进他画室的大房间，那里更舒适，也更宽敞。他为何要惩罚自己呢？是因为他父亲之死吗？他不断地同父亲争吵，在他的思想里，这也许是他父亲的死因吧？是因为他们在法兰西"革命的"思想上见解不同吗？或者因为他的生活选择令人绝望吧？

创作的狂热牢牢控制他，绘画不可能停下来，也就等于花钱买绘画，他要从口里省下钱来，结果大大损害了身体。八个月这样生活下来，把他拉到深渊的边缘。这是安娜无情干预的头一个后果。从此往后，他在这世上只有提奥了，但是这能维持多久呢？

牧师之死重又拉近兄弟俩，书信的语气不一样了，他们之间又恢复几分从前那种热忱。

温森特又接着画布拉班特农民的头像，同时，为准备《吃土豆的人们》所做的素描也更加明确了。手的素描、动作的素描、物品的素描，都上了画面。温森特的绘画方法，远非业余爱好者可比拟。根据共识的形象，这位"疯狂的"、烈焰一般的画家，始终那么精确，那么按部就班，有条不紊。他工作程序，要一块一块分解画面，一个细节也不忽略。然后，他开始放在一起画，时而犹豫，时而重来，由于缺乏技法而遇到很多困难，但是，他以超凡的意志力，总能够进行到底。大约一八八五年五月初，大幅油画《吃土豆的人们》完成了。

一种迷幻的视象，拿弗朗索瓦·巴朗杰的话说，一种左拉式的表现主义的现实主义宣言。类似鬼脸怪相的东西，抛到世界的脸上，被打入地狱的人的"盛宴"，吃着大地最容易出产的食物，同时喝着被当作咖啡的黑汤子。没有天光，整个画面只有一盏矿灯似的油灯照明。像米勒吗？可是，米勒的农民是在大自然中，阳光直射他们的劳作，即使他们是在谷仓里干活；然而在温森特的画上，则是禁闭的昏暗的屋子，肮脏得令人恶心，一张张面孔赛似"土豆"，灰色的手，指关节粗大，我们倒是以为看到戈雅①黑色绘画残酷画面的再现,联想到那幅《两个喝汤的老人》:世界末日的面孔、掉光牙齿的嘴。

这不是接近大自然、吃着大自然赐予最好食物的农民的印象。田园世界丝毫也没有理想化,而是抛向世间的一种控诉:这就是你们这些有权有势的人,把其他身份不如你们的人所变成的样子。

"我在绘画的过程中,就是想要人产生这样的念头:这些普通人在灯光下,吃着土豆,直接用手从托盘里抓,土豆是他们亲手翻地栽种出来的;这幅画让人忆起劳动,并且暗示这些农民食其所食,完全是应得的。"

我们在这幅画上,重又看到另一种形式的《圣经》的诅咒;而这种诅咒,温森特在海牙画素描时,就已经萦绕心头了:"你要靠你额头的汗水吃面包。"他的农民食其所食,是"应得的"(这是何等供认啊!)。

这幅画既是社会批评,又是温森特吐露的心声。牧师去世了,看不到这幅画,但是儿子要以这种方式表明,他完全记住了苦难这堂课。尘世的生活,不过是一条流淌泪水的长谷,照不进阳光,除非自己创造光亮;也没有面包,除非靠努力和流汗挣来面包。

而且,灯光画得也很出色,温森特还从来没有表现得如此细腻。人物各自望着一个方向,他们之间好像不存在任何交流,他们尽管在一起,却始终孤孤单单。躯体、双手、面孔,无不夸张,而左面的这个人物脑门儿

---

① 戈雅(Goya,1746—1828),西班牙画家,以画民众生活和肖像画而著称。

变形，如同阿肯那顿法老①时期阿马尔奈表现主义艺术的那种技法。从天灵盖到下巴，脑袋的中轴线不再垂直，而是倾斜了。面孔大大拉长了，就像温森特从前孤立画的一些头像那样。

这幅作品也宣告了毫不矫揉造作或多愁善感的大画家的诞生。这幅画无比激烈，又无比"冷峻"。

画寄给提奥，显然找不到爱好收藏者。温森特将这幅画做成石版画，应当指出做工相当差，他给凡·拉帕尔寄去一幅。温森特的这位朋友也是画家，但是"优雅的"画家，反馈很快就到了。凡·拉帕尔的反应特别强烈，令人难以置信，表明这幅作品可能引起同代人反感到何等程度。拉帕尔不能容忍以表现力的名义，随意破坏各种规则。温森特把信重新折好寄回去。拉帕尔又试图挽回事情。徒劳。他们的友谊结束了。温森特完成这幅画，原以为能引起轰动，自己一下子出名。结果蛮不是那么回事儿。

他和他所称作的"当地土著人"，麻烦又开始了。在纽南，别人给温森特起绰号叫"红头发"，或者"蹩脚小画家"。这幅画要求他花费极大工夫，刚一完成，一条消息就在农户之间传开了：戈尔狄娜·德·格鲁特怀孕了，这个独身的年轻女人，温森特很喜欢，经常给她画像，还正面表现在《吃土豆的人们》的画上。是谁犯下了这滔天大罪？谁也不知道，但是

---

① 阿肯那顿（Akhenaton），埃及国王（公元前1379—前1362在位），阿孟霍特普三世之子，登基时称阿孟霍特普四世。在位第六年时，他把姓氏改为阿肯那顿，首都由底比斯迁到尼罗河东岸的阿马尔奈。阿马尔奈景色迷人，公馆别墅室内壁上有新型绘画。阿马尔奈的艺术风格多样化，有的柔和典雅，有的怪异奇特，画面给人以身临其境的感觉。阿肯那顿酷爱哲学和艺术，也是宗教改革家。

17 纽南、《圣经》和"生活的乐趣"

有人指控蹩脚小画家。本堂神甫立刻敲响警钟。他禁止他的基督教徒去给新教的画家当模特，还说会给他们礼品，或者补给他们温森特所付的钱。

温森特进行调查，并从戈尔狄娜本人了解到，谁是她孩子的父亲。好些农民不接受本堂神甫的钱，还是喜爱温森特的钱，即使要给他当模特。但是其他许多人不来了。牧师如同一种保障，只要牧师还在时，大家能宽容红头发画家的事，现在就不能容忍了。气氛变了，充满了敌意。没有模特了，没过多久，也没有画室了，只因圣器室管理员沙夫拉特应本堂神甫的要求，通知画家尽快搬走。

温森特面对新的困难，仿佛要给自己鼓劲儿似的，又这样重申："我的全部信念，就是献身艺术，因此我知道要在作品中表现什么，而且我会力求表现出来，哪怕是搭上我的性命。"

温森特画油画少多了，重又开始画素描。他未能重新投入油画的创作中，或因《吃土豆的人们》占去了他太多的精力，或因父亲去世他悲痛不已。他到户外画干活的农民。他看到纽南的钟楼和墓园毁坏，认为是一个世界的终结，便留下画幅作为见证。但是他的心已然不在了。他读了左拉的《萌芽》，又找回他在矿区的印象。于是他明白博里纳日和《吃土豆的人们》之间所存在的关系。

他在牧师去世之前就说过要去安特卫普，现在这个念头在他的头脑里明确起来。他要去看鲁本斯和别的大师的作品。他画油画取得巨大进步之后，就认为有必要去博物馆，再去行人熙熙攘攘的街上：对他来说，这种城乡轮流十分重要。

温森特同他的学生凯斯马凯到阿姆斯特丹参观三日,看了开馆不久、取代老博物馆特里彭尤斯的国家博物馆。他跟这位学生定了约会,等学生来的时候,他面对伦勃朗的《犹太新娘》已经坐了几小时了。他也去看了弗兰斯·哈尔斯①的一幅画,深入分析了画上二十来个步兵军官。现在他看什么都不一样,不再是绘画爱好者的那副眼光,不管是多么有天赋的爱好者,也只是看出作品的效果。此刻,他作为画家,就要追溯到作品的源头、作品的语言,抓住所采用的技法、相互搭配的颜色和意图之间牢不可破的关系。

而他温森特,有人刚刚指责他的《吃土豆的人们》一副"未完成"的面貌,也许他本人也怀疑起自己选择的这条路,他十分震惊地看到大师们所画的手,以及他们为了赋予生命而自由处理的那么多细节。"我尤其赞赏伦勃朗和哈尔斯所画的手,有生命的手,但又没有'完结',这要从现在强加给'结束'这个词的含义来理解;有些手,特别是在《制呢商会理事们》,甚至在《犹太新娘》和弗兰斯·哈尔斯画作上的手。而且头也一样,眼睛、鼻子、嘴,都是一挥而就,没有任何修改的痕迹。"

读了这段话,我们不免揣摩,他成功的运气之一,会不会多亏他是自

---

① 弗兰斯·哈尔斯(Frans Hals, 1581/1585—1666),荷兰肖像画家,生于安特卫普服装工人之家。他的早期作品,如《愉快的伙伴》(约1616—1617)、《快乐的酒徒》(约1628—1630),是欢乐生活的自然流露。从十七世纪二十年代起,他像西班牙的委拉斯开兹那样,从结构形式安排色彩,并采用粗笔触技法,这是他们二人的独门功夫。哈尔斯的特点还在于,用色彩鲜明的大笔触,直接在画布上迅速记下最初的感觉。这种即兴式的创作,既像速写,又是完成工作。他绘画的自由感日渐增长,进入创作盛期,画了百余幅肖像和六幅群像。晚年创作与世事关联,仁慈之心渗透他的艺术。

17 纽南、《圣经》和"生活的乐趣"

学者,只以伦勃朗、哈尔斯、米勒、德拉克鲁瓦为师。坚持同过去的创造者这样对话,比他上课收获更大,而课堂上讲这些大师的教程,都是经过他同代那种愚钝的教师仔细筛选过的。自学这些大师们的课程,他花的时间要长,吃的苦头更多,但是收获不可估量地丰富得多。

温森特回到纽南,重又感到要投入油画中,坚定地打算具体贯彻在阿姆斯特丹的所学所思。

然而,他重又陷入孤立状态,没有模特,只有他总有一天要直面的牧师的思想。他画静物和鸟巢:我们看到了,他在画室里有大批鸟巢。象征显而易见。这些鸟巢,不管空巢还是有鸟卵,形状扭曲,都已经死了,被抛弃了,首先就是他跟父母所陆续熟识的这些:津德尔特、海尔福伊特、埃滕、纽南。这一切,同他漫长的、过于漫长的童年一起死掉了。现在必须离开布拉班特地区,冲上大路,走向成年。迄今为止,不管怎样,即使同父亲发生冲突,而且尤其他同父亲发生冲突的时候,他始终处于他父亲的注视和影响之下。

现在怎么办呢?往哪里去呢?画《吃土豆的人们》,这是自从到博里纳日以来,自从下到矿井以来,一直让他保持清醒的固定念头。为了穷苦人的穷苦艺术。他没有取得预想的成功。现在怎么办?应当坚持这个方向,还是应当改变呢?

他阅读论述德拉克鲁瓦的著作,潜心研究谢夫勒尔关于色比的规律。"这是首要的,也是最重要的一个问题。"他要"弄明白人们觉得美的东西为什么觉得美"。还有这种见解,至今还总有价值:"这工夫,我满脑里还壅塞着色比规律。如果我们年少时就教会我们，那该有多好啊！"

提奥对他说得够多了，说他的画色调太黑，太昏暗。可见，彩色是条新路，在阿姆斯特丹看了伦勃朗和哈尔斯的作品之后，他又想到安特卫普的鲁本斯。鲁本斯，女性的红色和光艳之美的大师。

死亡在盘旋，穿越他生命的这一刻。牧师的阴影始终在眼前。必须毅然决然，告别他熟识的这个世界，告别他父亲，告别负罪和受苦的这种暗黑色。不是用话语或者再给提奥写一封信，而是用绘画，他的新语言。

他学习色比规律并去阿姆斯特丹参观之后，指出这样至关重要的一点："现在，我的调色板正在解冻。初始阶段的那种贫乏已经离去。"他说绘画也能进行得很快。他同样明白，地方色调，眼前所见的确切颜色，把人引向贫乏的死路，而许许多多的画家并不明白这一点，如今还在世界的所有蓬塔旺①那里作画。"自然中各种色调掩映的这种美，人们通过艰难的、照直的模仿而丧失了；若想保留这种美，就必须重新创造出来，即通过一系列并行的色彩重新创造美，而色彩并不必然准确，或许照实物相去甚远。"

画家的色彩只能是再创造，迎合一种近乎幻觉中的超前的需要，就像后来在阿尔勒的情景。这一点，他再次讲得更为漂亮："人想要师法自然，

---

① 蓬塔旺（Pont-Aven），又译阿旺桥村，位于法国布列塔尼半岛西端。一八八六年至一八八八年，高更到阿旺桥村作画，聚集了一批拥护综合主义的青年画家，如埃米尔·伯纳、查尔斯·拉伐尔、保罗·塞律西埃、查尔斯·菲利格、梅叶尔·德·哈恩等。他们抛弃印象主义和点彩主义，全面简化，追求色面和线条的一定凝炼和变形，色彩的运用和强烈的心灵性题材，具有高度的表现力。这些画家史称阿旺桥村画派。

17 纽南、《圣经》和"生活的乐趣"

开始精疲力竭也毫无成果,什么似乎都搞得一团糟。到头来,就从自己的调色板出发创作了,而自然就亦步亦趋地跟随。"

一八八五年十月,他终于准备面对牧师去世后一直压在心头的问题,于是他仗恃寻回来的这种自信,进展迅速,一下子就画出《静物:翻开的〈圣经〉》。

这幅画很迷人,是父子之间最后的对话,也是牧师和温森特之间越过坟墓的最后争吵。他几个小时就画完了,正如他向提奥指出的:他发奋工作开始收效了。

翻开的《圣经》,提奥多鲁斯牧师的《圣经》,大部头,皮草封面,镶有可以加锁的铁扣环,它赫然居于构图中央,像职责一般咄咄逼人;它放在阅览架上,翻到《耶西书》第53章上,等待它的阅读者。右侧立着一个烛台,上面的蜡烛已经熄灭,标志生命离去了。后面黑色的背景,像生命之谜一样黑暗,谁也永远把握不住的未来;而在翻开的《圣经》的前面,有一本小书斜放在阅读架上,那是左拉的小说《生活的乐趣》,就好像推荐给常翻看耶西先知的那个大人物阅读:这本书很普通,书皮已经破损,显然不止被人阅读,也常被人翻看,而那柠檬黄的书皮宛若一声呐喊、一束阳光,或者高出乐队的一声小号。黄色,就是生活快乐的颜色,这种颜色即将登上温森特的绘画,一直到黄色向日葵的画作上,一只黄色花瓶里,黄色背景上,这种黄灿灿的金子,即将闪闪发亮,向一八八八年秋天提供它最后的火焰,也就是高更到达阿尔勒之前,而且这已经是在多德雷赫特的克伊普美术家家族的金色,这种基本色一扫从前的黑色和灰色,宣告一个新世界——温森特的成年期。

黄色也是爱情之色、幸福之色、法兰西之色、法兰西思想之色，至少，温森特是这样看的。黄色是生命和阳光的纯金。黄色也是他父母把他丢在普罗维利寄宿学校，乘车走远的那辆马车的颜色。有上百次，温森特向牧师提议看看这本书，看看左拉、米什莱、雨果的这些法国书；可是，牧师跟他儿子一样顽固，拒绝了上百次。最后一次，儿子在这幅画中向父亲推荐。"你读一读《耶西书》，"温森特似乎对提奥多鲁斯说道，"你读一读这著名的预言：基督教会看到基督降临的征兆，但是你也看一看这些法国小说，这些书不是杀人犯或者不道德的人写出来的。"

"一七八九年宪法，"他在给提奥的信中写道，"就是现代的《福音》。"他所指的无疑是《人权宣言》，因为，一七八九年还没有宪法，那是两年之后才投票通过的。不过，这都无所谓。"读一读这件作品，读一读我是什么人，认了我吧！即使我与你不同。即使我们信奉的不是同样的座右铭。我存在。通过放在一起的书籍，我们两个都在这里。"然而，蜡烛熄灭了，火苗没有了，父亲的神思离去，进入黑暗或者上帝知晓的地方。无所谓！多亏了绘画，这对父子又将继续对话，永世煽动这种争论。这是儿子通过他的艺术，让父亲超越坟墓生存下来。

这幅《静物：翻开的〈圣经〉》，通过这种刺目的柠檬黄色调，指明了一种开端，而《吃土豆的人们》则标志一种完结。前者是温森特的创始之作。

这幅画完成之后，温森特的方法仿佛解放了，他调色板也"解冻了"。

17 纽南、《圣经》和"生活的乐趣"

到了十一月份,他首先画这幅出色的日暮《杨树林荫路》,开始运用画笔,既当作素描的工具,又当作画油画的手段。"现在,对我来说,没有比画油画更宝贵的了,用我的笔既画油画又画素描,而不必先用木炭条画草图了。"绘画开始有把握了,可以结合在海牙素描上的探索了,他对这种探索一直有所期待。在《杨树林荫路》这幅画中,树木、天空、阴影、全用不连贯色"线条"表示,就好像以后他还要加工。这种自由的笔触彰显出内心的巨大激情。

接着,他在牧师住宅的房后,画了一幅《四棵树的秋景》,令他本人都激动不已。这幅颤动的、明亮的油画解放了他。好了,他成功了,成为画家,像柯罗、米勒和他所赞赏的大师那样。"是啊!我从来没有像这样把握十足,自己最终能画出好作品,最终能计算我用的颜色,以便达到我所要的效果。"

他立刻跑到艾恩德霍芬,给他的朋友和学生凯斯马凯看这幅油画。朋友看了,激动的心情不亚于他。凯斯马凯觉得这幅画太美了,温森特一时冲动,他说一时"忘乎所以",没有署名就把这幅画给了他朋友。"画得实在好极啦!"凯斯马凯赞叹着收下礼物。温森特答应下次来时署名,他永远没有下次了。

他打算去安特卫普,到美术学院注册,以便完善他的技法,想在肖像画上发挥才能,以便挣到钱。然而,他要进入他生活的一个新阶段,再一次把他的作品丢在身后不管了。他对圣器室管理员说,他半个月就回来,原样丢下他的画室,再也没有跨进一步。他母亲叫人取走这一大堆油画、素描、习作，以及家具。可是，他母亲又离开纽南，搬到布雷达。温森特的作品也随着运到那座城市，由于没有地方存放，最后送到一个木匠家中。数百件作品，草图、素描，用流动小贩的小推车，推到市场上，几苏钱就贱卖了。这些作品毁掉了许多。有一些也是偶然找到。提奥收到的那些作品，总算抢救下来了。

在纽南的绘画，是温森特学习阶段的练习，因此他就丢下他认为不再重要的东西。这是争取时间的一种办法。每次他的一种生命死了，又开始另一种生命。眼下，他头脑里只有一个念头："至于鲁本斯，我强烈渴望看他的作品……"

18 安特卫普，鲁本斯的红带

安特卫普这个周期将采用一种小小剧本艺术的惯常的形式。不过，他也更好认识了自己："这里的情景，也许会像所经历的一切和所到过之处那样，我的意思是说我会失望，尽管这座城市很像样。再者，稍有变动总归有好处。"

温森特刚一到达，也不管天气多坏，冷雨下个不停，就开始散步了。他急忙赶去看鲁本斯的作品，到城里各个博物馆和古建筑物。不过，他先要大体上感受一下港口、街道、设施和人群。他离开的静谧的村庄，同这人群熙熙攘攘的港口一比较，差别就大得惊人。他用许多文字描述世纪末的安特卫普，表明他多么有眼光。

"只见弗拉芒水手，脸上洋溢着健康之色，宽宽的肩膀健壮有力，百分之百安特卫普人。他们站在那里，正在吃贻贝，喝啤酒，吵吵嚷嚷，闹闹哄哄；忽然，一个鲜明反差：出现一个小家伙，穿着一身黑，两只小手贴着身子，悄无声息，顺着灰墙溜过去……那是一个小姑娘，中国小姑娘，又神秘，又缄默，宛若一只小老鼠，小小的、扁扁的，又像一只臭虫。到了这群吃贻贝的弗拉芒人跟前，形成多么鲜明的对比！"

"……时而瞧见一个健康的光彩照人的烟花女，看样子像个正经人，一副天真快活的模样儿；时而又瞧见一张特别虚伪、特别阴险的面孔，让人害怕，就好像怕一条鬣狗。且不说那些让雀斑毁了容的面孔，煮熟的虾米色，小小的灰眼睛，黯淡无神，又没有睫毛，而头发稀疏，光溜溜的，猪毛色，或者略微发黄，那正是瑞典人或丹麦人。

"……我甚至坐下来，同一些姑娘说笑，想必她们把我当成船夫了。"

温森特在纽南肯定没有女人，他到这里，就如同一次远航的海员那样如饥似渴。在安特卫普，温森特经常去会烟花女。一个人研究鲁本斯的绘画，研究他表现女人裸体的方法和爆炸性的颜色，然后面对女人肉体，怎么能不融化呢？他有个问题萦绕于心。他在纽南所说的解冻，能否在安特卫普继续下去。他在等待托运的绘画用具到达火车站之际，就在街上游荡，参加舞会，在舞会搞搞速写，在水手酒吧喝酒吃饭，再同窑姐儿一起过夜。

他散步的时候，偶尔见到日本版画，喜出望外，买了好几幅。这种艺术，他是头一次在安特卫普见到，后来对他的绘画产生重大影响。其实日本版画，早就引起巴黎新画派的好奇和赞赏。那种自由的线条和着色、表面的天真，在版画上一目了然，能让人更容易质疑杰罗姆（Jérome）、格莱尔（Gleyre）、科尔蒙（Cormon）之流的绘画，技巧那么高，又极其

18 安特卫普,鲁本斯的红带

无聊。

"我很高兴动身了。"他在一八八五年十一月末的同一封信中写道。他在信的附言中承认的一点,一定能讨提奥的喜欢:"怪事。我在这里的绘画习作,比在乡村那里幽暗。这是缘于城市哪里的阳光都不够明亮吗?不得而知。不过,这可能比人刚一论及的更为重要。"

后来,他看到从前他赞赏的德拉罗什的绘画的空虚,这样写道:"人可能出错。明白自己错了,即使一切要推倒重来,自己心里也会感到轻松了。"

从安特卫普寄出的书信,记录了许多这类想法。温森特衡量他要走的路,而对印象主义画家,他始终一无所知,或者几乎一无所知!然而,在博物馆里的功课却在不断地积累。

"鲁本斯确实给了我强烈的印象。我觉得他的素描棒极了,我是指头部和手的素描。我完全为他绘画的方法所折服了:他用纯红色线条,几笔就画出一张脸,画手也用同样毛笔线条,以深浅不同的色线勾勒出手指。"用毛笔色线绘画,这个缠人的念头,将是他的艺术特征。

这些清醒的认识,非但没有使他气馁,反而给了他工作的疯狂的渴望。他想画肖像可能更容易卖出去,便画了许多幅。一个"维克多·雨果类型"的男人肖像、几个女人肖像,这些人都是他在民间舞会、下等咖啡馆或酒吧接触到的。他还试图变变方法,采用胭脂红和各种蓝色。他想以鲁本斯的画法表现肉体,开始寻找一个金发的模特。

他找到一位金发女郎,用有力的笔触画出来,那种令人惊诧的随意性,以其"半成品",有意未完成的方面,宣告了二十世纪形象绘画的一个大潮流。他使用排笔和毛笔画肖像,正如在海牙时,他使用山石笔,或者情愿"抹脏"的软黑铅笔,大肆搞素描。画得极快,拿超现实主义作家的话来说,"自动创作"。毫无疑问,肖像画以疯狂的速度画出来。他在安特卫普画的所有肖像画,都具有这种特点,而我们可以测量,把温森特和他同时代的古典画家,甚或和提奥隔开的深沟:同深渊一样深。在显示一个幻视创造者才能的地方,有人可能只看到那个时代的笨拙。

一名机灵的咖啡馆女招待在唱歌,放荡了通宵。我们离纽南的农村妇女有多远啊!这个年轻女子侧身像,眼睛灵活,胸脯高耸,丰腴的脖颈挺得直直的,两片红嘴唇在交谈,似乎停不下来。"在黑如石墨的头发上,扎了一个鲜红的"蝴蝶结。这种红色,直接取自鲁本斯的作品,这幅肖像画也受其启迪。这种红色意蕴深远,表明他走的路和深思熟虑的意愿,要同旧方式决裂,迎接生活的快乐。这种红色发出的声音,如同《静物:翻开的〈圣经〉》中的柠檬黄色。这是节庆的一声召唤、交响乐队中的一声钹响。牧师现在是彻底死了,温森特要赞美肉体,但是不要太贵重,因为他经常省下饭钱好能绘画。

他的健康受到严重损害。他画得越多,颜料花费就越多,也就越要饿肚子。在安特卫普待了三周之后,他写道:"我要对你说,自从来到这里,我仅仅吃过三顿热饭,平时我只吃面包……尤其由于颜料的花费……我必须以在纽南那半年的同样方式解决问题。"

对温森特来说,父亲之死,也是同食物的一次决裂。他又写信要钱,并且解释道:"……事情是这样,我收到钱时,尽管饿着肚子,占主导的渴望还不是吃饭,而是绘画,于是我马上着手找模特。这种情况就一直持续到我的钱花光。"

温森特只为绘画活着了。他的饮食可与囚犯相比:"我紧紧抱住的救命木板,就是我在房东这里用的早餐,到了晚上,所谓晚餐,就是进一家乳品店,喝杯咖啡,吃一块面包,或者就吃我存放在箱子里的黑麦面包。"

安特卫普这次经历表明,用提奥多年来供给他的钱,他无法调解生活和绘画了。在父母家吃饭的时候,他还对付得了。一脱离家庭的帮助,每次提供给他的钱款,总是把他引向失败。

然而,在安特卫普,已经达到极限:这样的饮食很快就显出,对他的健康是一场灾难。他的牙齿接连崩断,掉了十来颗,要到牙科诊所"修补"。他让大夫拔掉几颗蛀牙,花了五十法郎,即提奥每月寄给他的钱款的三分之一。他立刻感到舒服多了,"因为,牙齿总疼,我吃东西就囫囵吞下去"。他胃痛越来越厉害,一阵一阵咳嗽,呕吐出来"一种灰不溜丢的物质"。

温森特意识到,他要绘画,就必须保存力量,爱护自己身体。他整体上衰弱下去,日复一日拖着疲惫的身子而吃不上饱饭。他的身体状况从来没有糟到这种地步。他虽然谈及,但是回避唠叨其中的缘由,因为还有更糟的情况,难以启齿。他一到安特卫普,就去会港口妓女,逛窑子至少花掉一部分提奥给的钱,他传染上了梅毒。

马克·埃多·特拉博特通过出色而细致的调查,追溯到医治的资料,确定了事实,没有一点儿存疑的地方:温森特去看了胡贝图斯·卡夫奈勒大夫，接受了当时感染梅素的最低限的治疗。即使没有特拉博特的调查，我们也能推测出，温森特所到之处，差不多总要逛窑子，他迟早会传染上梅毒，既然在那种场所，梅毒跟感冒一样普遍。这种疾病骗了所有人，因为它到第二阶段，有两年似乎消失了，患者不再传染了。温森特从安特卫普寄出的书信，谈到他持续发烧的症状，这种他以前从来没有过的情况，也进一步确证了调查的结果。

治疗的方法，就是长时间泡澡，这只能减轻患者的症状。其实，当时认为这是不治之症，谁也不知道怎么办。温森特也许去了他落脚旅店附近的一家医院，进行这种治疗了，但是无法确定。由于身无分文，他就给医生画了一幅肖像，权当诊费。这幅画像的存在得到证实，但可惜遗失了。这位医生晚年向他子女讲述，这个衣着令人咋舌的笨拙画家，因患了梅毒而受到他的关注，有一天早晨来就诊，却醉得不成样子，医生大发雷霆，只好把他赶走了。

梅毒这种病人所共知，也有详尽的描述，但还是有时代的局限。这种病症恶化的过程缓慢，能拖五年、十年或者二十年，难以预测，死的时候情形很惨。怕只怕发展到最后，引起神经并发症。那样的话，患者神经就完全错乱，完全瘫痪，死的时候就是一堆烂肉了。

这种结果之前，先要损坏肌肉，这种情况引起画家的极大关注。况且，不待病情这样极端恶化，像肺结核那类发作更快的其他疾病，就负责把几十万的梅毒患者送进了坟墓。温森特不可能不了解这种病症。卡夫奈勒大夫可能对他讲过。不管怎样，安特卫普的信件中，惊现不同的数字估计：

温森特还有多少年活头。这种种思虑，是他来安特卫普之前通信中所未见的。

温森特意识到，他的身体有其局限，他毁掉身体，作为画家也就自毁了。他内心萌生了深深的不安，因此开始考虑画自己。这当然不是促使这样做的惟一理由，但是我们没有看到他从前有自画像。他有了这种意识，就尽快要重回巴黎。他病得厉害，回到提奥身边，首先要在家中寻求庇护，就像从前他回到父母身边那样。

海牙的幽灵又回归了。他知道自己往前奔逃，最终是什么下场，不愿意让同样的痛苦经历周而复始。显而易见，没有家庭或者团体的支持，他没有能力既生存又绘画。他在安特卫普逗留将近一年，离开时承认，自从父亲下葬之后，他也就吃过六七顿热腾腾的饭菜。他需要一个栖身之处、一种帮助，还有由此产生的撂不下的心事：创建一个组成合作社的画家的画室。几个人拧成一股绳，就能对付反对前卫艺术家的残酷无情的社会。

布鲁塞尔、海牙、德伦特、安特卫普，每到一地，单枪匹马，就必然失败。然而，他不再等着灾难降临了，每次一明白自己的处境变得太艰难了，预料到灾难，就考虑离开当地。在安特卫普刚过了一个月，他就在信中写道："有可能从这里去巴黎，我不会犹豫的。"提奥一定不寒而栗，因为他知道，不管他本人的想法如何，在一封长信里，顺手抛出这样一句话意味什么……

他自己会死的念头，现在魂牵梦萦了。这里重提这个问题，卡夫奈勒医生一定告诉他了吧？而温森特也是个较真的人，他肯定要求了解全部情况吧？此前他也谈论过死亡，但是作为一种可行的解决问题的办法，由他自己做主，这要取决于他的决定。诊断出感染梅毒之后，他领悟自己的生命正走向早夭。于是，生与死、肉欲与毁灭、厄洛斯和塔那托斯①之间的关联，就不断地向他呼喊。自画像就可能处于这两种扰烦的交汇点。

因此，他画了一幅画，《吸烟的头盖骨》，既是向死亡的挑战，也是自画像。黑色背景衬托的一副人的骨骼，截至肩头以上部分，好似摆姿势供人画像的一个人，牙齿间叼着一根冒烟的烟卷，仿佛在吸烟。一幅未完成的超现实主义的画作，不逊于马格里特②和皮卡比阿③，参观者在博物馆不经意地瞥一眼，心想那是取笑蹩脚的画家，但是，如果了解这幅画是在这种惶恐不安的日子里完成的，那么反响就完全不同了。超越死亡继续生活。用艺术嘲弄时间。这幅画在画家的进程中很重要。死亡不再是一种抽象的意念了，死亡近在咫尺。现在，温森特受流逝的时光的烦扰，表示这样一种看法，在我们听来是一种悲鸣："期望能活到六十岁，而一个人将近三十岁时，才开始创作，那么至少也应该活到四十岁。"

在安特卫普，他画出第一批自画像的素描，表现一副六神无主的形象：

---

① 厄洛斯和塔那托斯，希腊神话中的爱神和死神。
② 马格里特（Magritte, 1898—1967），比利时杰出的超现实主义画家，宗法超现实主义画风。代表作《风云将变》（1928），画中乌云形似人体躯干、大号和椅子。《财源宝地》（1959），画面上的人像雨点似的，洒落在房舍林立的街道上。
③ 皮卡比阿（Francis Picabia, 1879—1953），法国油画家、插图画家、设计师、作家和编辑。一九一一年参加立体派团体黄金小组，曾与原达达派评论刊物《291》和一些先锋派杂志合作，与诗人查拉合编杂志《达达》。代表画作《戴单只眼镜的女人》。

18 安特卫普，鲁本斯的红带

一个人深陷在黑暗中，或者无法脱离一种密实的黑暗现实。

一八八六年一月，他在美术学院注册，开始在绘画班上课。院长查理·维尔拉也是画家，他表现一种矫揉造作的现实主义场景：少女像，东方化的场景，有耶路撒冷的城市景观，以及当时耶路撒冷城的真实人物，包括衣衫褴褛的妇女儿童，画得跟照相一样准确，从栏杆上垂下来的花，极小的细节都精心绘制，类似一种极端的宗教仪式的装饰屏，而人物的姿态"研究"得太透了，透出了精雕细琢的工夫。温森特认为他的作品"生硬而虚假"是可以理解的，同时也承认他有肖像画家的几分才华。

在美术学院的教学中，维尔拉取消了女人裸体模特，认为那是不正派和不道德的。至于画男人裸体，模特也必须挂一小块遮羞布。还好，他允许维纳斯石膏像进课堂。还有别的规划和成见，统治着这座保守主义的殿堂。看其绘画作品，我们就能明白，查理·维尔拉一点儿也不能容忍这名新学生。温森特注册入学，见了校长一面，给他看了自己的习作。这位"师长"仅仅对肖像感兴趣，便准许这名学生来上课。

开始上课了。温森特来到课堂头戴直筒皮高帽，身穿一件牲口贩子穿的蓝罩衫，手拿的"调色板"，不过是从一只木箱掰下来的一块木板。课堂布置画两名角斗士。温森特狂热地投入作画，他那画笔饱蘸颜料，颜色流淌，滴落到地板上。他说他畅快极了。"我从未见过这种情景：看到别的画家作画。"他没有怎么估计到，他吸引了全班的目光。从哪儿来的这个小丑？容忍他一段时间之后，维尔拉就决定把这个惹是生非的学生打发到欧仁·西贝尔德的素描班去。他在油画班做不了什么。温森特署名完成了好几幅杰作，还得向这位注定可笑的死艺术大师低头。他收起画具，难得一次反应很平静，走到隔壁的另一间教室。这无所谓，他就画素描好了。

他到欧仁·西贝尔德的素描班也好不到哪儿去。这位老师评论温森特的素描，而在坐得满满的教室里，这个新来者引起一片喧闹。无法让学生们平静下来。嘲笑、喊叫声此起彼伏。在安格尔的这些徒子徒孙看来，他的素描都是畸形的：大家知道，他们只凭轮廓来评价一个形象，色彩、价值反倒是次要的。必须指出，轮廓重于色彩，这种思想本身并不反动，并不像我们常看到的论述那样；要知道，色彩是艺术两极之一，在历代艺术发展过程中，色彩可能使作品毫无价值，而另一些作品上了色则令人激赏；就是二十世纪，我们还想到达利和其他一些艺术家。错误在于将这条原则奉为霸王条款，封杀另一种绘画的方法。

温森特又被打发到古艺术品石膏像素描班，他转班毫无不悦的表示，到了新班甚至觉得很有趣。回想一下，当初因为石膏像，他跟毛沃发生了多大冲突，就可以推测出他跨越了多大距离。他这样一句话，让人哑然失笑，也让人深长思之："有些人草草地画一画这些古代模特，就心满意足了，显然他们大错特错了。"

这种活动，这样对比参照，更激发他的热情，也促使他睁开眼睛看到自己的缺点。他跟一些同学交往，得知有些人晚上又在一家俱乐部聚会，以便画裸体，画真正的男女裸体。每人出份子，付模特费用和一大杯啤酒钱，接着，大家就动手画。温森特去参加了，画了好多幅女模特素描，有几幅很成功，形象突出，充满生命力。应当指出，这有其重要性：他在这家俱乐部所画的女人，是女人的真身，而不是学校的用品。

"我在这里碰到我所寻求的思想的冲撞，我以更敏锐的目光看自己的作品了，也更清楚地看出弱点，自己有能力纠正，我从而取得进步。"时过不久，他在这些长进中，又增添最主要的长进——他很久以来就梦想达到的目的："至于自画像，我没有碰到太多的技术困难，我开始画了，就像写字一样流畅。"

然而在课堂上，尽管温森特极力避免争论，局面还是恶化了。欧仁·西贝尔德容忍不了温森特及其绘画方法，尤其是因为他那先中间、后周边的画法，开始对一些学生产生了影响。

温森特说，他拒绝被西贝尔德"训练成机器"，并且补充道："不是从周边，而是从中间画起，我还没有这个能力，但是我越来越认识到其重要性；因此，我不会放弃，这太有趣了。"

西贝尔德立刻做出了反应，拒绝修改温森特的作业，认为他这种方法画出来的东西"丑陋，没有灵魂，枯燥乏味！"在这个对他至关重要的问题上，温森特要提奥作证，打算在一家博物馆里跟提奥讨论。在安格尔及其固步自封的门徒同德拉克鲁瓦的长期争论中，温森特作出了选择。

"他们甚至说：色彩和造型，这好办，很快就能学会，最难的是轮廓。你瞧，在美术学院学不到任何新东西；我从未听说过，色彩和造型不学自通。"

温森特的忍耐也到了底线，他有病在身，而牙痛又把他仅余的善意消磨殆尽。他明白自己是白浪费时光，再也忍受不了这种无理取闹。离最终爆发不远了。课堂上布置画一尊米洛的维纳斯雕像。温森特给维纳斯画了肥臀。西贝尔德从画架上夺过素描，愤怒地撕掉了。温森特再也按捺不住他的火气："一个女人，总得有臀，有屁股，还有骨盆，以便能怀个孩子！"温森特吼道。

这下子完了，几乎到头了。温森特还来上课，但是绝不跟老师说话。他总算上完古雕像素描课，可以参加西贝尔德班的竞赛。不过，温森特丝毫也不抱幻想。"好吧，我确切知道，我会排到最后一名。"他看见全班最好学生的素描是怎么制作出来的。他正巧位于那名学生的身后。他说，那幅素描很规整，却没有神，他决定到此为止。

他疲惫，有病，也厌倦了；思想已经飞走了。这一阵子，他要去巴黎，试图把这个念头强加给提奥。他听同学说，画家科尔蒙开设一间画室，让学生在那里作画，他就打算进去。提奥不大情愿，他住的一套房间太狭窄。然而他知道，他顶不住温森特不断施加的压力。不过他也承认，温森特想来巴黎没有错，但是时间要缓一缓，他说眼下没有钱。时值二月份，要温森特等到六七月份再去。提奥没有估计到，他哥哥身陷何等困境。温森特告诉提奥实情，还说他胃痛得厉害，为了转移注意力就吸烟，结果加重病情。

他谈及以后到巴黎的日子，这样写道："我无法准确地知道，我们是否能谈得来。"他还对提奥说："我会让你失望的。"最后总结在安特卫普这段日子："我在这里逗留期间，占主导的印象一直没有改变；我在这里所作的，令我大失所望，但是我的思想变了，变得清新了，而这正是我到这里来的目的。"

温森特催促提奥：他能不能四月一日去巴黎？甚至马上动身？迟迟不回复。提奥更愿意他回布拉班特住一段时间。可是，温森特再次决定抛弃当地。他登上火车，离开安特卫普，一切都丢下不管了，不过，这次丢下的作品远没有纽南那么多。他一抵达巴黎，就给没有料到的提奥寄了一封短信，告诉弟弟到达的消息，并约他在卢浮宫博物馆见面。

安特卫普美术学院评委会，果然讨论了学生温森特·梵高参加竞赛所画的格马尼库斯·恺撒的素描像。这些艺术的化石不但把他名列最后，还把他打入另册，十二岁至十五岁学童素描基础班！温森特始终不知道这种结果。他已经远在他乡。

19 巴黎、自画像和"伙伴"

提奥还试图劝阻温森特，六月之前不要来巴黎，不料一八八六年二月二十八日，却接到一封短信。信寄到他的工作地点，蒙马特尔大街19号，"布索和瓦拉东"画廊，是用法语潦草写就，正是他哥哥的笔迹，约他中午在卢浮宫方厅见面！

提奥高兴不起来。他去赴约；找见边等他边欣赏德拉克鲁瓦作品的温森特。兄弟俩谈了什么？我们不得而知。提奥能怎么办呢？把温森特打发走，根本办不到。他总得说说他住在蒙马特尔区拉瓦尔街的套间房太狭小，并带他哥哥去看了。空间这么小，根本不可能辟为画室。必须从速另找一套面积大些的房子。

提奥珍藏着这封短信，心想经过考虑，这样也许更好。他只需付一份房租，还能让哥哥吃饱饭，帮着他恢复健康，让他了解巴黎，总而言之，把他那地方的艺术结块，从他那经常武断的猪脑袋里清除出去。在一定意义上，这次旅居巴黎，成就了提奥的回报。在提奥的眼里，温森特一直在阴影中间生活，现在他终于直面他那时代的绘画，巴黎对他就可能是块试金石。

温森特不能在拉瓦尔街落脚，便在那附近的科尔蒙画室登记，好能去那里作画。这样安排，他就有机会按照习惯长距离散步，发现当时的蒙马特尔。提奥带他去了好多家餐厅、咖啡馆、画廊。十年前，温森特在巴黎度过了几个月，一门心思读《圣经》，现在总算睁开了眼睛。他在给他的英国朋友勒文斯、曾给他画过像的安特卫普美院学生的一封信中，表达了这样总体的印象。

"我亲爱的同学，不要忘记，巴黎，就是巴黎。世界只有一个巴黎……法兰西的空气澄清思想，带来益处，大大的益处，全世界都受益。"

说得不能再好了。一八八六年的巴黎，还是这座不到一个世纪就发生四次革命①的城市，而第一次革命就改变了世界，这还不算那些暴动和反抗的日子。一八七一年的巴黎公社在一片血泊中结束，开始渐行渐远，对于拥到蒙马特尔娱乐的二十岁男女青年来说，公社已成为古老的故事了。

巴黎的反抗精神，丝毫也没有丧失其斗志锐气。巴黎始终是这种类型的独一无二的城市，在这里，人们敢作敢为，敢于尝试在别处不可思议的事情。这种精神，由一七八九年大革命和十八世纪解放出来，通过法国文

---

① 巴黎发生的四次革命指，一七八九年法国大革命，创建共和制；一八三〇年革命，推翻波旁王朝查理十世的统治；一八四八年革命推翻路易·菲利普的七月王朝，建立第二共和国；一八七一年巴黎公社起义，历史上第一次无产阶级革命。四次革命前后不到一百年。

学书籍，曾极大地吸引了温森特，现在他身临其境，任何地点都不如蒙马特尔这样，能更鲜明地向他显示这种精神。

　　长期以来，蒙马特尔山丘就目睹了许多小酒店的开设。从前，蒙马特尔还不属于巴黎管辖，在这里经销葡萄酒不付关税。因此，人们到这里来，能少花钱多喝酒。等蒙马特尔并入巴黎之后，这种传统保留下来。山上的葡萄园供应一种鲜葡萄酒，有明显的利尿作用，据说，喝一品脱葡萄酒，尿量能达四品脱！酒一下肚，您就能兴奋，"像山羊一样乱蹦乱跳"。蒙马特尔的范围缩小了，但是勃艮第地区、香槟地区、卢瓦尔河流域并不远，而铁路又终于能将南方和波尔多的葡萄酒运到京城。酒店、妓院、餐馆，名号和风味情趣盎然，足以吸引、接待放荡的青年：他们举止轻薄，前来跳舞和寻欢作乐。至于布尔乔亚，他们情愿到这里来，混迹于轻佻的小女工、流氓、理发匠和制帽女工中间；这里还有寻找画家的意大利模特儿，男人、女人、孩子，人数众多，还有青年工人和粉头儿；小咖啡馆有露天座和园子，天气好的时候，能允许顾客坐在外面，跟朋友闲聊，然后再去同美人跳舞。

　　在"烘饼磨坊"，可以吃烘饼，喝白葡萄酒，跳华尔兹舞要付费，如同坐旋转木马。大嘴舞女在爱丽舍－蒙马特尔跳康康舞，而"红磨坊"舞厅那时还没有开业。在"地牢"酒馆，顾客都是"囚徒"，侍者上酒上菜，则穿着狱卒的服装，头戴绿色软帽，下身穿红裤子。不过，在"黑猫"咖啡馆，侍者都穿着法兰西学院院士的绿色礼服。在"溜走的母猪"酒馆地下餐厅，可以看到墙壁上画了大量一对对种公猪和母猪。在"米尔利东"

咖啡馆，阿里斯蒂德·布吕昂①唱歌嬉笑怒骂，拿顾客开涮，骂得顾客好不开心。马奈、雷诺阿、德加，常到"新雅典"咖啡馆等地点聚会。

温森特到"卡特琳"酒馆绘画和素描。这家坐落在山顶的酒馆，始建于一七八八年，法国大革命的前夕，而现在圣心大教堂的工程在日益进展。一位当过模特的意大利女郎，阿戈斯蒂娜·塞加托里，不久前开了一家意大利风味的咖啡餐馆，取名"小手鼓"，以后我们要谈到。

在温森特看来，比较安特卫普、海牙、阿姆斯特丹或者伦敦，巴黎截然不同。他大量阅读了雨果、左拉、莫泊桑、龚古尔兄弟的作品，现在又一个猛子扎进寻欢作乐和百无禁忌的、极有利于萌生最大胆思想的巴黎中。

温森特一旦到火车站取来他那套绘画用具，便开始进入科尔蒙画室。这位画史前宏大场景的画家，引不起兴趣了，如今摆在博物馆面前的难题，就是不知道如何安放他的画作。他那些胆大妄为的学生只给了他一个光荣的头衔：同时拥有三个情妇。他是个技巧的高手，不大狭隘，被人视作好教师，比其他一些教师更宽容。同时来上他课的毕竟有路易·昂克丹、土鲁斯－劳特累克②、埃米尔·贝尔纳尔③，以及温森特·梵高！

---

① 阿里斯蒂德·布吕昂（Aristide Bruant, 1851—1925），法国自编自唱的歌手，用行话创作许多现实主义歌曲。
② 土鲁斯－劳特累克（Toulouse-Lautrec, 1864—1901），法国画家。他的画题材新颖，善于抓住人物的本质特征，具有独创风格，对十九世纪末和二十世纪初的法国艺术影响很大。他自由地运用线条和色彩来表现人物的动势，线条不再受解剖的束缚，色彩强烈，两者并用产生一种跳动的旋律。他的作品形式的抽象性和二维空间的处理，开启二十世纪野兽主义和立体主义的先河。他的招贴画，如《红磨坊——贪食者》别具一格，极为成功，在最后十年创作三百幅石版画就是明证。
③ 埃米尔·贝尔纳尔（Emile Bernard, 1868—1941），法国画家和作者，他和高更一起影响了阿旺桥村画派。

温森特到来的时候,画室正巧发生了一个事件。十八岁的青年,埃米尔·贝尔纳尔,趁老师不在的工夫,就把裸体模特儿的背景褐色幕布给上了色,画成鲜红和翠绿条纹。当然是互补色,因为,贝尔纳尔发现了印象派画家,激动之余,就煽动全班造反,以表示支持印象主义的色彩理论。

科尔蒙召见贝尔纳尔的父亲,一位来巴黎开纺织厂的里尔企业家,告知要开除他这个"尽管有天赋"的儿子。父亲将画笔和调色板都投进火炉,儿子照样成为画家,同昂克丹一起创造了轮廓主义(le cloisonnisme),而高更为这种绘画思想增添了极大的光彩。

不过,眼下还没有到那一步。被开除的学生来跟同学告别的那天,恰巧温森特来上课,仍然穿着他那铅管工的劳动服,头戴高筒皮帽,还是照旧惹人哄笑。贝尔纳尔性格独特,自然接近天生独特的人,他走到温森特跟前,开心地看到新来者凭想象画了裸体模特儿的背景幕布,而没有照画新替换被贝尔纳尔上了色的旧布的那块难看的褐色幕布。科尔蒙也看到了,但是没有说什么。就这样,温森特和埃米尔·贝尔纳尔素不相识,却不约而同,一起用绘画判决了背景幕布。

他们的友谊那天没有诞生,而是要等将近一年之后。然而,贝尔纳尔讲述,那时候,他就对这位画家产生了极大的兴趣,并说温森特的狂热劲头给他留下深刻印象,学生都走了:"那天下午,科尔蒙的画室学生走光了,我看见他还在那里,画室变成了他的一间'囚室'。他坐在古雕像的石膏复制品前,临摹美丽的形体,表现出一种天使般的耐性。他想要完全掌握这些轮廓、这些块面、这些凸凹部分。他画了又修改，痴迷地重新开始，再擦掉，而且用橡皮擦得太狠，结果画纸磨出了洞。"

接着，他把擦破的画纸扔到一旁，立刻从头开始。温森特比贝尔纳尔大十五岁，这次初遇就播下了种子，结出一种没有乌云的非常美好的友谊。

温森特继续在科尔蒙那里学习，取得了进步，尤其素描方面，因为他在提奥住处还没有更好的画油画的条件。难道这是中断画油画的惟一缘由吗？大家知道，他若想绘画，面前有什么困难也不会退却。这段"空白"另有原因，而不是纯粹为了等待一套大房子。

这头几周，是提奥期待已久的机会，要让他哥哥睁眼看一看当代的绘画。温森特到巴黎，头脑里还是老想法，以为米勒是现代艺术的顶尖人物，这一打击就太重了。提奥从来没有像一八八六年巴黎初春这样，对温森特的作品施加如此大的影响。

提奥带哥哥去他的画店。楼下铺面，提奥通常销售学院派的货，都是在美术展览会上获奖并受评论界吹捧的作品；不过，他也得到布索和瓦拉东两位经理的授权，买进并在楼上展销他激赏的绘画作品：印象主义，莫奈、雷诺阿、毕沙罗、德加的画作。温森特睁大眼睛，仔细看这种新绘画。接着，他们又一起去杜朗－鲁埃尔画店，最早经营印象主义作品的画商，当时莫奈和雷诺阿的作品售价还不够画框的钱。杜朗－鲁埃尔接待他们，让他们看了未售品的库房。

最后，提奥又带温森特去了另一家画店，德拉贝雷特画店，店里大量收藏了马赛画家阿道尔夫·蒙蒂塞利①的作品。蒙蒂塞利运用另一种着色法，不分青红皂白厚重的色块，前所未见的强烈的色彩。花卉、人物、动物，各种不同的场景，蒙蒂塞利酷爱抒情音乐，借此谈论阳光，说阳光是"男高音"。他于一八八六这一年去世，享年六十一岁，还不为他的同代人所认识。在温森特的眼里，蒙蒂塞利是一位大师。

这些参观和发现，是温森特中断绘画的真正原因。他对着这些陌生画家的作品，能一连看上几小时，再回来核实某一细节，思考所学到的东西，重新审视一切。显而易见，他再也不能像从前那样绘画了。父亲去世还不过一年，他以为自己走过了重要的一段路，其实不算什么，今后要做的多了，要吸收那么多新东西。温森特明白，他还必须重新系统学习，如同他在纽南所做的那样，画了五十余幅头像。

后来他从阿尔勒给他妹妹的一封信中，亲自表达了他当时处于那种思想状态，进行这样比较该有多么艰难。在信中能抓住活思想，看出在多大程度上，同印象主义艺术标志一种关键性的决裂，甚至对一个像温森特这样开放的人：

"当然听人说过印象主义画家，事先就把他们看得极高。可是第一次看到那些作品，不免大失所望，就觉得这太随意，丑陋，画得不好；线条不对，色彩糟糕，没有一处看着像样。

---

① 阿道尔夫·蒙蒂塞利（1824—1886），法国画家，擅于使用浓墨重彩、痛快涂抹、直抒内心感受同时又直落对象形体的艺术手法。

19 巴黎、自画像和"伙伴"

"这正是我初次到巴黎,印象主义给我留下的头一个印象,当时我满脑子还是毛沃和伊斯拉埃尔斯,以及其他一些才华横溢的画家。"

继而,确定无疑的思想动摇了,温森特这样明确地说,就好像从一座荷兰教堂出来,又听到社会主义的宣传。官方艺术的整个大厦腐朽了,訇然倾覆了。"这座大厦挺立的时间,不会超过郁金香的生意。"一旦明白色彩的必要性,在这种思想觉醒的面前,再也没有什么能立得住了。

温森特说,在纽南,他开始学习色彩的理论,他的书信也证实了这一点。不过,亲眼看到这种理论用于实践,由这些新画家开发,展现丰富多彩的才华,这却是另一码事。他在信中最后抛出这个结论,这个无疑是他在巴黎得出的结论,我们将引述给长期以来,看到太多关于海牙画家言论的读者:"你明白,伊斯拉埃尔斯和毛沃并不使用纯色,绘画总是采用灰色背景,姑且不论我们对他们的敬重和感情,他们在色彩方面,满足不了今天的要求了。"

而且,还有别的东西等待他发现。在安特卫普,他已经见识到日本版画。在巴黎宾(Bing)画店,他欣赏了数百幅,购买了一些。这种艺术影响了印象主义,向他介绍的是一种截然不同的方法。喜多川歌麿①、葛饰

---

① 喜多川歌麿(1753—1806),日本浮世绘最著名的大师之一,善画美人画。主要作品有《妇人相学十体》、《歌枕》等。

北斋①、歌川广重②、日本"皱纹纸画",当然让他着迷;令他赞赏其自如的轮廓和着色、鲜明的构图。然而,他受这种皱纹纸画的吸引,还有更深层的涵义,在巴黎成为这种艺术的最热情的宣传者。

我们还记得,他在海牙作画时最关心的事,就是这种近乎初始的探索,从作为形迹的线条,逐渐走向越来越古旧的技法,一直到借用手指往画布上涂抹颜料。毛沃严厉地责备过他,而温森特当然不服:寻求的效果既然达到了,那么用手指还是用别的什么工具,还有什么重要性呢?后来,他更加有意识地摸索,要把自动书写引入他的素描,并且开始转用到彩笔上,画出在纽南的最后几幅油画。这种探索是温森特艺术的神经。要融合书写、笔法、着色。

他又在日本艺术中发现了这种绘画思想,尽管这种绘画思想还可以讨论,也许不那么自觉地坚持,还处于绘画表现和表意文字的十字路口,是一种"绘画—书写"。日本艺术来源于禅,充斥着近乎本能的形迹、动态,同时又经过深思熟虑。大家了解这些茶碗,是几个动作就塑造出来的,还

---

① 葛饰北斋(1760—1849),日本著名浮世绘画家,对十九世纪后期西方艺术影响很大。初期作品多为艺人和妇女肖像版画,后转为历史和风景题材,特别是世俗和儿童题材的版画。本名中岛石太郎,一七九七年采用葛饰北斋之名,标志其作品黄金时期的开始,作品包括单幅版画、绘画书籍、绘图小说、诗集和历史小说的插图等,多为历史和风景题材,人物则从属于第二位。一八〇六至一八〇七年间,其风格发生明显的重大变化,人物作品越发有表现力,更加注重古典传统题材(尤其武士和中国题材),改变了当时浮世绘艺术的方向。直到晚年仍不断提高绘画技法,探索艺术真谛,其艺术在构图设色、笔墨技法方面均有独到之处。主要作品有《东海道五十三》(1804)、《富岳三十六景》组画(1826—1833)、《花鸟》(1827—1830)、《富岳百景》(1834—1835)等。

② 歌川广重(1797—1858),日本浮世绘画家。主要作品有《东都名胜》、《东海道五十四次》等。

处于成形——未成形的状态,飞快几笔的装饰,犹如一支高明的画笔无意点染的。我们距中国宋朝光辉的陶瓷的阿波罗艺术有多少光年?这种日本陶瓷艺术充满激情,主要属于突发奇想,而不是精心设计。温森特在哪家博物馆见到过吗?不是没有这种可能性。吉梅亚洲艺术博物馆①,直到一八八九年才在巴黎开馆,不过在卢浮宫,已经存在中国——日本展厅,亚洲艺术正在传播;而一家印度支那博物馆,于一八八二年在特罗卡德罗宫②开馆了。

埃米尔·贝尔纳尔复述他同温森特的长谈,着重指出:"我们曾考虑这种计划,绘画就跟写字一样,就像葛饰北斋,或者喜多川歌麿那样轻而易举。"

往下又看到:"他的绘画!值得谈一谈……运用杠杠、点、线,朝着形体最富表现力的方向导引,就格外鲜明地再现景物通过想象脱颖而出的强烈意象。"

我们进入温森特艺术最奥秘之处。贝尔纳尔不掌握温森特作品的全部,他所未能看到的,正是温森特也在油画上,尤其在油画上进行的这种探索。这赋予主题一种神奇的运动,整个景致都在跳快步舞。同一主题的素描和绘画的比较令人满意。素描所缺乏的,仅仅是用画笔的笔触取代芦苇笔的线条。他的画技一旦相当熟练了,一天工夫甚至能这样"写成"三

---

① 吉梅亚洲艺术博物馆,由埃米尔·吉梅(1836—1918)于一八七九年始建于里昂,一八八五年迁至巴黎,成为卢浮宫的亚洲艺术馆,其中收藏大量的中国珍贵文物。
② 特罗卡德罗宫旧址上,于一九三七年建造了夏月宫(Chaillot),坐落在埃菲尔铁塔北侧。

幅油画。

温森特不拘一格，随处拾取的所有这些手段，其实只为了一个目的，就是透明。他的意愿，就是把他所感受到的、由一处景色所引起的激动，移译到眼前。他的艺术家的整个一生，不过是一场搏斗，要清除无数的障碍，以便表现，让别人看到要画的对象同他本身交融的这种时刻。

约翰·斯塔罗宾斯基（Jean Starobinski）写了一本出色的书，论述让－雅克·卢梭，题为《透明与障碍》。温森特也总怀着同样的忧虑，寻求透明，寻求同所绘的对象神秘的结合，消除所有思考，消除他和所爱的这个存在物的全部间距。这个所爱的存在物，就是他不断祈求的这个自然体，不管是景色还是人的形象。画作是这种融合——抒发的场所，景物变成"我所爱的景物"，而我即是景；我与景只应合二为一。借用左拉的一种自然主义艺术观的定义（"通过一种性情看到的自然的一隅"），温森特就得出一种神秘的美学观。"神秘"一词，这里取世俗的含义，即使不是不可能达到的美学观，至少也要求所绘之物具有极大的张力。

温森特尽管名列其中，却不是一位印象主义画家。他甚至什么都是，惟独不是印象主义。莫奈说要画他和对象之间的东西：阳光。修拉所绘的对象趋向消隐于抽象，要把这种设想推向极端。温森特并不把对象抛到一片耀眼的光尘后面。恰恰相反，温森特对所绘之物极感兴趣，渴望告诉我们他见证真实存在的感受。温森特画阳光，不是当作惟一的环境。在技法上，他多多借鉴印象主义画家，但是仍然走与他们明显不同的自己的路。只需将温森特的一幅画，同莫奈的，或者随便哪位印象主义画家的一幅画，并排放在一起比较，就足以看个明白。

在巴黎，温森特借用这些人，又借用另一些人的手法，以解决他自己的思虑。但是，这种绝对的追求，必须具备一种坚定信念的力量。

印象派画家让他了解最大化的色彩震荡。蒙蒂塞利向他表明，可以调和与对比使用最强烈的颜色，就像放烟花那样。日本人也向他证实，一种线条喷射似的、近乎"书写"的艺术，能允许他赋予他的绘画一种不可抗拒的动势。他从修拉的作品借用画光轮和光晕的手法，来画他的星光灿烂的夜空。

借鉴，服从于他自己的目的：我和所见的对象完全融合，又保持平衡，尊重真实。如果说，温森特是一个不同寻常的艺术主观性的解放者，那么他也始终是个现实主义艺术家。他心理特别脆弱，不可能再质疑真实的东西。

巴黎的课程有了成效。现在他必须动手绘画，将所学变成自己的本事。

提奥没有离开蒙马特尔区，在勒皮克街54号找了一套房子，位于四楼，跟他的艺术品商朋友，名叫波尔蒂埃的同在一幢楼。这套房子有三个宽敞的房间、一个狭窄的厨房。有一间卧室，可供他们的妹妹威廉米娜来巴黎参观时睡觉。餐厅很舒适，放一张长沙发，还有一个大火炉，经常生火，因为兄弟俩都很怕冷。

温森特于是动手，开始画花卉。他还像在纽南那样，进行系统练习颜色的搭配，互补色，混合色调，两种互补色各处不均匀混合。他还根据花的颜色改变背景或者花瓶的颜色，制作他自己的色谱。他以无数种方式开拓色调的关系。在这一点上，我们又看到他顽强的有条理的一面，正像菲力浦·达让在他给《通信总汇》所写的序言中指出的那样。几十幅表现花卉的油画，温森特毫无一名业余爱好者的那种特点。特别有趣的是，他借助于各种颜色的毛线团，摆在五屉柜的抽屉里，从而立刻就能看到，不同颜色挨近了对比所产生的效果。后来，他凭着记忆，面对画布，当场就能计算出来。

他也画静物，例如他那著名的鞋子。他是不知疲倦的行者，要向鞋子表示敬意。他拿了其中一幅画鞋子的油画，带到科尔蒙画室给人看，惹起画室的愤怒。印象主义作为一场运动逐渐丧失了灵气。温森特的鞋子，可以说能让他们重新脚踏实地。两只鞋画得就好像互相支持，有些传记作者相当准确地看出梵高兄弟二人的形象：他们彼此扶持着往前走。

他也画了蒙马特尔的磨坊风车，这让他想起荷兰，还画露天小咖啡馆，以及山上的别种景观，但是以纽南的方法，采用棕褐色的色调。显而易见，他要先画足够的花卉，然后才试用印象主义画家的技法。他还开始了一大系列巴黎自画像。两年间——看法不一——他画了三十余幅。

温森特在安特卫普，就接触了这种类别。许多画家往往为了自卫，起初都要支持，没有模特儿或者模特儿费用太高的时候，还可以画画自画像，这正是温森特在巴黎的情况。"手头就有这个主题，可以白用，又听话，随叫随到。"一位朋友幽默地对我们说道。

当然，自己画自己还别有缘故。以温森特为例，他一心要设法卖画，不再成为提奥的负担，便画自画像，而且大量绘制，殊不知，这种画作从本质上就不能立即卖出去。这种自画像系列，敲响了丧钟，打破了一直抱有的希望。温森特在掌握他的艺术方面越有长进，他似乎越不操心卖画了，至少越不想迎合一些人的确定口味。从这个角度看，旅居巴黎时期标志一个新方向：进入纯粹创作的阶段。意识到死亡，时间无法预料，或许五年，顶多二十年；这之前还可能损害肌肉神经，那他势必控制不了绘画的动作了，因此，他改变了自己的轨道。

这种时候画自己，他就可以像一个着手写自传的作家那样，做一个总结了。我是谁？温森特喜爱伦勃朗，也像伦勃朗那样，以绝对诚恳的态度，不断地询问自己的面孔。巴黎自画像系列[1]令人着迷，是这个时期的主要创作。其余作品，静物、花卉、风景画，还都是他的习作，他力求学习其他画家和印象主义的技法。也许他也认为他那些自画像是准备阶段的习作。没有书信为证，我们无从了解他的真实想法。

不过，在他的不同系列的油画中，自画像系列在一定程度上是完成了。他既不是在坦率方面，也不是在强度上更进一步，而是要更深入地探问，表现出在生活强加给他的考验中成熟了。温森特正是通过这种作品而完全成为一位大大的画家。尽管旅居巴黎的第二年成就斐然，风景大画家梵高的名声只是后来的事。作为自画像，他的艺术在一八八六年、一八八七年间，一下子就达到了顶峰。

---

[1] 一九八五年，巴黎德诺埃（Denoël）出版社出版一本漂亮的画册《温森特画梵高》，由帕斯卡尔·博纳富（Pascal Bonafoux）收集齐全他的所有自画像。——原注

一个人总在不断地叩问自己，他也不可能得到另一种结果。任何他同时代的画家，甚至高更，都没有画出这么大数量。还应当注意的是，自画像出现之际，正是书信消失之时，就好像必须填满一种空缺。我们可以衡量出，给提奥的书信的功能，是跟同一个提奥的谈话所不能取代的。

现在应该把温森特的这些作品，放到这种极为特殊类别的绘画历史中，简短地谈一谈，就能阐明其意义。

自画像是西方人文主义文明的一种特异产物，始于文艺复兴，因为第一幅自画像是菲利皮诺·利比[①]约一四八五年在意大利完成的[②]。这个类别好似刚问世的这种文明的征象：这种文明创造出自由的个人，让自由的个人肩负起革新社会的任务，不惜承担任何后果。以前的所有文明，无不建筑在集体接受的宗教思想和信仰的总汇周围，这就使那些文明必有一死；因为迟早人们会不再相信那些思想，而信仰淡薄，就要导致一个社会衰落，继而灭亡。这些死亡的文明错就错在以为单位就是群体。

随着文艺复兴，诞生一个奇特的世界，我们的世界。它确定单位是个人，而非群体，不再强迫个人加入一种集体信仰：个人有信仰自由，有书写、绘画、随意构图的自由。个人则有责任坚持自己的思想，或者新立场，而社会往往要晚些时候接受，但是最终总能承认，纳入整个社会。

---

① 菲利皮诺·利比（Filippino Lippi，约1457—1504），意大利文艺复兴早期佛罗伦萨画派画家，其作品影响了十六世纪意大利托斯卡纳风格主义画家。代表作有《多比的历程》、祭坛画《向圣柏纳德显圣》。
② 杨·凡·爱克（Jan Van Eyck）的自画像《戴红包头巾的男子》中的男子身份不能确定。——原注附：杨·凡·爱克（1385—1441），佛兰德斯绘画的奠基者，其写实主义风格达到当时的高峰。

社会不再拥有自己要强加给人的思想，只有最能创新的成员的思想。产生于文艺复兴的文明，在几个世纪过程中，逐渐立稳了，有时也不顺利，它的概念，就是通过这种方式，找到了一种独一无二的新办法，得以逃脱灭亡的命运；而集体信仰过分僵硬，一旦怀疑思想侵蚀其墙壁，就会开裂而坍塌，势必导致文明的灭亡。个人，有时直至殉难，以其思想、新见解、科学和技术的新发现，就能使得我们的文明每次都可重生。保尔·瓦乐里错了，不是所有文明都必有一死，有一个文明就找见了永生的钥匙。

        印象主义画家的命运，就是这种机制一个突出事例。在这种文明里，有价值的艺术家、技师或科学家，最终都不会受到诅咒，如果他们至少活得比较长久……克洛德·莫奈①就是一例。温森特也会是同样情况。可见，这种个人的文明找到了避免灭亡的办法，至少能跟人类同样延续久远。其他文明沉没之处，我们的文明仅仅经历成长的危机，而每经过一场危机总能变得更强大。发明出自由的个人，是一个社会从未发明过的自我调解的最伟大思想。

        到了二十世纪，要恢复群体压倒个人的企图，如法西斯主义和苏维埃的集体主义之所为，均告失败。其原因无非单位正是个人，而不是群体，况且染色体生物学也来大张旗鼓地给予证实，同时人人都终生珍视自由的思想，自由和个人这两种思想共生共存。一如既往，画家最先感到这一点，

---

① 克洛德·莫奈（Claude Monet，1840—1926），印象主义绘画运动的发起人和领导者。一八七四年莫奈展出《日出印象》，批评家就以"印象主义者的展览会"为题，在报上批评这一运动，从而得名。莫奈在世八十六年，可谓长寿，直到晚年还作画：《睡莲》组画（1906—1926）。

并且从十五世纪就在意大利创造出自画像这个新品种。画自己，这种放肆的行为各处效仿……作家步画家的后尘，一个世纪之后由蒙田①写出《随笔集》，第一人称流浪汉式的记述，尤其算是第一部自画像文学；然后才是哲学家，理所当然最后出来摘桃子，由笛卡儿②及其一六三六年发表的"我思，故我在"，批准了自主个人的诞生。

温森特的自画像，是这位艺术家身处社会极端的逆境中，重申个人，"我"，优于世上其他人。我就是我，你们看到的这一个，不管是痛苦还是快乐，我通过画作上的这些色彩和笔触存在，正如我做出了选择，我有理由继续走我选择的路。处境越艰难，死亡似乎越临近，这位不知疲倦的斗士就似乎越要给我们上这堂鼓舞士气的精彩课。在这个他视为非常美好、其实极为残酷的二十世纪的门口，温森特绝大部分在巴黎完成的一大批自画像，就相当于一次新确认一种反常文明的惊人力量。这个文明说是反常，就因为它往往残害那些更新它、救它于僵化和死亡之中的人们。

然而，这些自画像又始终作为他旅居巴黎的隐蔽部分。他向他的新朋友出示了吗？埃米尔·贝尔纳尔没有提及。如果他看到这样一批画，那

---

① 蒙田（Michel Eyquen de Montaigne，1533—1592），开创随笔这一体裁的法国作家。"蒙田"译名，与法语读音相去甚远，我国法语界学者通译为"蒙泰涅"。《随笔集》分三卷，共一百零七章，作者宣称："我不描述本质，我只描述每日每时的流程。"

② 笛卡儿（René Descartes，1596—1650），法国数学家和哲学家，将哲学思想从经院哲学的束缚中解放出来的第一人。主要著作有《方法论》（1637）、《哲学原理》（1644）。他的著名的命题："我思，故我在"，首先出自他的《方法论》第四部分。怀疑的方法被普遍运用，但至少在我怀疑时，我必然存在。这个出发点引出他的一切哲学命题。笛卡儿的怀疑论方法和数学为新科学奠定了基础。可以说西方所有的哲学家都是笛卡儿主义者。

么他笔头来得快，肯定要记上一笔的。我们惟一能肯定的事，再次涉及提奥，这个高傲的自我，他才是真正的知情者。至于别人，我们只能猜测了。

他有这么多发现，干了这么多事，也就很快明白，他在科尔蒙画室没有任何期待了。满了两个月，他就不再去了。至少，他在那里结识了他的头几个画家朋友。

初创的印象主义，莫奈、雷诺阿和他们的朋友们的印象主义，在所有这些年轻人看来，已经气力衰竭了。因此，这些年来，年轻画家的头脑里涌现的思想层出不穷，要为他们的艺术找到新方向。这场运动还不能真正称其为运动，被人称之为"后印象主义"。它的总的特点在于以这种或那种方式，重新审视产生于文艺复兴的绘画的遗产。在这具有决定性的几年间，从画家们争论比较中，产生了好几种新倾向。贝尔纳尔、昂克丹所标榜的间隔主义；继而高更将成为综合主义；修拉和西涅克确定的分色主义或者点彩画法；而温森特的方法，其实也是一种新运动，但是从来没有表现出来。温森特太孤立，太胆怯，或者太避让，不敢打出他自己的旗号。

除了一八八七年一月份他经常见面的埃米尔·贝尔纳尔之外，他在科尔蒙画室还结识了路易·昂克丹。昂克丹的一些油画，例如画得很美的《克利希大街》，给他留下深刻印象。他那幅《咖啡馆露天座夜景》表现蓝色夜空下阿尔勒一条街上这家黄色咖啡馆露天座，是昂克丹这幅画的一种明显的记忆。昂克丹虽是肉铺老板的儿子，却没有物质上的忧虑：他父母决定供他几年学艺术。

图卢斯-劳特累克也成为温森特的朋友，而且一直保持这种友谊。

温森特常到他接待朋友们的画室去看他。一切似乎都让这两个男人分开，一方的嘲讽、挖苦和奚落的意识，推到无以复加的程度，必定让另一方的热忱避而远之。然而，图卢斯-劳特累克本人就矮小，他看到这个怪人，这个受众人嘲笑的半流浪汉，当然很敏感，甚至为之震撼。双方都执著地热爱通过不同的道路而达到的真理，只能引起相互的赞赏、敬佩和友谊。

而且，劳特累克为温森特画了我们所看到的最美的肖像，是他在巴黎咖啡馆里的生活极好的见证。色粉画，表现温森特的侧身，对着一杯苦艾酒，正跟一个不知什么人在争论。看这幅画像我们就能感到，这个坐着的男人，蜷缩着身子，随时准备跳起来，身上积蓄着巨大的力量，有一股令人畏惧的激情，他在争论显得言词那么激烈，学识那么渊博，论据那么充分，巴黎所有见证人都指出了这一点。劳特累克完全"感觉到了"温森特。

提奥把他哥哥介绍给自己的朋友卡米尔·毕沙罗，以及他那也投身绘画的儿子吕西安。毕沙罗蓄留大胡子，白发苍苍，戴一顶帽子，大家都把他看作一位老族长，而他还不到六十岁，但是永葆青春活力。他信服于比他小三十岁的修拉和西涅克的作品，决定采用他们的分色法绘制他新的油画，结果他的经销商杜朗-鲁埃尔拒绝收购了。提奥则接过手去。老毕沙罗有一种宽厚大度的眼神，类似雨果或者温森特本人的眼神，甚至能够爱不同于他的东西，不久他就看出温森特的才华。他曾是看中塞尚、吉约曼、高更的第一人。当温森特给他看《吃土豆的人们》和其他一些习作，他很惊叹作品的感染力。他儿子吕西安引述他后来的这种想法:"我就知道这个人会疯的,或者要把我们所有人远远抛在后面。但是我毕竟不知道这两种预言能够应验。"

有一天,阿尔芒·吉约曼到波尔蒂埃画店,看到温森特的素描和油画,一时很惊讶。他问波尔蒂埃作者是谁。画商告诉他,作者正住在比他高几层的楼上。吉约曼就这样认识了温森特,而温森特便常去昂茹河滨路杜比尼①的旧画室看他。吉约曼家境一般,是一位印象主义画家,色彩丰富,几乎复杂得过分。温森特跟他特别亲近,非常欣赏他的绘画。吉约曼最终怕温森特登门了,因为他热情得过头,争论和论证起来没完没了,就譬如他看到一幅油画,表现一些工人正在驳船上卸沙子,一锹一锹装到独轮手推车上。温森特在海牙深入研究过干活的动作,认为有责任指点他的朋友,立刻就脱掉上衣,光着膀子,用手扬起一把想象的铁锹,向吉约曼证明他画的动作不对。吉约曼非常喜爱他,但是心里不免想到,他什么时候才算完。

温森特买颜料,就到克洛泽尔街唐吉老爹的铺子。朱利安·唐吉是布列塔尼人,六十来岁,一八六〇年同妻子来巴黎安家落户。他从前当过铁路工人,还在爱德华公司干过颜料破碎工,后来他决定自己干,制作价位高的管装颜料。他打算直接向年轻画家,诸如莫奈、雷诺阿、毕沙罗、塞

---

① 杜比尼(Charles-Francois Daubigny, 1817—1878),法国画家和雕刻家,主要画风景,他是巴比松画派和印象主义画派之间的纽带。

尚等人供货，每天到他们绘画的现场看他们，这样就省得他们跑路耽误工夫；而且，他们经常身无分文，唐吉就同意赊账，或者交换没有什么价值、但是令他迷恋的画作。因此，他的铺子成了美术展览和先锋派画家聚会的一个场所。唐吉纯粹出于理想主义，加入了巴黎公社，但是不会对任何人施暴，他干脆把枪扔掉，赶快逃跑，结果被政府军逮住。他受到审判、定罪，在布雷斯特①度过了非人的日子，两年禁止在巴黎居住。他重操旧业时，就成为新一代年轻画家的供货商。他始终没有发财，但是一切绘画用品他都经销。温森特成为这家店铺的常客。他在店铺里挂上日本版画，寄放他的油画。

唐吉这个人物很特别，跟后来的鲁兰一样是工人出身，他对温森特的绘画，对温森特的激烈和粗暴，他从来没有感到不快，态度恰恰相反。温森特给朱利安·唐吉画了两幅肖像，尽量表现这个人物慷慨的性格和温厚的性情。色彩、模特儿的行业，都鲜明地再现出来。其中一幅，温森特所绘的背景墙壁上闪动着日本版画。

在这种先锋派沙龙，甚至是绘画咖啡馆里，温森特还遇见别的画家，交了新朋友。他同所有人一样，看到了塞尚展出的油画。塞尚在普罗旺斯地区艾克斯城作画，总不见其人，在年轻画家的心目中，他就变成了一个地道的神话人物。不过有一天，温森特在唐吉店铺里，有幸遇见了塞尚，

---

① 布雷斯特（Brest），法国布列塔尼半岛西端重镇，港口城市，有大型修船厂，与南方土伦同为法国主要的海军基地。

向他表示自己的钦佩，并出示自己的作品，长时间向他解释自己的意图。塞尚一直听完，仔细瞧了温森特的油画，然后操着南方腔调对他说："坦率地讲，您做的是一种疯子的绘画。"

然而，这些年搅动巴黎的绘画运动，还是乔治·修拉和他的朋友保尔·西涅克的分色主义。修拉想要做的一种绘画，必须依靠一种完全科学的技术，一丝不苟地遵从谢夫勒尔的规则。印象主义画家靠直觉所领悟的，他要通过科学来实现。他的思想就是视觉的混合。如果把一件物体所反射的光线，分解成灵巧选择的色点，那么眼睛隔着一段距离，通过在视网膜上的综合，能够重新将色点组合起来。近瞧，我们在画作上只看见为取得效果疏密计算精确的互补色色点；但是远观，图像又重新结合，栩栩如生了。譬如，要表现一簇青草，从阴影过渡到阳光，他就在青草的绿点上添加橘黄点或紫色点，这是绿色的两种互补，符合精确的色调，根据增加或减少色点的频率，以便表现青草因阴影而暗下来（更多紫色点），或者因光照而明亮（更多橘黄点）。贴近了观察，这种似是而非的技法所表现的对象，就恍若放在一块薄纱后面，而薄纱将绘画的时刻停在了永恒。这种技法很可能产生一种荒谬的结果，然而，修拉不愧为真正的画家，他的大幅油画《大碗岛上一个星期天下午》近乎一幅圣事图。这一时刻，莫奈及其朋友在一种无比轻巧和细腻的绘画中，表现其转瞬即逝而极难捕捉的特点，而在修拉的画笔下则石化了，仿佛固定在一种不会开裂的透明涂料之中。从短暂的时刻，过渡到了永恒的时刻。

《大碗岛》这幅油画在巴黎两度展出，一次于一八八六年五六月间，在最后一届印象主义美术展上，另一次于同年八九月间，在独立画家美术展上，两次展出都引起轰动，当然也招来各种各样的嘲讽。温森特有机会看到这幅画，表现出了强烈的兴趣。他说：修拉是首领。

温森特先后同毕沙罗和西涅克结交为友，通过他们熟悉了分色主义或点彩画法，可以说受到他们解释的影响，有时他在画上也涂上几点，除了他从未严格贯彻这种理论之外，我们也猜出绘画动作对他至关重要，他不可能长时间受这种僵化动作的束缚。修拉如此细密、如此用心构图，要在画室耐心工作几周，这同温森特经历绘画的方法背道而驰。他当即就明白，点彩画法主要还是一种不同的技法，有些情况可以利用，但是他根本没有推而广之。"至于点线，画光晕或其他东西，我认为这是一种真正的发现。"后来他在阿尔勒这样写道。

所有这些聚会谈话，都在蒙马特尔的咖啡馆或餐馆进行。温森特养成习惯，到那些场所和朋友见面，开始喝苦艾酒，喝大量苦艾酒，到后来可能酒精中毒了。他受到这么多新思想的冲击，又和跟他一样在探索的人这么频繁相聚，头脑就持续处于亢奋状态。他必须理清思想，既吸收印象主义，也吸收分色主义，观察塞尚的独特之路，并找到自己的路，既然他在艺术中，或多或少抛弃了社会的一面。他不再提起要搞一种为穷苦人的穷苦艺术，也一定想通了为什么他那些黑乎乎的作品，提奥甚至都不让这些巴黎人看一看。

然而，他也不能写那种长信了，写上十页之后，还要附去同样长的篇幅，以便解决最复杂的难题。因此，晚上刚一回家，他就缠住这个可怜的

19 巴黎、自画像和"伙伴"

提奥不放,对他说呀,说呀,不住嘴地说。有时提奥忙了一整天,已经很累了,上床要睡觉,温森特就搬把椅子,坐到床尾,还要跟他谈德拉克鲁瓦、莫奈、色彩对比、修拉理论的价值等等。

提奥实在受不了,尽管弟弟赞赏哥哥,看到他改变了方法,以惊人的速度跟上了时代的步调。然而,这负担多大啊!这个人又多么让人难以容忍啊!十年以来,他们仅仅靠通信交流,各自发展了。现在,跟这个着了魔的人一起,生活可就难了。提奥是个有条理的人。他新租的套房布置得像博物馆,在墙壁上集中挂着他收藏的绘画。他喜爱新画家,他那套房间里的画作,能让今天最大的博物馆喜出望外。他有一个以"S"称呼的情妇;他也喜欢接待朋友。可是,温森特把这地方搞成了破烂摊,不管什么东西,他总乱扔乱放,从来也不收拾;而且,提奥的朋友来做客的时候,他还为这事或那事跟他们争吵。他在绘画方面,学识渊博得令人难以置信,文化知识面也很广,头脑又无比聪明,因而在争论中,他总能找出一锤定音的论据、具有说服力的事例。他若是个温文尔雅的人,本可以让人接受他那么珍稀的学问,以及他的不足,因为他确有不足,不分青红皂白,摈弃一切不"真实"的东西,诸如波德莱尔、爱伦·坡,以及所有求助于想象的作家或者画家。可是,他在辩论中太生硬了,过分热衷于真实,他的真实,根本不注意方式方法。他变得烦人,给提奥的生活增添了苦涩。

提奥向威廉米娜抱怨,温森特总是杂乱无章,好同朋友争论,他的行为让人无法容忍;接着,提奥又指出,"他身上就好像有两个人:一个极有天赋，又体贴又温和；另一个则自私自利，心如铁石。这两个人轮番亮相。非常遗憾他同自己为敌"。

妹妹就劝提奥抛弃温森特，让他听天由命去。可以肯定，几个妹妹都不向着他。提奥回信说，他当然常有这种念头，差一点点就干出来；但是，他还要一如既往，继续帮助温森特，因为他相信总有一天，温森特的画能卖出去。他还指出这样一点："他肯定是个艺术家，尽管他现在画出来的，也许并不都是好的，但是这对他今后有益，将来也许会有人欣赏，因此，阻止他继续学画，恐怕那会留下遗憾。"

提奥在这里所表明的，是我们长期以来就了解的态度：人们习惯了兄弟俩之间绝对相爱的神话，不管这显得多么令人惊讶，其实直到那时，提奥还没有衡量出温森特的才华。温森特抱怨提奥身为画商态度消极，这种抱怨不是没道理。提奥关系最近的朋友安德里斯·邦杰，一个住在巴黎的荷兰人，提奥后来还娶了他妹妹约翰娜，邦杰就引述了这样一段话："兄弟俩一起生活在蒙马特尔的时候，有一天提奥明确表示，这里只是概括他的见解：温森特当画家有中等才华，仅此而已。"

邦杰的证言不常友善，他是提奥多年的知交，提奥心有恼火的事儿，自然而然常当着他的面抱怨，但是并不涉及连接他和哥哥的最深厚的感情。不过，这段证言很有可能是真的。毕沙罗，继而埃米尔·贝尔纳尔和修拉所看出来的，或者像塞尚那样，甚至否定的感觉，提奥没有看到，至少还没有看出来。

温森特敦促提奥自己开画店，推销新画家的作品。他清醒地看到，

19 巴黎、自画像和"伙伴"

继第一代印象主义画家,即"林荫大道"(蒙马特尔林荫大道)的印象主义画家之后,不好归类的年轻一代新画家,即"小林荫大道"(克利希林荫大道)的新画家,成为一块未来的地盘,趁其他画商还鄙视或者不大看重他们,正是投资的好时机。温森特错就错在把他的所有"伙伴"都推向提奥,要把提奥变成杜朗-鲁埃尔之对莫奈、雷诺阿和其他画家的角色。两个兄弟很快就定位,犹如一双鞋子,也许就是温森特所画的静物那双鞋子。温森特没有偏见和宗派,什么地方都能进去,能向提奥推荐不同艺术倾向的作品。

然而,提奥没有经费。于是温森特暗示他请梵高家族有钱的叔伯支持,去找森特伯父和阿姆斯特丹的科尔叔父。提奥终于被说服了,他于夏季动身去荷兰,既为了休假,去探望伯父叔父,又为了追求美丽的约翰娜·邦杰。伯父叔父他们肯出资,同他一起创建一个公司吗?提奥阐述了他的方案,但是他们离巴黎的现实太遥远,又提防着温森特,便拒绝参加他们觉得有些冒险的生意。他们就这样错过了一次成为百万富翁的机会,尽管当时动手,也无疑有点儿晚了。提奥因而放弃了离开古比尔公司的打算。他留在公司当雇员,一直到死。没有足够的资本,贸然开画店,就可能走向破产。

提奥至少承认,温森特引他进入先锋派绘画最重要的关系网,这是他独自难以做到的。温森特无处不去,成为所有人的朋友。他在知识方面慷慨助人,受到所有画家的喜爱,而每一位都很出色,可是他们往往相互瞧不起,或者美术展览会如果有某人或者另一个人的作品,他们就拒绝参展。

表现为罗伯斯庇尔①式的小集团和排他性、法兰西特色和巴黎特色十足的风气，温森特完全感到陌生，也不能容忍。他实在弄不明白，有时甚至发起火来，只因他看到一些画家拼老命都难维持生计，居然还有办法相斗，拿他的话说，进行"大家都倒霉的内战"……

先是间隔主义，接着综合主义，就譬如贝尔纳尔，继而高更，十分憎恶修拉和西涅克所代表的分色主义。高更甚至拒绝跟帮助过他的毕沙罗说话，只因毕沙罗现在追随修拉了。他们就不能相互尊重，各自以不同的方法绘画，面对可怕的逆境团结一致吗？温森特始终梦想组建一个画家互助的协会，他不明白怎么会这样。不过最终，他采取一种不偏不倚的立场，这样，他在蒙马特尔就能提些倡议，在这段逗留期临近结束时，还组织了几次画展。

这些年，蒙马特尔重又成为小锅炉，从里面出来同样多的争吵和将要传到全世界的新作品。

在这种疯狂的亢奋中，提奥病倒了，患了梵高家族症，即温森特所称之的"我们的神经质"，症状就是身体虚弱，相当严重，就好像突然虚脱

---

① 罗伯斯庇尔（Robespierre 1758—1794），法国革命家，在法国大革命中，尤其在一七九三年到一七九四年雅各宾派当政时期起过重要作用。他当过律师、法官，任过阿拉斯学院院长，素以急公好义而闻名。他反对君主专制，一七八九年，他被阿拉斯公民选为代表，进入政界，在国民议会发表演说多达五百余次。一七九三年六月四日，国民公会在二百二十票中以二百一十六票推选他为主席，即左派雅各宾派当政，实行了一系列革命措施。这引起保王党派、吉伦特派等派别的敌视。一七九四年七月，吉伦特派在国民议会中占了多数，宣布剥夺罗伯斯庇尔的公民权。七月二十六日，他在市政厅开枪自杀，重伤腭部，被国民议会的士兵逮捕。七月二十八日晚，罗伯斯庇尔在革命广场被送上断头台。法国大革命中，派系斗争复杂，说罗伯斯庇尔是左派领袖则符合史实，谈不上"小集团"。他是一位爱国者，一位富有责任感和牺牲精神的革命家。

了。提奥刚恢复过来，就决定照顾自己的身体，据邦杰说，就是决定与温森特分开。

提奥并没有把哥哥打发走，但是温森特明白，他必须改一改自己的行为，给提奥多留点儿清静。正值气候宜人的季节，他开始郊游，徒步从蒙马特尔朝阿尼埃尔村方向，一直走到巴黎附近的乡下。有时他在那里又见到西涅克，二人共进午餐，在塞纳河畔作画，傍晚再回巴黎。古斯塔夫·科齐奥引述西涅克的回忆："梵高，身穿一件铅管工的蓝工作服，往袖子上画小色点儿。他紧紧靠着我，大喊大叫，手舞足蹈，举起刚画完的一大幅油画：他给自身和行人涂上了彩色。"

然而一八八七这一年，伟大的朋友，真正的伙伴，还是埃米尔·贝尔纳尔，一月份在唐吉店铺重逢。温森特对贝尔纳尔讲了对他在画店展出的作品的全部看法。贝尔纳尔没有忘记在科尔蒙画室的初次相遇，看了温森特的画作，如果说没有当即理解的话，也丝毫没有敌意。这是他们伟大友谊的开端。

贝尔纳尔父母住在阿尼埃尔村，离大碗岛不远。住宅的花园里有一间木板房，他就用作画室。两位画家在画室相聚，一同作画，直到有一天，温森特同他朋友的父亲争吵起来，他试图向人家解释，应该让儿子发展艺术家的志向。温森特不再去贝尔纳尔家了，不过，两个朋友经常在阿尼埃尔见面，一道绘画，交换他们对绘画的看法，几小时很快就过去了。年龄的差异对他们并无妨碍。有一张照片保存下来，只见他们二人坐在水边交谈，可惜温森特照的是背影。

温森特画出了几幅出色的风景画，用的全是中间色调。有时他还走过了阿尼埃尔村。贝尔纳尔讲述，温森特要找绘画的主题，什么也阻止不了，无论路途多么遥远，也无论刮风下雨，还是顶着炎炎的烈日。麦田、森林内景、塞纳河边的桥、头戴草帽的自画像。自画像侵入强烈的黄色，这种《生活的乐趣》的黄色，据贝尔纳尔说，"他看到了爱的大光明"。

他还这样回忆温森特："一大幅画布搭在背上，他就上路了，接着，他根据主题所需的尺寸，将画布分成若干格；傍晚他满载而归，他就像一个流动的小博物馆，一天的全部激情，统统收集在上面了。"

不过，如果说他学习印象主义画家，表现得多么得心应手，那么他的画作却有现实主义的力量，不同于印象主义作品。对比色理论，或者修拉和西涅克的小色点技法，在他的画上都服从于强有力把握的主题。伟大的梵高已经存在了，但是他还不贸然使用强烈的色彩，因为他在巴黎城郊这些地方看不到。他使用的黄色，不管怎样还有所收敛。然而，黄色已然存在了，也表现在他的静物中：那些衬着黄色背景的黄皮书。①

因为，温森特又有了意中人。这回是一家号称"小手鼓"的意大利咖啡餐馆的女老板。据科齐奥回忆，阿戈斯蒂娜·塞加托里，从前当过模特儿，是个褐发高个子的漂亮姑娘。她于一八八五年开了这家咖啡餐馆，只做意大利菜肴。温森特常来吃饭。据埃米尔·贝尔纳尔说，塞加托里是一位"非常漂亮的女人"，图鲁斯·劳特累克还画了她一幅肖像，确认了她

---

① 即《黄皮书》(1887)，瑞士个人收藏。——原注

的美貌。而温森特则给阿戈斯蒂娜画了两幅肖像。莫非在她餐馆吃饭的时候，温森特爱上她了吗？不得而知。他们二人似乎做了一段时间的情人。温森特给她画的第二幅肖像，背景就是刺眼的黄色，这胜过上千句话，向我们表明他对她的感情。

温森特在咖啡馆餐厅举办第一次日本版画展览。这次展览很可能影响了贝尔纳尔和昂克丹，促使他们构想出所谓的间隔主义：这一运动存在于绘画中，将块面形状圈定孤立起来，并以彩绘玻璃的方式集中大量上色。日本人绘制版画，也是圈定不同部分来着色。温森特当时给阿戈斯蒂娜画的一幅肖像，看得见背景墙壁挂满了版画。

接着，他又在"小手鼓"咖啡餐馆举办第二次画展，他挂出了自己的油画，以及贝尔纳尔、昂克丹和图卢斯－劳特累克的作品，即科尔蒙画室从前的四名学生。只可惜在展览期间，塞加托里这个女人同温森特断绝关系，但具体情况不明。她另有情夫了，还是美术界有人插手了？温森特还保留对她的感情，可是，他不得不力争，才索回展出的油画，用手推车推走。

有一个从前的画商，在古比尔公司干过事的人，又要重操旧业，恢复这种倡导精神，要让世人了解新绘画，将这些才华横溢的新画家纳入提奥的勃勃雄心的范畴，由提奥充当他们的经纪人。

温森特并不就此罢休，他还在一家大众餐厅，发起举办一次大型美术展。这家名号"大沸腾"的大众餐厅，坐落在富尔什街，位于克利希林荫路和圣都安林荫路的交会口。贝尔纳尔叙述那地方很大，能展出上千幅画作。好多画家同他一起参加展出，包括贝尔纳尔和昂克丹，但是温森特有上百幅，在整个展厅非常突出！艺术家和经销商都来看展览，毫无疑问，这是梵高生前最大的一次作品回顾展。贝尔纳尔回忆，人们头一次看到这种绘画大批展出，留下激动不已的印象。修拉那么矜持，通常那么神出鬼没；他也来参观了，不免惊叹，第一次跟温森特说话，同他握手，并邀请他到自己的画室来。

高更恰巧从马提尼克岛回来，运回全部油画，从热带地区的繁茂景物得到灵感的作品。他立刻来看"大沸腾"的画展。这是一八八七年底，温森特在这种场合同高更相遇。

在温森特的一生中，保尔·高更极其重要，因此在这个日期必须稍停一下，介绍这个新人物，简单谈一谈他的绘画特点。

高更生于一八四八年，从事绘画已有十五年了，年满三十九岁，已经有一段丰富而不平凡的经历。父亲是个反君主制的记者，全家在一次秘鲁的旅行中不幸早亡，他不大记得了；祖母弗洛拉·特里斯唐是个革命者，他在秘鲁定居，童年在利马度过，住着殖民者式的住宅，有黑人或印第安人仆役。他六岁时返回法国，学习成绩平平，没有考入航海学校。十七岁时，他到海运船上当水手，后来升至二副，又到"杰罗姆－拿破仑"军舰上服兵役，参加了一八七〇年法国和普鲁士的战争。从一八六五年至一八七一年，他就这样在风浪中艰难航行，周游了世界。

他航行到印度，得知母亲阿莉娜去世的噩耗，成为孤儿，由他母亲的朋友古斯塔夫·阿罗萨监护。监护人收藏了许多绘画，他还把高更带到交

19 巴黎、自画像和"伙伴"

易所，于一八七二年在巴黎银行街区一家证券事务所，给他找了一份差事。高更在事务所长进很快，通过他的监护人，还认识一个丹麦姑娘梅特·加德，于一八七三年娶了她，同她生了五个孩子。

约摸一八七六年，绘画的魔鬼附身了。他首先像阿罗萨那样，开始收藏印象主义的绘画作品，继而，每逢星期天就开始作画，他还结识了毕沙罗。从一八七九年起始，他参加了第四届和随后几届的印象主义美术展。他的绘画以其高质量受人关注。他在保险公司任职两年，于一八八二年被解雇了。他在取得成功的行业没有再找新工作。高更要以绘画重新创业，以为能像他在交易所、在金融系统那么快脱颖而出。他非常自信，犯了刚开始创作的人所特有的错误，相信自己画的东西很美，很快就能吸引来观众。毕沙罗有些担心，对他儿子说道："想不到他这么天真。"

事实上，对高更来说，这是一种地狱生活的开始，尽管毕沙罗指导帮助他，还把他介绍给塞尚。高更也不断得到埃德加·德加的帮助。一八八四年，他离开巴黎，拖着一大家人到鲁昂。梅特·加德实在受不了，当年就带着五个孩子动身回哥本哈根了，而最小的孩子才一岁。高更又去找他们，试图给厂家代销防雨布。可是，那个丹麦家庭把他赶出门。

他一直没有离婚，始终爱他的几个孩子，忍受着这种分离的残酷折磨。夫妻二人态度都同样强硬，相互只是写写信。高更每次有可能就寄钱去，但是这种情况相当少。他没有父母和家庭支持，妻子还靠翻译单独生活，他经常陷于绝望，但是始终不放弃绘画。一位朋友，埃米尔·舒芬奈克，在交易所的老同事，对他无限钦佩，总是尽可能帮助高更，但是他本人也靠教人画素描生活。

高更给人张贴广告挣几文钱，后来，一八八六年，他动身去布列塔尼地区阿旺桥村，在那里少许钱就能生活，还能找到淳朴的居民。他有时也卖掉过几幅画，但是，他的时间大多用来不断举债。

一八八七年，他同另一位画家朋友，夏尔·拉瓦尔，又动身去巴拿马，想要找到他家族的一个成员，抱着不大切合实际的经济打算。高更也渴望通过此举，重又找到他所熟悉的那个天地。他写道："我去做野人。"这是一次失败。两个朋友干活挖运河，以便生活，付他们前往马提尼克岛的旅费，不料疾病却来捣蛋。拉瓦尔患上了疟疾，已经绝望，想要自杀了。高更终于说服他放弃轻生的念头。他们总算到达马提尼克岛，住进仙境中的一间茅屋。高更来到这伊甸园无比激动，想起那么多前尘往事，便画出了一批油画，然后回法国，在船上充当水手，以免付一八八七年这趟横渡大洋的旅费。他又患了痢疾，情绪相当差，赶紧来看蒙马特尔有什么新东西。

绘画十五年，同印象派画家数次参加美术展，卖出几幅画，一种陶瓷工的活计非常独特，高更不是一般的画家，正是这样的高更来到"大沸腾"餐厅，观看科尔蒙从前几位学生的作品。热带地区之前高更的绘画不大为人赏识，这是不对的。大量的油画为他那罕见的才华辩护。然而，这些作品尽管色彩华丽，构图有力而出人意料，具有特殊柔滑光润的魅力，却难以看出贯穿这些画作的一种思想。

作品中显示出来一种强有力的自然，但是还没有找到自己的独特方式。他的绘画时而像毕沙罗，时而像塞尚，时而又模仿德加的画法。塞尚就指责高更"剽窃了他的小小感觉"。他的绘画没有一种合适的语言、一种风格来发力。因此,高更的表现,还像个出色的副手。暴露出来的问题,正是缺乏思想,缺乏对他自己探索的分析。他试图通过模仿某种风格,并打算超越来找到自己的路,结果总是逊人一筹。他身上丝毫没有温森特那么执著的劲头,总把萦绕于心的念头诉诸文字,写在那么多光彩夺目的纸页上。高更是个敏感的、直觉型的人。他在绘画中产生的想法,要升华到意识上很吃力。他需要借鉴别人的思想,以便更能看清他本人。

高更在马提尼克岛的绘画,放到提奥的画廊里展出,温森特去看了。他看了心花怒放。或许温森特本人正在追求一种色彩的最大振幅,就感到这种追求可以视作完成:果然未过三个月,他就去了普罗旺斯。

高更看透了梵高兄弟这特殊一对的功能吗?难道他已经明白,要赢得这位画商的好感,就必须同他的哥哥交上朋友吧?在我们看来,很有这种可能性。在这个躁动的荷兰人之前,还没有任何人如此激赏他的绘画。这个人物别出心裁的作品装饰着"大沸腾"餐厅墙壁,他向高更提议,用他两幅画向日葵的作品,换取一幅马提尼克的画。温森特一开始就低声下气!为什么用两幅?一幅换一幅,不是足够了吗?

当然,不是高更主动要求交换的(温森特向他喜爱的所有画家提出交换,都是以对等的日本方式),他接受了交易,从而推想他的马提尼克油画《小河边》,完全抵得上温森特的两幅画,其实不然。只需瞧一瞧在巴黎画的这些烧焦的向日葵,衬着蓝色背景多么出奇,就能确信事非高更的推想。

经常是温森特推动提奥买这位或那位画家的作品。于是，提奥买了高更九百法郎的油画、陶瓷品，放在店里销售。高更刚从地狱底层爬出来，已经被穷困、疾病和梅特及孩子们的处境压垮了，这笔生意真是喜出望外。而温森特这个古怪而极端的画家，不过是他的画商的哥哥。一八八七年十二月，高更给他写了一张便条，是这次交换所留下来的佐证。他在便条中称温森特为"亲爱的先生"，并没有提出再次见面，以便交换画作，一切将通过提奥进行，他既保持热情的态度，也特意保持一定的距离。

这张便条也透露出，两位艺术家至少在十二月中旬之前没有再见面。一八八八年一月，他们之间开始通信，表明肯定是一八八八年一月初见的面，当时提奥买了高更的油画和陶瓷品。在这场交易过程中，温森特应该在场，或者事后不久见了面。高更给温森特写的第一封信，的确以一句"我亲爱的先生"开头，同便条上那么冷淡的"亲爱的先生"形成鲜明的对照。

另外一次温森特作品展，是在安托万自由剧院举办的：剧院方提议在内部辟出空间，展示未镶画框的新作品。温森特不失时机，同修拉和西涅克一起，挂上自己的油画，可见他不大讲究宗派。

贝尔纳尔渴望去阿旺桥村绘画，试图也把温森特拉去。温森特没有跟随他去布列塔尼。他心中想的是南方，决定去阿尔勒。

为什么离开呢？可以肯定，在他的思想里，来巴黎逗留的日子到头了。温森特厌倦了城市，厌倦了画家及其内战，也厌倦了他感到日渐沉溺的烈酒，也许还急于减轻提奥的负担，急于重返乡村，遵循我们在他的生活中已经观察到的这种轮回。两年神秘的周期：在海牙两年，在纽南两年，

19 巴黎、自画像和"伙伴"

在巴黎两年，到普罗旺斯也两年……早先在博里纳日的磨难，恰恰持续了两年。一到了这个时间段，他的头脑里就似乎有什么东西断裂了。离开一个地方的原因很复杂。

苏珊娜·瓦拉东，当过模特儿，后来成为画家，于里洛（Urrilo）的母亲，她就讲了一个故事，表明温森特并没有融入巴黎的圈子，只有几个还不能总理解他的画家朋友。每周，劳特累克都邀请朋友们在他画室欢聚，温森特也去了。"他腋下夹着一幅沉重的油画，到了那里放到一个角落，站到明亮处，等待别人向他表示点儿关切。可是，谁也没有注意他。他在对面坐下来，监视大家的目光，不大参与谈话，过了一阵待腻了，便带着他的画作走了。然而下星期，他又来了，故伎重演，还是老一套。"苏珊娜·瓦拉东见别人无视温森特，心中很是愤愤不平。温森特也一定感觉到了，轻浮的巴黎有多么冷酷无情。他离开巴黎并不遗憾。

这些理由都很充分，但是不应该让人忽视，对一位艺术家来说，还有最重要的缘由。

温森特在巴黎，吸收了现代绘画所有流派的长处，他的夏季作品、他的自画像表明，他在任何人那里再也学不到什么了。他找到了自己的语言，可是在法兰西岛①，却不能供这种语言满负荷运转。阿戈斯蒂娜·塞加托里最后那幅肖像画，采用灼热的黄色，开辟了通往阿尔勒绘画之路，然而

---

① 法兰西岛（Ile de France），法兰西的发祥地，现为法国政治、经济中心，也是法国人口最稠密的地区，辖巴黎市、埃松、上塞纳等八个大区。

巴黎周围的自然景物，不允许他放情地使用这种近乎白炽状态的颜色。一些作家有这种情况，书写某一页时，纯粹是要让萦绕于心的一些话一吐为快。我们觉得温森特也是同样情况。他要展现这些"吼叫"的黄色。巴黎的自然景物不允许他"完全放手"，也就是说，不能穷尽这种颜色。

一位巴黎的见证人说过，黄色让温森特发狂。他到南方不是寻找阳光，而是寻找最强烈的黄色和蓝色，让这两种颜色产生共振。前往南方，就是踏上蒙蒂塞利的足迹，至少一生中有这么一回，酣畅淋漓地挥洒这种颜色。况且，他打算很快就赶到马赛。不过，考虑到他最终抵达之点，那么首选阿尔勒还是对的，但我们始终未能确切了解，是谁给他出的这个特别主意，让他前往这座城市。

他画了最后一幅自画像，只见他是对着画架绘制的。出色的作品，显示他作为画家，已经得心应手了，无需夸张，也不必佯装谦虚。自不待言，一幅黄色调的肖像。

20 阿尔勒，伊卡洛斯的飞升

大约一八八八年二月二十日，温森特从南站（里昂车站）上火车离开巴黎。临行前一天，他参观了修拉的画室，同埃米尔·贝尔纳告别。贝尔纳还来帮他往提奥的套房挂他的作品，在墙壁上留下他的得意之作……

如果说在巴黎的日子极为丰产，那么两年下来，他也失血过多："……非常伤心，几乎病倒，几乎成酒鬼，过分寻求刺激了。""寻求刺激"意味着他通过烧酒和烟草，刺激他本已经亢奋的状态。

他在给妹妹威廉米娜的信中，又补充上另一种理由："现在大家对绘画的要求，主要还是色彩的反差，以及非常精细而分明的色彩，而不是浑浊的灰色调。我并不想以这种原因或那种原因，指派任何人的不是，而总得有一次走向吸引我的东西。""总得有一次走向吸引我的东西"……阿尔勒是一种诱惑，他屈服"一次"，而通常，他对自己特别无情。至少有这么一次，跟魔鬼打打交道，要极尽夸张，尽可能做得过分。他以前从海牙给提奥的信中写道："我准备冒一切风险。"

然而，为什么是阿尔勒？文学的记忆吗？同某些人或另一些人交谈过吗？这座只有两万三千居民的小城，没有任何方面可能引起特殊的兴趣。然而，如果有谁跟他谈起阿尔勒，温森特很了解当地，讲得头头是道，可见阿尔勒是他尽可能明智的选择。

阿尔勒坐落在罗纳河三角洲的北端尖角，罗纳河谷的尽头，仿佛是风的走廊的出口，城市沿着这条河延展，好似环绕着运河（鲁宾国王河、克拉波纳运河、阿尔勒－布克运河）。这些横跨着吊桥的水路，让温森特联想到荷兰。况且，这些桥梁是由一位荷兰工程师建造的。尤其是像温森特那样，于二月末到这座城市，就会非常惊诧于天空格外澄净透明。

一年的这种时候，草木还在休眠，不可能往空气中散发一点点水汽；而且，干冷的密斯脱拉风，从北往南一刮起来，就把空气中仅存的一点儿潮气全驱逐了，使得最纤巧的物体都轮廓分明、色彩生动，是别处所见不到的。房舍、百叶窗板、屋顶，又都重现它们鲜明的棱角；日光直射的光秃秃的树枝，毫无过渡地显示其明晃晃如白银的一面、黑黝黝如乌木的另一面。令人惊讶的效果，不可能逃过画家的眼睛，尤其他还念念不忘日本绘画。

因此，阿尔勒是完美的选择，然而，当地的这种阳光的景象，似乎还是给了他一个天大的惊喜。"真的，我亲爱的弟弟，要知道，我就感到置身于日本了。"还有给贝尔纳尔的信上说："这地方大气明净，色彩效果欢快，我觉得跟日本同样美。"

不过，二月二十日这一天，他在车上坐了十五个小时之后，脚一踏上站台，就看到城市有些地方积雪足有半米厚！一个严寒的冬季在全法国肆虐。这当然要想法解决。他尽量加快脚步，连跑带颠，一直穿过拉马丁①广场，从耸立两座大塔楼的骑兵门进城。骑兵街就在前面，他在30号一家带餐厅的"卡雷尔"小旅馆租了一间房。

然而，天气可不像人希望的那样，很快就能转暖。冻雪还很猖獗。只有到三月九日那个大晴天，气温才算回升了。温森特急不可耐，立刻买颜料，开始绘画。开头，一位阿尔勒老妇给他当模特儿；继而，他出门去，带回来一幅以城市为背景的雪覆田野图；最后，他干脆就隔着餐厅的玻璃窗，画他所见的景象：街对面的一家肉铺。

他快速算了一下账：这里的生活比预计的贵得多，但是要比巴黎出活儿。他在城市里走了几圈，就能衡量出小城的规模。他参观了"雷阿图"（Réattu）博物馆，觉得"不堪入目，是场恶作剧"。

这是座古城，温森特趁天气冷，不能去乡野绘画，就参观了全城。阿尔勒城是尤里乌斯·恺撒于公元四十六年建造的。阿尔勒被誉为高卢的罗马。它的竞技场的规模，是全法国最宏大的，足以表明该城在古代的重要性。阿尔勒还有剧场、一座很古老的"阿利斯冈"（les Alyscamps）墓苑。

---

① 拉马丁（Lamartine, 1790—1869），法国浪漫派诗人和政治家。一八四八年二月，他成为临时政府成员，任外交部长，一时权倾朝野。正是这种时候，他主张铁路一直修到阿尔勒站前广场即拉马丁广场。

这样辉煌的历史，就说明后来到中世纪，为什么又建造了圣特罗菲姆教堂及其修道院，一整套宏伟的基督教建筑。

看到小小古城和吃掉中心区的巨大竞技场之间比例失调，至今人们还感到惊诧不已。然而，罗马的和大陆的阿尔勒，难与希腊的和海洋的马赛相匹敌。这里只有一个首都的位置，容不下两个首都。因此，这座城市逐渐丧失了往日的光辉。拉马丁争取铁路将这座城市和地区其余地方连接起来，此举恰好在火车站和骑兵门之间，为他赢得了一个位置。

此外，这里还创建了机车车辆制造厂，用工上千人。约摸一八六七年，一家煤气厂高耸的烟囱，也直指这座罗马古城的天空。工业化也难免造成破坏：修建铁路和机车车辆厂，就部分毁掉了阿利斯冈墓苑。

城中约有五百至八百意大利人，让人瞧不起，当作贱民来对待。当时南方特别排外，那是个无情的世界，固步自封、闭关自守，即使有些人能表现得很是慷慨大方。温森特肯定有亲身体验。还好，一座朱阿夫兵①兵营将自己的活跃带给这座城市。宿营的军人满大街溜达，显示他们的红军裤和他们新奇的装束。由于他们需要消遣，少不了咖啡馆，也少不了"朱阿夫兵窑子"；而温森特说，惟独进了那种地方，他才能尝到阿尔勒女人的妩媚。

他也受她们美感的吸引，尽管她们不懂绘画："她们懂得在一件黑衣服上，给你嵌入一种粉红色调，或者做一套白色、黄色、粉红搭配的服装，

---

① 朱阿夫兵（Les Zouaves），一八三〇年组成的阿尔及利亚轻步兵团士兵，后泛指非洲法国步兵团士兵。

还有绿色和粉红搭配，还有蓝色和黄色搭配，从艺术的角度看，就无需改变什么了。"

这座古城一旦各个方位都跑遍了，温森特从绘画角度对它就丧失了兴趣。除了少数例外，他的绘画主题都在城墙之外。他在拉马丁广场街区租了"黄屋"当作画室，他画了广场街区、咖啡馆、花园，尤其四周城郊、农舍、果园。不像莫奈或者马奈那样，既不画工厂，也不画铁路。

这样拒绝现代世界，只破坏了一次规矩：横跨罗纳河、连接城区和特兰克塔伊城郊区的新铁桥，温森特就画了，情愿做素描。他喜欢画桥梁和磨坊风车，经常写信说，那地方让他想起荷兰。

对圣特罗菲姆教堂之美，他也并不无动于衷，但是他厌恶这种中世纪的产物，"如同一场中国噩梦"，而他很高兴不是中世纪人！温森特只会对大自然、农民世界和平民百姓产生兴趣。

他刚到阿尔勒，就收到高更从布列塔尼阿旺桥村写来的一封信。高更远离文明，到那里隐居作画，他不知道温森特已经动身去了阿尔勒。这封信由提奥接收，没有拆看就转到普罗旺斯。温森特要提奥此后拆开他的信件，以便了解内容。高更在三月二十九日写的这封信中，请温森特在他弟弟面前说说情：他已身无分文，病倒在床，准备低价出售他的作品。

高更求助于刚到阿尔勒的温森特，从而真正开始了后来转化为灾难的高更－梵高事件。高更身陷绝境，只有抱希望于梵高兄弟，而且他已看明白兄弟俩是如何配合的，便巧妙地利用。这封信的抬头"亲爱的温森特"，接着就谈低价、经济状况和卖画，就好像温森特是画商似的。不管怎样，信中一句话不问温森特本人的情况，也只字不提他的绘画。这不过是一次针对提奥的外交之举，一字一句都经过仔细斟酌，如同打台球间接的一击。

高更其人，大家往往不了解，他是个出色的击剑手，名副其实的战术家，身经百战了。他已经看透，温森特的利他主义能贯彻到什么程度。他直接给温森特写信，就是期望从提奥那里得到更多。而且，他判断得不错。

温森特心被打动，他总是渴望同人分享，帮助一位艺术家，于是极力劝说提奥去救助那位画家，买他一幅海景图，就能让他衣食无忧。温森特还给另一位画家朋友鲁塞勒写信，也请他向高更买一幅油画。鲁塞勒回了一封信，却寄丢了。

温森特的脑海里，立刻又浮现那个老念头：他自踏上艺术之路以来，就一直念念不忘成立画家协会。既然社会要用很长时间，才会认可真正的才华，那么画家为什么不组成协会相互支持呢？大家看到了，这是他的"救世军"的一面：效劳，互助。他再次向提奥阐述他的伟大梦想。"我基于多种理由，希望能修建一个落脚之处，以便巴黎公共马车的那些可怜的马匹精疲力竭时，可以前来修养，我指的是你本人，还有我们的好多朋友，穷苦的印象主义画家。"

然而，这样一种思想，在画家，何况又是在法国画家这样极端个人主义者中间，根本遇不到响应的人。温森特永远也闹不明白，在无政府主义思想盛行如法兰西这样一个国度，这个虽有点儿集体主义意味，但本身并不荒谬的计划，却为何无法扎根。换别的地方就能扎根了吗？丝毫也没有把握，因为，创作，除了极少数例外，始终表现为极大的孤独。在法国，具有创见的人那么雷厉风行，创造各种运动，发表宣示信念的战斗性檄文、文字辛辣的评论，可是，思想就是没有任何前途。谁能想象修拉、梵高、高更和塞尚能并排绘画，而且相安无事？

温森特还是一再坚持，自从到了阿尔勒之后，不惜花费全副精力去救助高更，期望同他一起创建南方画室的核心。高更立刻回复温森特，感谢他对自己的好意。

这其间，普罗旺斯地区天气完全回暖，温森特在一个避风之处，看到一棵巴旦杏树已经开花了，他折下一枝，回旅馆插进一只水杯里，画了这根开花的小树枝，共有两幅静物写生。开花树木的主题，经常出现在日本绘画中。这根花枝只是开端，接下来就是绘画和写生的一派争奇斗艳的乡村景象，一场惊人的智力冒险，不间断地持续了十个月。

温森特决定多画些鲜花盛开的果园，这是他从未尝试过的，心里还盘算这种画该容易卖出去。总归是经商的这种忧虑，好让提奥放心。花季短暂，必须抓紧，但是还得几天，等待大部分果树开花。于是，温森特又转向环绕小城的运河上的吊桥，尤其"朗格卢瓦"桥，是以修建者命名的。他画了好几幅油画，无比清新，彻底运用水的蓝色和分散的橘黄的互补性。自不待言，他的色彩学识一年当中不断长进，但这毕竟是第一次，他能把色彩的光芒推向极致。这对他是一种启示。这些画作，以其简单的构图和颤栗的色彩，极像"日本画"，却给了他信心和进行下去的渴望。

果树种类不同，一茬一茬陆续开花，他的几幅吊桥图画得极为顺手，已经预热了，便全力投入工作。巴旦杏树、李树、桃树、杏树、梨树，都由不断高涨的激情，画在这蓝天和这疾风里。他当即找到了自己的风格，这是他久久摸索的，这种以有力的、准确的，尤其不连贯的笔触勾勒的画面。他还将不断完善这种只属于他的风格，但是这种风格已经存在于这些果园的"习作"中了。

"我沉浸在工作的发狂状态，只因果树花枝繁茂，而我要画出一座欢天喜地的普罗旺斯果园。"他还补充道，"……我要画**多极了**……你会清楚地看到，粉红的桃树是怀着一定激情画的。"强调这一点是让人无话可说："我使用了大量画布和颜料，但是我希望终归没有白花钱。"

温森特说，密斯脱拉风四天要刮三天，是个完全的主角。"由于刮风，我绘画非常麻烦，只好在地上打木桩固定我的画架，我还是照样工作，这简直太美了。"后来他还说，绘画条件十分艰苦，这就促使他只画主要的，而回到画室再加工，他往往觉得多余了。密斯脱拉风既累人也醉人，劲头儿赛过高度烈酒，能把栅栏掀翻。它还能激发绘画的热情，越刮越急，疾如闪电。有时刮得太猛，木桩也给拔出来了："……刮风天我也必须出去绘画的日子，有时我不得不将画布铺到地上，跪着作画，画架根本就立不住。"

可以想见，这位画家独自在野外，迎风跪在那里作画！当地酿葡萄酒的人想必很快就真把他当成傻子了。他那副形象，比照业余画家差远了：人家业余画家摆开架式，要考虑好久，才轻轻地点上两笔。再看这位，跟个疯子似的，在大风天跑到野外，人们不禁纳罕，他在寻什么宝呢。这些果园从瞬间抢出来，而果园的五颜六色，由画笔的激情化为天堂的幻境，正如梅耶·沙皮罗（Meyer Schapiro）所清晰见到的情景。人逃不过大神话，即使转过身去背对着：如果说纽南那些黑色调的绘画是他的"地狱"，那么阿尔勒的绘画流光溢彩，就如同他的"天堂"了。

"如今的艺术，"他在给妹妹的信中写道，"绝对要表现某种非常丰富、非常快活的东西。"然而，这些油画不是画得太匆忙了吗？

"我要预先告知你，所有人都要认为，我干得太快了。你决不可相信。"

"不正是自然的冲动、情感的诚挚在引导我们，而这种冲动有时极为强烈，干活儿还不觉得在干活儿，笔触接踵而来，笔触间的关系犹如一篇演说或者一封信中的词语；应当回想一下，绘画并不总是这种情景，今后还会有好多日子很沉重，毫无灵感。"

"笔触接踵而来，犹如词语……"绘画或素描如同写作，魂牵梦萦，同样是超现实主义者极力追求的这种自动创作。这是温森特在艺术史中的长足进步。然而，他一向只把这视为一种手法、一种祈愿，从不看作一场解放画家之手的革命，以便在周身亢奋、情动感发之际，当即表达这种激情、这种感觉。

他采用"习作"一词指认他的绘画，是意味深长的。在他的思想里，一幅习作，就是为"真正的"绘画做的准备，以后还要进一步加工。可是，他从来不进一步加工，或者说，几乎总是"习作"。使用这一词表明，他还不敢彻底实施他的发现，还不敢干脆称为绘画，而小心翼翼叫作"习作"，好为自己辩解，对付别人指责他画得太快，丢下"未完成"的东西，甚至画布有的地方尚未着色。因为，这种真实性到二十世纪价值极大，在他那时期还不被人赏识，甚至不被他那些最前卫的伙伴所赏识。

习作还是绘画作品，他本人至少满意自己的活儿，他的自信也与日俱增："我认为可以向你保证，我在这里绘制的东西，要高于去年春天在阿尼埃尔出的活儿。"的确，阿尼埃尔风景画再怎么出色，还能显露出他那些伙伴的影响。在普罗旺斯，温森特终于找到自己的路，而且还不断深入下去。他整个一生无非是自修，为这样的时刻做准备。

一天傍晚，他劳累一天之后回旅馆，接到他妹妹的一封信，告知他安东·毛沃的死讯。强烈的哀伤痛彻心扉，白天他刚画了一株桃树，到画布上是火树红花。"我只是不知道被什么打动，觉得喉咙发紧，于是在这幅画上写了'怀念毛沃，温森特和提奥'。"他认为这是他画果园最美的一幅农村画，决定寄给毛沃的孀妇，他的表姐杰特·卡本图斯。

其实，毛沃对他很是无情，然而，温森特只想怀念这个人：当年他向凯特·沃斯－斯特里克求爱，遭到拒绝之后，一下子就垮了，是毛沃鼓起了他的勇气。在温森特看来，毛沃的绘画现在固然过时了，注定要被人遗忘；可是，如果没有毛沃，他温森特也许就不可能在这里，运用对比色的科学与艺术，往画布上挥洒这种近乎炽热的颜色。而且，毛沃还借给他钱，看他没有床铺还给他买了一张床。"每天我都想念他，就是这样……这个人也许比这个艺术家更深沉，而我爱的是这个人。"

画果园风光在四月底之前就结束了，总共画了二十幅，其中有十五幅油画。温森特要暂停油画，专心做素描。回到素描，就好像一位音乐家从交响乐过渡到弦乐四重奏，过渡到钢琴或者小提琴奏鸣曲。温森特画油画时，必须不断地估量色调的比例，现在摆脱了这些，他要力求改进抓住主题真实的方法，即根据明暗变化来把握线条的断续和疏密。长久以来，他就摸索这种书写——素描之法，现在他还渴望朝这个方向挺进，然后将心得用到他的绘画中，让自己的作品最终变成一种书写——绘画，正如人们在一幅像《乌鸦乱飞的麦田》那样名画的细节中，所能看到的那样。他在罗纳河边发现的芦苇，比他在海牙尝试这种技法所用的芦苇好多了，他削芦苇成笔，用这种原始的工具作画，效果令人惊愕。温森特现在通过这种办法，能表现出一处风物所放射的造型力量或光波的流动。他的目光能看出这个地点的眩晕之态，并用芦苇有力的线条，以疯狂的速度画出来，靠直觉又绝对准确。也许正是在这方面，他最贴近日本艺术了。

"现在我力图夸大主要成分，有意模糊地处理一般成分。"他这样写道。他还补充说："这里的事物千差万别。而我想画出的素描，要更有意识、更为夸张。"由此可以领会，素描上的收获后来如何移用到绘画中，他的绘画就能在野兽派的简洁、笔触的震荡方面不断取得进展。

不过，暂停绘画，还另有更加实际的缘故。温森特在卡雷尔旅馆——餐厅租了两间屋，一间睡觉，一间做画室，他同店主的关系一塌糊涂。他明白一开始，人家就要弄他。他讲好的价钱很高，而服务却相应不足，或者很糟糕。他虽是全日的食宿客人，却根本得不到他渴望养好身体的照顾。店家现在要把费用从四十法郎增加到六十七法郎的高价，还扣住他的箱子。温森特看看和解不成，就决定告上法庭，以解决争端。

几周以来，他就想这件毒化他生活的烦心事。怎么办？这个问题令他惶恐不安。他应该重新租一间画室吗？他不免犹豫，想起在海牙，还有在纽南的惨痛失败。可是他没有退路，便在拉马丁广场找到出租的两层四室的一座小房。

小房久未住人，需要修缮，也没有配备家具；不过，温森特倒觉得对心思，决定租下来，考虑到租金便宜，每月只要十五法郎。他也想到楼上两间卧室收拾出来，可以接待高更或者哪个落难的艺术家。配置家具，重新粉刷要花很多钱，但是他别无选择，热切盼望在这里安顿下来，便画了黄房子门面的一幅草图，给提奥寄去。

图上的阴影部分，显然不舒适："厕所"，他说毗邻一家相当大的旅馆。接着他又写道：在南方，这种"场所"很少，也很脏。不久他又指出："真够脏的，这座城市，特别是老街道！"这种印象，后来由高更证实，仅此一次看法一致。

以果园为题的这一批油画，等颜料干得差不多，温森特就寄出去，按照兄弟俩商量定的，全归提奥所有。他还询问买各种家具的事。他和扣押他行李的旅馆老板接受法官的传讯。他惴惴不安有些日子了。一场惊喜，他的官司打赢了。对方不仅要还给他根本无权扣押的箱子，还必须退回多收的钱款。这种判决之外，法官还训斥了旅馆老板。温森特没有要求赔偿损失和利息。

官司他当然打赢了，但是人们可能要想：这是不是一场皮洛斯式的

20 阿尔勒，伊卡洛斯的飞升

胜利[1]。在这样小的一个地方，人人都好说闲话，他，一个外国人，这个傻子，竟然告赢了本城一位小名人。后来他遇到了困难，当地居民没人给他好果子吃。

在黄房子里开始装修他的画室。房子内外都重新粉刷了，但是住进来还是以后的事，要等配置好家具。他运气不错，朝火车站方向没走出几步，就发现一家质量很好的餐馆，吃饭花了一法郎。后来，他甚至肯定，"在这家餐馆吃得非常非常好"。他的健康状况有所起色，而且不断地好转。他为房子买了必要的设备：床铺、几把椅子、一张扶手椅、一点儿餐具，并且装备他的画室。一个按月付费的女人每周来两次收拾屋子。

他终于有了个家，立刻静物写生，集中画了他刚买的咖啡壶、杯子和水罐，以及放在蓝桌布上的橙子和柠檬，背景则用略带绿色的黄色。物品每件都着不同的蓝色。这样练习运用互补色，认真进行了一周，温森特在他的信中谈到，他把这种油画看成一种巨大的成功。画一件物品，就是将其据为己有的方式。这种静物显露一种幸福、一种纯粹的室内宁静，而我们也有机会看到，对温森特来说，蓝黄配就是幸福和生活的和谐，红绿配是死亡和邪恶欲望的一致，而黑红配则是惶恐不安的合一。

五月初的这些日子，的确一切向好的方面转化：他打赢了官司，找到

---

[1] 皮洛斯（Pyrrhus），古希腊传说中人物，阿喀琉斯的儿子，又称俄普托勒摩斯。为了攻打特洛伊，墨涅拉俄斯把他和海伦的女儿，曾许配给俄瑞斯忒斯的赫耳弥俄涅，嫁给了皮洛斯。攻陷特洛伊城后，皮洛斯要了赫克托耳的妻子安德洛玛刻。赫耳弥俄涅为了报复其夫另讨新欢，让俄瑞斯忒斯杀掉皮洛斯，然后二人结为夫妇。俄瑞斯忒斯果然杀了皮洛斯。这便是"皮洛斯式的胜利"的典故。

了一间画室和一家餐馆。他不仅安了个家，而且花费还要少。这总归是欢喜起来的理由。他又恢复了体力，可以打算拼命作画并邀请"伙伴"来了。

正是在这些日子，他画了一幅《阿尔勒景观》，近景画了一排成对角线的鸢尾，中景呈现一片接近成熟的麦田，"一片黄色海洋"，他给埃米尔·贝尔纳尔写信如是说。他在信上勾勒一个草图，并配以说明："嗯！真的，多好的主题啊！这片黄色的海洋，有紫色鸢尾的一道栅栏，背景是俏丽的小城及其美女！"

一片黄色海洋……这比什么都更能表达温森特的欣喜。黄色又出现在这幅油画和这幅黄绿色背景的静物写生上。麦子的这种黄色，在《阿尔勒景观》中也略带绿色，而天空还是淡蓝色，更接近实际，不适合同这片黄色海洋产生共振，不像他后来所做的那样，黄色在共振中一直呈现为火焰。不过，根据温森特，淡蓝色倒是爱情的颜色。这种颜色将开始冉冉上升，一直侵入整个画面，直到变得跟熔化的黄金一样灼热，一样凝重。

黄色出现在《生活的乐趣》那幅画中，放在父亲的《圣经》旁边的那本书上，人们也看到，在阿戈斯蒂娜·塞加托里的肖像背景中，这黄色犹如爱情的一声呼号。在温森特对这种颜色的偏爱中，有人倒有时想要看出这是他视觉的一种病，把什么都看成黄色。这种病称为黄视症，固然把一切都看成黄色，但也同时削弱蓝色，而一位画家视黄色与蓝色的强度同时增加，那么他有视黄症的假设就不能成立。何况，审视作品要沿着这同一方向：这种黄色仅仅如火一般燃烧阿尔勒阶段，果园系列之后，到圣雷米阶段，就不这么常见了，而瓦兹河畔欧韦阶段，则进入一种以蓝色为主的冷色调。

20 阿尔勒，伊卡洛斯的飞升

他对黄色的迷恋来自青少年，也无疑来自童年。我们记得他父母乘坐的黄色马车驶离，将他丢在普罗维利寄宿学校的情景。我们读他早在成为画家之前头一批记述散步的文字，就会注意到他特别喜爱那些放射金色、黄色和橙色的暮晚和落日。于是，激动的心情通过他描述的词语表达出来，年轻的温森特在谈论美。后来，他到多德赫雷特，在博物馆观赏了克伊普的满幅金黄色的绘画；他也惊奇赞叹落日将流金撒到运河上和窗户上。大家知道，温森特非常畏寒。他受这种类似爱情颜色的温馨暖色的吸引，是确定无疑的，这要贯穿他整整一生，但是还得有经历的时间和地点，将这种吸引力搬上画布。

他父亲曾对他说过：要记住伊卡洛斯的故事，他就是太接近了太阳，羽翼便融化了。他还记得在阿尔勒的情景吗？他再也没有来到这里，但是词语在他心中自有行程，事情的全过程，就好像决定在文字上接受考验，一直升到太阳的金黄色，面对面冒着他父亲宣告的危险。

一段时间以来，温森特打算去海滨圣马利亚，终于能望一望地中海。可是，他还得推迟行期，以便解决高更的问题，只因他现在感到处境最佳，有地方接待人了，而且从今往后，他对自己做的活儿也有了信心。温森特想建议高更来他这里，并说服提奥相信这件事的益处。

温森特将高更视为大师、年轻的新印象主义画派的首领、印象主义由旧到新的过渡人物。他参加了好几届前贤的美术展览会，荣耀的光环在温森特的眼里是不容置疑的。温森特错误地认为自己比这位大师逊色。马提尼克那些绘画强化了他这种感觉。在事关别人的时候，温森特的目光特别敏锐,当即就看出了高更的独特性所在,势必成为一位热带地区的景物画家,他看得比谁都准,甚至先于高更本人。现代绘画,很少有像高更的作品这样让他激赏,而他感到这些作品还只是初步成果,其作者发展的前途不可限量。于是,他催促提奥为画店购买高更的绘画。总之,将高更吸引到南方来,就是希望看到其他画家,以及阿旺桥村高更的追随者全都跟来。

温森特在给贝尔纳尔的一封信中,谈到他看了一本书,有关马尔萨斯群岛①,相当令人神往,后来高更就是在那里结束生命,说他在高更的马提尼克作品中看到了"高妙的诗意"。他还补充道:"他动手所画的一切,有一种温存、伤感、令人称奇的特点。别人还不理解他,而他心中苦不堪言,自己的作品不能像一些真正的诗人之作那样售出。""温存、伤感、令人称奇",三个修饰语的准确性,表明温森特眼光多么敏锐。一八八八年五月,温森特通过这样的见解,一下子就抓住了他这位新朋友眼下和未来作品特点的精髓。后来,高更本人也写道:"伤感就是我的琴弦……"

高更妻子梅特与他分离,在哥本哈根不断向他要钱抚养子女,给高更的压力,是这一伙其他画家所体会不到的。可是,在一八八八年这个春季,他什么也没有了,惟一的希望就寄托在古比尔公司的这个年轻画商提奥·梵高身上。

提奥喜爱高更的绘画,再由他哥哥敦促,他就准备全力推销高更的作品。在高更的眼里,温森特是次要的,我们看到了,也正如弗朗索瓦丝·卡

---

① 马尔萨斯群岛(Les Iles Marquises),太平洋中的群岛,属玻利维亚。

山（Fransoise Cachin）所写的，他不过是"他的经销商的哥哥"。高更无论如何也要"摆脱困境"（这是他的话），往哥本哈根寄钱。这桩生意，如果完全通过"朋友温森特"，说到底有何不可呢？高更这个人个性很强，他视自己的艺术道路高人一等，信不过新一代的这些画家。他有一股傲气，目中无人，有点儿玩世不恭，某些见证者乐得指出来。在他的心中，一切都得服从这种迫切的需要，为他的绘画找到一大批赏识者。他短期内不会"见"温森特，同样，无论这位艺术家的胸襟、创新，还是深度，短期内他也统统看不见。一八八八年五月份，他给提奥的信中写道："令兄还一直在南方享受日光浴吧，想必他做出了令人感兴趣的东西。他的目光很好奇，但愿他不会换成另一副目光。"

高更求助于温森特的兄弟写了这番话，而温森特极力赞扬高更，赞扬他的"高妙的诗意"，两相比较差距太大了。

有些创造者需要排除别人往前进，事不关己都视而不见，这种盲目的状态对他们是必不可少的。但是还有另外一些创造者，同样伟大，他们就不受别人行程的妨碍，随时能理解别人的进展。雨果承认与他大相径庭的波德莱尔，温森特承认高更，而高更却视而不见温森特。这种情况，跟艺术史和文学史同样古老。

两位艺术家的期待根本不同。不顾一切的利他主义者，和这个自我膨大的创作者之间，隔着一道鸿沟——后者要一切都顺从他的艺术激情，而他为了绘画舍弃了自己的子女，不是已经付出超额代价了吗？对他而言，在道德方面，此后他做什么都可以心安理得了。

温森特不理解，至少还不理解事情何以至此。他执著地继续他的方案，要让高更来到他身边，心想这能让他赢得时间和金钱。提奥不可能资助一个在南方，而另一个在布列塔尼的两个人。他的想法很实际，两个人在一起生活，总比各自为战花费要少，又能更好地相互支持。提奥每月给他汇来一百五十法郎，另外报销画布和颜料的发票。如果他按月给他们二人两百五十法郎，而作为交换条件，高更每月向他提供一幅油画，那么提奥就赚了，将来既拥有许多高更的油画，又拥有温森特的全部作品。诚然，这些画作眼下还卖不上价钱，但是温森特认为价钱会不断涨上去。这就是一种投资，画家们要等待时来运转的日子，先能获得物质上的保障。

"你要把这件事当成一笔简单的生意。"温森特在给提奥的信中写道。他摆出这条"生意上的"理由，以便说服提奥答应资助高更。他在信中一再重复的想法，其实是这个意思："我拿钱总要自责，而这个伙伴干得比我好，不——我是说，如果他愿意，那就一半归他。"

温森特跨出这一步，在信中提出这个建议，信的抬头为："我亲爱的伙伴高更"。他以粗糙的法语所写的契约不乏妙趣：如果高更能"安于修道士那种生活，每半个月逛一次窑子——接下来就要受他工作的限制，不大肯浪费时间，那么这就是一桩好生意……我独自一人，未免受点儿这种孤独之苦"。在尊称高更"您"之后，温森特在这封信中就直接表露出友谊的全部含义。

他还向提奥表达一种祝愿："我真希望你能拥有他的马提尼克岛的全部画作。"为了表示支持温森特的建议，提奥给高更寄去五十法郎，预付他一幅素描。高更被这种关切所感动，后来寄去两幅素描。

然而，高更看了温森特的信，一定非常为难。他十分犹豫，要不要走上这条路，用了半年时间才决定下来。他在巴黎卖画就卖画，为什么还得到南方住一阵子，陪伴那个他不大熟悉，并且看作一般的画家呢？他给温森特写信，是要他对他兄弟施加影响，并不是为了去普罗旺斯同他会合啊！他跟这个共同生活的画家团体有什么交道可打呢？他若是功成名就了，那就照他心中一直的打算，将他的家庭团聚在他的周围，而不是走这样一条道。再说，地中海沿岸的法国南方，也不是他的世界，他是大洋的人，是雾气和半熄灭的暗淡色彩的人。他曾经当过海员，正是这种原因，布列塔尼对他才合适。只有在潮湿的地方，在潮湿的温煦和色彩掩蔽的氛围中，他才感到舒服，那么他去干燥的地区干什么呢？

高更回信一味敷衍。他打的是另一个主意。他打算向金融家借款五十万法郎，创建一家贸易公司来支持艺术家，他看提奥可以领头干这件事。温森特懂行，他准确地看出，这是一位身无分文的画家患了痴疾，躺在床上，想入非非，这种计划无非是"出资"的幻想。他恼火了，给提奥写信："既有疑虑，莫不如不做。"不过，他还是劝埃米尔·贝尔纳尔去会会高更，并把高更的住址给了他。"高更在阿旺桥村也烦闷得要命，像你一样抱怨孤独。你若是能去看看该多好！"

贝尔纳尔听了温森特的话，去看望高更。正如弗朗索瓦丝·卡山在书中所写的，在绘画史上，这是一次成果最丰硕的相会，对高更的绘画产生了巨大影响。可见温森特多有远见卓识，或者多么主动地为还在摸索的高更开通道路，这实在是非凡之举。如果总结一下，这事确实令人惊讶：温森特当即喜欢上马提尼克岛的绘画，他催促弟弟买下那些画，继而催促弟弟支持高更，还派贝尔纳尔去阿旺桥村，使得高更到普罗旺斯的意念清晰起来，并说服他回到热带地区。

眼下，如果高更不愿意来，那就随他便。温森特这个问题没解决，干脆先去海滨圣马利亚。五十公里的旅程，乘坐驿车穿越卡马尔格湿地。他随身带着绘画的用具。到了地方，这就是地中海，真让人惊叹。这次冲击，只有那次下矿井可以比拟，但却是反方向。自不待言，他要写生绘画，可以说自童年起，温森特这还是头一回度了三天假。

"地中海的颜色好似鲟鱼，也就是说总在变化，始终说不准究竟是绿色还是紫色，始终说不准是不是蓝色，因为过一秒钟，变幻的反光又呈现粉红或者灰色调。"

他画海景、画一幅村庄景观，都画的是素描，回去再着色，加工成油画。他也探察当地的资源。

"在这里能吃到比塞纳河畔更鲜美的炸鱼。只不过不是每天都能吃到，渔民直接到马赛卖鱼去了。但是有卖的时候，真是好吃极了。"

当然，女人也逃不过他的视线："姑娘们身材苗条，亭亭玉立，神态有点忧伤和神秘，让人联想到契马布埃[①]和乔托[②]画上的仕女。"尽管下个

[①] 契马布埃(Cimabue，约1240—1300)，佛罗伦萨画家，活动于意大利拜占庭艺术风格由盛而衰的时期。他的艺术为十四世纪的乔托和杜乔奠定了坚实基础，无愧于"第一位佛罗伦萨画家"和"现代画家"的称号。

[②] 乔托(Giotto，1266/1267—1337)，意大利画家，被推崇为意大利第一位艺术大师。

20 阿尔勒,伊卡洛斯的飞升

月才到季节,已经有人洗海水浴了。"这里的居民想必不那么凶,因为,就连本堂神甫,也几乎有一副老实人的样子。"

夜晚,温森特到海边散步,走上空寂无人的海滩。"说不上欢快,也说不上凄凉,景色很美。"也许正是在这里,他萌生了画夜景和星空的念头:"夜空呈幽深的蓝色,点缀的云朵的蓝色,深过浓钴蓝的基本蓝色;也有些云朵蓝色淡些,好似银河那种蓝白色。在幽蓝的夜空中,闪烁着灿烂的星光,泛绿色、黄色、白色、淡粉色,像镶嵌的钻石,比我这里,甚至比巴黎的宝石还多……大海一片云青色,非常幽邃——而海滩我觉得呈淡紫和浅红棕色调,沙丘上长着灌木丛,……就像普鲁士的蓝色荆丛。"

在温森特看来,圣马利亚这里的时光停顿了。他在灰暗的色调中拼命奔波,吃尽了苦头,肩上承受着痛苦的压力,寻觅了那么久,这才发现这种生活的快乐。斯宾诺莎在他的通信(信件十二)中写道:永恒,就是"生存的无限享受"。永恒并不是大量的时间,而是领会生存的方式。时过不久,一八八八年六月至十月,永恒就成为温森特绘画的题材了。

这次饱尝幸福之后,温森特返回阿尔勒,马上得出了结论:"现在我在这里见到了大海,完全感到了留在南方的重要性,还必须进一步夸大颜色——非洲近在咫尺。"

五月三十日至六月三日这趟旅行,将是一次蜕变。在将近五个月期间,温森特绘画非同以往,犹如一辆"绘画的火车头",创造出一系列数量惊人的杰作,都将是黄色调,可以说是黄色大调。即使像《诗人花园》里那样一块草坪，在嫩绿的草茎下也震荡着黄色光波。这是一直升腾的金黄色，同季节相协调，因为南方收割季节来得早。

"这已不是春天，完全变成另一码事，当然，自然景物现在开始烧焦了，我还是照样喜爱。现在看一切都是旧金器、青铜器，可以说是黄铜器，而这一切又衬托着赤日当空的蓝绿色，这就产生一种美妙的色彩，和谐到极点，还采用德拉克鲁瓦的色调处理方法，即为产生反光感而调有另一种色彩的颜色。"

一八八八年夏季对色彩的这种描述，将收入书信和绘画文学的一种文选中。谁也没有这样用言语表述振荡的色彩。

"在这里，色彩确实非常丰富。绿色是新鲜的时候，就是一种丰富的绿色，我们在北方难得见到，也是一种静心养神的绿色。绿色蒙尘而发红的时候，也并未因此变得难看，景物倒呈现出千变万化的金黄色调：黄绿色、金黄色、粉黄色，或者青铜色，或者黄铜色，总之，从柠檬黄到暗黄，例如，一堆捣烂的果粒的黄色。至于蓝色，从水中最深的玉蓝，一直到勿忘草蓝、钴蓝，尤其是到透明蓝、绿蓝、紫蓝。"

温森特全身投入，沉浸于这种种黄色、种种金色和种种蓝色，这些颜色都来派上用场，表现其令人心醉神迷的颤栗。有时他不由得喊叫："甚至大中午我还在干，顶着烈日，在麦田里，没有一点阴凉，就是这样，我像一只蝉似的在享乐。"而且在另一封信中，他还在信纸上画了一只硕大的蝉，词语在蝉的四周排列成辐射状。他夏季所写的信，贯穿着礼赞似的冲向色彩的诗情。他要给农夫帕乡斯·埃斯卡利埃画像，为了选择肖像色彩，就想象那农夫在劳作："假如我要画的这个了不起的人，正午在收割的火炉当中，从而就可以使用闪光的橘黄色，犹如烧红的烙铁，也从而在黑夜中采用明亮的旧金器的色调。"

还有后来的这段记述："现在这里没有风，阳光灿烂，火辣辣的燥热。正好成全我的事。有太阳，有阳光，别无他法，我只能召唤黄色、淡硫磺色、淡柠檬金色。黄色多美啊！"

自然有些思想忧伤的人对此不满。西涅克，温森特的朋友，同温森特的关系很亲密，但是从来就没有真正喜爱他的绘画，他就写信说这是个谬误：南方只是明亮，并没有色彩。温森特仿佛事先就回答了这种看法，他这样说道："蒙蒂塞利这位画家画南方，满幅都是黄色，满幅都是橙黄色，满幅都是硫磺色。大部分画家，因为本身不是色彩师，看不到南方这些色彩，就硬说用不同于他们的眼睛看事物的画家是疯子。"在温森特的心目中，色彩同样表达他所感与所见，这两种活动在一八八八这年夏季达到完全平衡，这是他一生的顶峰。

温森特交了少许几个朋友。首先有朱阿夫兵团的这名少尉，一个叫米利埃（Milliet）的人，驻扎的营房离黄房子不远。这两个男人尽管差异很大，却结成了真正的友谊。这位军人想要素描和绘画，便接近温森特这个奇特的人物。他们经常一起去乡间，在咖啡馆或餐馆见面。当米利埃去巴黎参加考试的时候，温森特就托他将一批油画带给提奥。等他返回，温森特还给他画了像。米利埃知道他寻找模特儿，就给他带来一名朱阿夫兵，一个北非青年。温森特给他画了两幅肖像。对温森特可惜的是，这位朋友不得不离开，调防到远处，便从他的生活中消失了，如同他在阿尔勒交的所有朋友。

约摸一九三五年，皮埃尔·维勒（Pierre Weiller），要在巴黎寻租一套房间的记者，偶然碰到米利埃，退休的朱阿夫兵团少校。他们的谈话题为《我们找到了梵高的朱阿夫兵》，于一九五五年三月二十四日，发表在阿拉贡领导的《法兰西文学》杂志上。米利埃讲述，他欣赏作为素描画家的温森特，但总跟他争论绘画问题。"这个小伙子画素描有美感，有才华，可是他一拿起画笔，就变得不正常了……他绘画就是大而化之，根本不注意细节，他哪儿是在绘画，嗯……再说，他的色彩……那么夸张，不正常，让人无法接受……常言道，他是个十足的野蛮人，一个'油盐不进'的家伙。"退休军官强调说："他的性格不随和，他一生起气来，就好像疯了似的。"米利埃注意到温森特"意识到自己是大画家。他有信念，相信自己的才华，一种颇有点儿盲目的信念。基于骄傲的心理。他有病吗？他只是哀叹胃痛"。

令人惊讶的见证，能让我们从旁看到那年夏天在阿尔勒的温森特，并且重新审视他本人自我分析那么久的种种见解。

在这个八月份，温森特还画了波希米亚人的一个宿营地，一群像他本人一样没有系縻的流浪者，接着他又画了罗纳河上的平底运沙船，最后就开始了他的向日葵系列。他画向日葵，背景采用淡蓝色，继而，他像其他伟大的创造者那样，明白他不能打折扣，必须把他心中的牵念贯彻到底。于是，他推进这种动机，直到画这些黄花时，插在一只黄色花瓶里，放在黄色的托架上，或者置于黄色的背景中。向日葵在法语也称"太阳花"，他并不是不知道。接近这种融化状态的黄金并非易事。每次要这样行动，敢于违反他的时代的"气质"所传授的一切，头天晚上他就喝足了苦艾酒，只因他精疲力竭，但是不觉得累，恰恰相反。这样，他睡了一夜好觉，第二天重又出发，还要画得更出格，走得更远。这些黄色，并非来自他一时的任性妄为，他事先就有了，"看到了"，"产生幻觉"，然后才有魄力画一片黄黄的天空，下面的补充色则采用狂放的紫色，或者因靠近这种熔金而燃烧起来的蓝色。

事后，他谈到画向日葵过程的状态时，这样记述："要加热到足够的高温熔化这些黄金，以及花卉的这些色调——不是随便什么人都做得到，这需要一个人的全副精力和注意力。"后来，雷伊大夫责备他饮酒和咖啡过量，他回答说："这些我都同意，可是说实话，要达到我今年夏季达到的黄色调高度，无论如何我也得刺激刺激。"

温森特在画向日葵的时候，还画了一幅自画像，在我们看来是他最美的自画像之一，即那幅所谓的《戴草帽并叼烟斗的自画像》。一件为他本人的作品，"未完成"，仿佛提前二十年画的草图，当然着黄色，在各种书中很少见复制，因为很少人会欣赏这幅自画像。画像上温森特这张脸仿佛诧异，惊恐，他正是用这个词来指认他当时的油画。他在给提奥的信上写道：这些画都呈"惊恐"状。他那张脸洋溢着喜悦，"终于抵达"的那种高度意识。自从博里纳日阶段以来，走的路很长，又极艰难，但是他知道，即使不是在他无法预见的形式上，至少在特征上他实现了自己的追求。他在这狂热的几周所创作的绘画,他看了似乎都感到惊奇。难道这是我,这个普通的、寻常的我画出来的吗? 我"笨到家了",怎么能创作出如此高调的作品呢? 他在这普罗旺斯黄金的中心所体会的幸福,写信时屡屡谈及,譬如评论这幅自画像。

"我觉得这地方越来越美了。"他写道。或者还有这句话:"我开始越发喜爱南方了。"温森特终生不幸吗? 跟别人说去吧,我可不信! 极少人有他那种感受幸福的天分。"我还从来没有这么大运气,在这里,大自然之美**异乎寻常**。"还有:"有房子陪伴,有工作陪伴,我就太幸福了……"还有这种同样惊愕的评语:"现在我对绘画,头脑十分清醒,或者像恋人一般盲目。"又进一步说明:"说到累,不是问题,我连夜还能再画一幅,我手到擒来。"最后,这句最美妙的说明:"这些日子大自然美极了,而我有时也清醒到极点,就感到自己不复存在,恍若在梦中,一幅画自动来到我的画笔之下。"

这几周所画的一幅油画,表现一束夹竹桃,旁边有一本书,放在显眼的位置,瓦格纳式的主导主题,在温森特的作品中再现:左拉的《生活的乐趣》,书皮当然还是黄色。以这种方式,将他这年夏季的经历,同那幅《静物:翻开的〈圣经〉》的画作联系起来,这便是对他墓中的父亲一种回答。

一天傍晚,温森特出门走到拉马丁广场上,要去罗纳河边,他看见一群工人正在干活,将堆在驳船里的煤卸上岸。他们身后的落日的光辉淹没了这个场景。温森特给提奥写信说,这是绘画的一个很美的主题。他回住处取来画布和画架,以这个场景画了两幅画,就好像是这个绘画系列最终的延长号。这幅油画,黄色全面侵入,黄色是金,而生活是熔金,卸煤工人、驳船、河岸和所有物体,完全成为中国皮影了,天空最上端有几抹镀金的绿带。温森特甚至不愿再费力,以印象主义的方式,用一种蓝紫的补充色来引起黄色震颤,而黄色就变成所经历时刻的素材本身了。《卸煤工人》不如《向日葵》那么有名,却是阿尔勒阶段的巅峰之作之一,因为在这幅画中,画家将心中的紫念一直推进到终极。

在这些野兽般的日子里,为色彩而斗争,时刻计算这种色调之间的关系,这就要求人保持一种令人眩晕的紧张状态。他说,在绘画的时候,他就必须"平衡六种主要颜色,红、蓝、黄、橙黄、紫、绿。作画和干巴巴的计算,思想紧张到极点,犹如一名演员在舞台上扮一个难演的角色,仅仅在半小时的工夫,必须同时想到上千件事"。他从这样的创作状态中出来,也就刚好有气力痛快地喝喝酒,抽抽烟了。他让提奥放心,在互补色关系的计算上要求如此高的创作过程中,他的饮食必须有节制,因为绘画要求把他的全部聪明才智调动到最高紧张程度。

如果说米利埃是个好伙伴,那么温森特也交上一个朋友:"邮递员鲁兰"(Roulin)。他给鲁兰及其全家画了好几幅肖像。约瑟夫-艾蒂安·鲁兰并不是邮递员,而是负责在火车站按目的地分发邮件袋:阿尔勒、马赛、巴黎。当时的邮件里经常装有现钞,而提奥就是通过这种方式按月给温森特寄钱。鲁兰的邮局因而要求员工经得住一切考验的诚实。鲁兰因为服务好而授予邮政服务奖章,后来又获得银质奖章。他对温森特的慷慨友谊为他赢得了荣誉，成为艺术史上最著名的"邮递员"。鲁兰身高将近两米，蓄留长长的胡须，那样子像个农民或者俄罗斯僧侣。最初是在小酒馆认识的，鲁兰给温森特当模特儿，继而就成为他的朋友。

温森特时常给他画像，但是鲁兰拒不收费，他的肖像在巡回展和晚餐会上售价很高。温森特谈到他的肖像，写道："……留长胡子的大脸庞，酷似苏格拉底。他跟唐吉老爹一样，是铁杆的共和派。一个比许多人更值得注意的人。"

鲁兰填补了唐吉曾经占据的位置。他属于法兰西的工人贵族阶层，受过良好教育，心胸豁达大度，在酒馆随时准备为改造世界而畅饮。无论在艺术上还是任何事物上，这些人以开放的心态迎接新鲜的东西，立马就拒绝资产阶级的偏见。他们看到温森特的绘画或者奇装异服，丝毫也不反感；温森特和他们相处也总是感到无拘无束。他们本人也以各自的方式摆脱束缚。

九月初，温森特变成了夜猫子："我绘画熬了三个通宵，白天躺下补觉。"他画了《夜咖啡馆》，从他设色的象征体系的角度看，是他的作品中重要的一幅画。画面表现的是坐落在阿尔勒火车站附近的一家咖啡馆外观。我们了解蓝黄配象征生活和幸福。可是在这幅画上，温森特使用特殊的红色和绿色，制造刺眼的效果，这两种颜色标志邪恶的、消极的、罪恶的欲望，象征着死亡。温森特本人也说："这是我绘制的最丑陋的画作之一。尽管不同，它相当于那幅《吃土豆的人们》。"

"我在摸索，"他解释道，"采用红色和绿色来表现人类可怕的欲望。

到处都是差异最大的各种绿色和红色对立和博弈。"

接着，他满脑子都想着这个题目，在另一封信中又谈起来："在我这幅《夜咖啡馆》油画中，我力图表达咖啡馆这种场所，人可以倾家荡产，可以变疯，犯罪。总之，我通过对比淡粉色、血红色和酒糟色、路易十五和韦罗内塞①的嫩绿色，对比刺眼的黄绿色和蓝绿色，这一切都置于地狱的熔炉、淡硫磺色的氛围中，力图表现一家小酒店有多大的黑暗力量。"

这种红色和绿色的配搭，对温森特来说是不和谐的，远远超出了这幅画。这些颜色凑在一起，在他看来就像一个信号，死亡就在附近徘徊，死亡就在人心里，恐惧死亡可以导致疯癫、犯罪或者自杀……我们要指出，后来画的高更的椅子，也属于这种红绿系列。在终结的那幅《乌鸦乱飞的麦田》的油画中，不通向任何地方的道路，一条条也出现在这种红绿系列中，无需温森特在他的信中谈论，我们就能明白，他采用这种打开黑暗之门时所听到的刺耳的声调，究竟想要说什么。

温森特这次温和多了，显然想到路易·昂克丹，他在科尔蒙画室学习的伙伴，画了坐落在集市广场的另一家咖啡馆露天座夜景，极少几幅阿尔勒城中心的画作之一。这幅画上没有红绿对比了，反而回到露天座震颤的黄色：黄色露天座映照着灯光和深邃而美妙的蓝色星空。路易·昂克丹在克利希林荫大道，也画了一幅咖啡馆露天座夜景，温森特于一八八七年在

---

① 韦罗内塞（Veronese，1528—1588），十六世纪威尼斯画派的主要画家和著名的色彩大师。

巴黎赞赏过。可是，画架放在昏暗中，如何作画呢？温森特曾下过矿井，戴的矿工帽安了一盏灯，于是他定做了一顶插蜡烛的帽子，以便照亮正在绘制的油画。

时而有人质疑这件事，不过，马克·埃多·特拉博（Marc Edo Tralbaut）叙述说，二十世纪三十年代，他跟吉努一家人谈过此事。他们就向他肯定，温森特的家具物品寄放在他们家中很长时间，其中确有那顶著名的插蜡烛帽子。因此，我们可以推测，温森特作画时，头上戴一顶狂欢节式的帽子，给人看到的那种场景，不利于他的名声。

最后，温森特还画了他那幅《罗纳河上的星夜》。他说他是在"一盏煤气路灯下"绘画的。但这也有人肯定，不管是不是传说，他还是求助于那顶著名的插蜡烛的帽子。

这个阶段重要的作品之一，就是欧仁·博茨（Eugène Boch）。博茨是比利时画家和诗人，住在阿尔勒郊区，并跟温森特交上朋友。他的原籍是比利时蒙斯地区。温森特画《诗人的肖像》时，便以他为模特儿：博茨由星夜背景的衬托，完全涂成金黄色，他颤动着，宛若一颗星体，一块光闪闪的金子，或者自天而降的太阳。温森特为了画博茨，说他就充当"武断的色彩师。我夸张头发的金黄色，达到橘黄色调、镀铬色、浅柠檬色。在脑袋背后，我根本不画狭小套房的普通墙壁，而是画无限的空间，做一个简单的背景，但又是我所能绘制的最为丰富、最为浓烈的蓝色背景，获得一种幽深蓝天里的明星那种神秘的效果"。

这种由夜空背景衬托的昼日黄色照亮主题的效果，还将在一些别的作品中再现。其实,我们所看到的,正是伦勃朗和卡拉瓦乔[①]的明暗色调的现代版。不过,跟《罗纳河上的星夜》一样,温森特还没有想到借鉴修拉的技法,用点彩的光晕来表现星光的闪烁。到了圣雷米,他才会借用这种技法。尽管如此,我们在博物馆看到欧仁·博茨的肖像画,其色彩的颤栗,足以使其成为温森特最重要的肖像画之一,如果不是他最重要的肖像画的话。

他在这异常丰产的阶段指出:"作画的意念,在我的头脑里**涌现**,结果造成这种局面,我虽然孤单一人,却没有时间考虑和感觉;我就像一辆绘画的火车头往前开进。而且我认为这不大会停下来。"他还写道:"要知道,我自我感觉好极了。"

九月十六日,温森特终于搬进黄房子睡觉,他所体会的那种舒服感,其深刻意义是人们没有足够强调的。的确,自从海牙以及同"自己人"一起重新找到家的感觉以来,这还是头一回。"这天夜晚,我就睡在这房子里,尽管还得收拾,但是住进来我感到很高兴。"接着,他向提奥承认,他已经受不了"作为游子生活在咖啡馆里",他已经不是那种年龄了。

于是,他画了这幅有名的油画,拉马丁广场的《黄房子》。他画出来,就好像要成为房子的主人。只可惜,黄房子和温森特在阿尔勒那么多记忆

[①] 卡拉瓦乔(Caravaggio,1573—1610),意大利早期巴罗克画家,原名米开朗基罗·梅里西,以其出生地"卡拉瓦乔"为绰号。他摒弃了理想化的艺术模式,着眼于表现人,其作品富有强烈的戏剧性、真实性、感情色彩和鲜明个性。光线的运用是卡拉瓦乔绘画革命的主要手段。他擅长运用强光黑影突出画面的主体,对比强烈,不注重繁琐的细节描绘。

点，在一九四四年激烈的战斗中消失了。黄房子部分毁坏，可惜没有修复。

《黄房子》这幅油画，温森特也利用了博茨肖像的同样效果。房子十分明亮，仿佛在正午，着浓烈的黄色，而天空则纯钴蓝色，特别幽深，让人更以为是夜空。我们尤其注意到，天空着色是从大笔交叉涂抹，如同那幅朱阿夫兵肖像背后白墙的画法。在这些作品中，温森特没有任由笔触驰骋，将我们拖进大漩涡，他给我们的印象是要阻断这种运动，每一条横线都用一条竖线截断。他这样做，就好像要叫停时间，停在这小房子里生活的幸福时光；他整理好这所房子，视为未来画家相聚的未来画室。

温森特在表达幸福感方面，再也没有比一八八八年八九月这批油画走得更远。这一时刻停止了，向永恒打开了门。在这几周内，温森特正是经历了这种幸福时刻，这也是小时候父亲到寄宿学校来看他，他所感受到的，同样是他写"性交是永恒时刻"的时候，他所说在一个女人的怀抱中的感觉。

画完了黄房子的外观，还必须画内部。温森特声称他累了几天，就一觉睡了十二个小时。他在这天赐的地方这次有益的歇息，以及房间笼罩的宁静气氛，让他萌生了画他卧室的念头。以他的卧室为主题，他绘制了一幅油画，如今陈列在阿姆斯特丹的博物馆里；后来他又复制了两幅，人们经常容易弄混。其实，只有一幅符合阿尔勒阶段的黄金系列：床铺、地板，全披着这种可食用的黄金色，据说这是阿尔幸福时光的特色。温森特后来复制的作品，要取决于他的心理状态，而色彩要有显著的差异。他在圣雷米特意复制了一幅，地板为一种褐—绿色调，展示一片腐烂的沼泽的

20 阿尔勒,伊卡洛斯的飞升

色彩。同样这种残酷的褐—绿色调,又出现在他刚脱离一场危机而作的最绝望的自画像上。研究这幅作品的三种版本便可向人表明,在多大程度上,色彩取决于一位画家的内心情感。的确,他要表现阿尔勒那间卧室时,不能一直升华,如愿重又找到同样的色调。构图是智力的事儿,可以忠实地复制,但是色彩却不屈从于画家的意志或者理性思考。

这年夏末,别的杰作一幅接着一幅绘制出来。我们只提到在艺术家发展的历程中,这些标志一个阶段的作品。这些画作无不显示宁静、充实,洋溢着浓浓的诗意,譬如《诗人的花园》组画,所画的主题取材于拉马丁广场。这些画作,通过图形的有力结构、遒劲笔触的多样性、技法的纯熟,表达出一种确切无疑的思想平衡;事实上,温森特阻遏笔势运动,就是要制造一种平静的印象,而不是运笔朝惟一的方向席卷或倾泻。笔触不大张扬或渲染,而是紧扣主题,均衡地表现。

表面上毫无征象,让人预感到随后发生的灾难。一位画家绘制这样的画作,一连睡十二个小时,还说工作不累,他总归有其理由,感到他已经达到一个顶峰,精神不可能一下子垮掉。自从博里纳日以来,他的书信总是很有章法,思路清晰,具有文学和人文的价值。温森特持续上升将近十年之后,究竟发生了什么事,就能突然垮掉呢? 伊卡洛斯过分接近了什么太阳,这样遭击而陨落呢?

21 沙锅和铁锅

> 还没有走出百步远
>
> 沙锅就被他伙伴撞成碎片[1]
>
> 拉封丹《寓言诗》:《沙锅和铁锅》

现在我们必须谈及高更到阿尔勒的逗留,这是这场灾难的前奏。毫无疑问,这是绘画上最棘手的问题之一,最充满激情而掌握情况又最少的问题之一。多少维护温森特或者维护高更所采取的立场都那么武断,建立在一种片面的材料上!

这场辩论留下太多模糊的或者引起种种猜测之点,要想做个了断显然

---

[1] 引自法国寓言诗人拉封丹(1621—1695)《寓言诗》第五卷《沙锅和铁锅》,全文见光明日报出版社2007年出版的《拉封丹寓言》。

21 沙锅和铁锅

不可能。然而,几条重要的线路显现出来,可以把调查进行到一定程度了。

这一年半载以来,甚至早在以前,温森特在绘画上尽管才华横溢,可是他在生活里没有扎下一点儿根。没有妻子儿女,也没有国家,他的朋友博克和米利埃走了,他只有提奥和绘画。他所接受的教育,总是促使他妄自菲薄,甚至面对不如他的人也谦抑退让,从来不打头领先。在这段故事中,温森特是沙锅。

高更年长五岁,有妻子儿女;从他祖母弗洛拉·特里斯唐论起,他还同法国大革命紧密联系在一起。须知法国这种反叛精神源于十八世纪,时刻准备高调表明态度,无所畏惧地反对还浑浑噩噩的大多数;这种反叛精神也有其反面:傲慢、妄自尊大、盲目。前文我们看到,高更的童年,部分是在秘鲁度过的,在那遥远的他乡,而欧洲一旦乱得不像样子的时候,他乡就给您打开一扇出走的门。他当过海员,在帆船上干过六年,海上生活非常艰难,可以为所欲为,而在一个野蛮人的世界里,经常受死亡的威胁,必须让人尊重自己。后来,他又进入交易所供职,见识了金钱,在社会上取得成功,又有能力鄙视这种成功,而且不管怎样,有能力从中排除会束缚一个要证明一切的人的幻觉。高更生来就是个斗士,他击剑的功夫达到很高水平(他到达黄房子时,箱子里装着他的击剑手套和面具),在船上练习英式拳击,甚至练习法式拳击或者踢打术。在《前前后后》这本书中,他回顾了在阿尔勒逗留的情况,主要以暗示的方法谈到这些体育运动,写得既聪明又贪恋,分析了自己所培养的素质:在搏击中善于判断对方,了解弱点,掌握躲闪腾挪的技巧。

讲述搏斗者的这些章节，很能揭示这个人，可是在专家的研究文章中，却根本读不到这方面评述，不免让人诧异。关于高更的一部小说或者电影，开头的场面，高更亮相，手里不是拿着画笔，而应该戴着面具、好斗者的手套，握着剑或者战刀。

保尔·高更是一个真正的硬汉，然而，他以令人困惑的方式掩饰，或者保护他内心一种忧郁的、好幻想的天性，一种多愁善感近乎矫揉造作的天性。如此柔和的内心，比较武装到牙齿、绝对玩世不恭的外表，反差实在令人惊诧。这种反差表明，这个不讲规范的人物经历过怎样的磨难，他有怎样的力量，能迷惑他爱得发狂的女人。他的出身，不如温森特的家族那样，有权势而能庇护，乃至有提奥的帮助。他必须自学成才。他终于抵达阿尔勒，自信早已找到了绘画的路。其实，温森特早已走在他之前，但是，高更依仗他绘出来的作品，自信并傲慢到了无以复加的程度。这两个人中，高更是铁锅。

这段故事，不是从高更到达阿尔勒才开始的：冲突早就部分展开了。应当追溯到这两位彼此不大了解的画家相会之前长时间的等待。

且不说温森特动身去海滨圣马利亚之前，对高更推诿的答复多么恼火。终于，高更还是接受了建议，六月底要去同温森特会合了。有人提供给他工作，以保障物质需求。然而，他负债累累，也付不起旅行费用，一时还确定不了行期。提奥不能给他预支必要的款项，情况不妙，这事儿很可能泡汤。温森特倒有一种解决办法：高更何不将物品、绘画等，全丢下作抵押，他只身离开阿旺桥村呢？正如他温森特本人曾经做过的那样，逃离德伦特、纽南或者安特卫普！温森特想得更绝，他甚至要打算全都舍弃，自己前往阿旺桥村。

高更有种种理由推迟行期。他的身体康复了，还画了两名布列塔尼的年轻摔跤手，构图很大胆、红绿两色有力地互动，不过装饰的长线条暗淡，而且他的作品历来如此。七月末，他给温森特写信，随信寄了这幅油画的一幅素描。他在信的结尾写道："如果不是肮脏的钱，我的行李很快就会收拾妥当……这半个月来，我的头脑里生出许多奇思妙想，打算到南方付诸实践；我想这取决于我又变得结实的健康状况。我体内好像有种'搏斗'的需要，想打出重拳……"搏斗的念头激励他。表现一种搏斗的场面，这已经是胜利地走出逆境。

高更的朋友拉瓦尔，当初和他一起在马提尼克岛，这次来到阿旺桥村。高更答应，要带拉瓦尔的水彩画给温森特看，这倒引起温森特对拉瓦尔一点点嫉妒：在高更的心目中，他可能不如拉瓦尔吧？

继而，埃米尔·贝尔纳尔携妹妹到了阿旺桥村。玛德莱娜·贝尔纳尔年方十七岁，既美丽又聪敏，而高更此时又恢复了四十岁的活力，便爱上了她。埃米尔·贝尔纳尔和昂克丹一起创建了轮廓分明的画法，即突出轮廓线条，主题简单明了，一种回归绘画的原始初民的技法。贝尔纳尔有思想，有胆识，也有几分才华，只是他还太年轻，个性的弱点也无可争辩，还不能给他的作品注入必要的力道。贝尔纳尔受温森特之托，来看望高更，抱着完全信赖的态度，给他看自己的画作，向他说明自己力图做什么。高更一直需要参照别人的作品，来审视他自己走的路，这对他是一种启示。贝尔纳尔的弱点，既不同于塞尚，也不同于德加，这就给他高更开了路。

贝尔纳尔无所保留，并且极力讨好这位新朋友，还把温森特的书信给他读了。高更看了信，开始更好地评估这个在普罗旺斯腹地呼唤他的人。而且，他也深信温森特的全部分析，既分析了他自己的作品，整个绘画领域，也分析了他所采用的技法。

保尔·高更的确准备好了，要重拳出击，他感到多亏了这个小贝尔纳尔，他终于找到了他一直未能表述自己的方式，只因比起这个年轻人来，他看得更远，明白这个即将变成综合主义的轮廓分明的画法能引向何处。毫无疑问，他的全部绘画要走这个方向，但是得摸索着前进。于是，他画了《讲道的幻视》。一群头戴高筒白帽的布列塔尼妇女，都闭着眼睛，双手合十祈祷和默思，而画面近景则表现由她们听见的讲道在她们的想象中所引起的幻视：雅各和天使在朱红色的背景上摔跤。又是搏斗，完全是雨果式的。一八八八这一年，高更的作品就将突出这个主题。

这幅画表明，贝尔纳尔的习作只不过是无足轻重的草图。这幅画对他有压顶的气势，以致他后悔听了温森特的话来到这里。他要终生抱怨被高更剽窃了，而他和高更在保持友好关系的同时，开始出现阴影，并最终导致决裂。

《讲道的幻视》这幅画，在放弃由文艺复兴时期西方艺术所确立的成规方面，又跨进了一步。尽管背景的布列塔尼妇女比近景的人物要小，但是这幅画一个明显倾向，要变成没有第三维的平面图。日本的和原始艺术的影响显而易见。最后，给予想象部分的位置，只能激发高更这样一个幻想者。此外，这幅画的标题也明显分成两个层次：一方面是幻视的想象部分；另一方面是在想象的布列塔尼妇女的真实部分。

这样大的成功，又给高更增添新的自信，然而，他在玛德莱娜·贝尔纳尔姑娘跟前，却要遭受挫折：玛德莱娜更喜欢他的朋友，二十七岁的查理·拉瓦尔。婚后好日子不长，一八九四年，拉瓦尔死于肺结核，享年才三十三岁，玛德莱娜也患上了同样病症，丧夫一年后去世。她找到机会对高更说，他是个背信弃义的人，自诩为她哥哥创建的画派的首领，却不承认自己欠下的债。至于高更和拉瓦尔之间的关系，在巴拿马，后来又在马提尼克岛那么亲近，也没有经受住这段经历的考验。高更后来在一封信中提起拉瓦尔，甚至把他说成一个"蠢货"。

玛德莱娜的人格，在阿旺桥村的画家团体大放光芒，高更给她画了一幅华贵的肖像，表明他多么狂热地迷恋这位年轻女子。我们可以这样认为，有玛德莱娜在场的影响，高更变得多产了，既由于他对她感到无可争辩的爱和强烈的欲望，又由于他不得不接受放弃的念头。

在这段时间，温森特急得直顿足。他从阿尔勒往阿旺桥村写信，人家给他回信，就好像他参与了在那里展开的沸腾的创造运动。他还提议通过邮局互寄，交换绘画作品。温森特打算寄去一幅自画像，而高更和贝尔纳尔，彼此给对方画肖像，查理·拉瓦尔就画他自己的肖像，也寄给温森特。大家在阿旺桥村讨论了这件事。但是，基于可以猜得出来的原因，无论贝尔纳尔还是高更，都未能给对方画像。他们每人都做了一幅自画像，并在画布的一角快速勾勒出"朋友"的面孔。接着，又各自开始绘画。

其间，发生了一个意外事件，是温森特的不幸，但是这一悲剧却打开了局面。森特伯父，他从前的保护人，于七月底去世，没有后代。提奥立刻动身，回荷兰奔丧。温森特原地不动。再次同他家族的人见面，对他毫无意义。"科尔叔父多次看到我做的活儿，他觉得不堪入目。"在举丧期间，温森特在给妹妹的信中这样写道。开启的遗嘱显示，逝者一部分财产留给提奥，正好用来装修南方画室：黄房子配备齐全，并替高更还清债务。

温森特终于看到他的梦想就要实现了，于是对高更产生了一种危险的固恋。等待的时间越拖长，他的现实感就越削弱，越把高更崇高化，当成了天父，就不仅仅是一种印象了。我们看到，他的批评意识逐渐减退，就要把未来的对头置于一种十分特殊的境地。

一到九月份，温森特有时不免泄气。高更还会来吗？他能喜欢这个特别敌视外地人的地方吗？这样等待，每天都摧毁一点儿他的心。

他收到了钱，就能给房子配置家具了，钱几乎全花在这上面了。他买了"十二把椅子、一面穿衣镜和必备的物品"。也许高更来不了，但是至少，温森特总算有了让提奥落脚的地方。他给高更准备的房间，"比得上一间真正有艺术品位的女人小客厅。……这间屋白净的四壁上，要装饰大朵的黄色向日葵。……不能落俗套了。还有画室，地面铺红瓷砖，墙壁和天棚刷成白色，摆放农村式椅子、白木桌子，我希望用肖像画来装饰"。

然而，高更跟戈多[①]一样，总也等不来；温森特花了一笔钱，又花一

---

① 戈多，爱尔兰剧作家贝克特（1905—1989）的剧作《等待戈多》中未登场的主人公。

笔钱，负罪感日益增强。时间越流逝，温森特越要说服自己，高更不来就不来，这对他无所谓。然而，反反复复这样表白，只能说明面对无限拖长的等待，他多么易受伤害。

在温森特看来，高更企图让别人出川资并为他还债，而他担心要投进一大笔。温森特头脑清醒地一闪念，"本能地"看出高更是个"斤斤计较的人"。购物还在继续：梳妆台和一切必需品，还要给新房间购置一个大铁炉、一个大衣柜和一个五斗柜。他花费越多，就越确信他这样做不是为他自己，而是给要前来的艺术家们准备的。

随着他写的一封封信，我们又发现已经在海牙见到的情景：他同西安在一起时就这样过度花钱。激励温森特的这种狂热劲头，同他上次"安家"时一模一样。

高更又寄来一封信，描述他的"冉·阿让"式的自画像，说明他扮成阅读过的雨果的《悲惨世界》中的主人公是何意图。

温森特没有见到这幅作品，他显然想象一定非同凡响，在寄给提奥的信中写道："附去高更一封出色的信，求你当作一件异常重要的东西，单独收起来。我是指他对自己的描述，触动了我的内心深处。""触动内心深处"，温森特想不到说得有多好。他心中某种东西动摇了，或者打碎了。他把高更想得无比巨大，同时贬低自己的作品，仿佛开始自残了。显而易见，高更和一种可怕的父亲形象同化了。高更成了温森特的黑太阳。

在同一封信中，他对提奥说他要拒绝交换自画像，只因高更的自画像太美了，即使他还没有见过。"我要恳求他让给我们，作为他头一个月的生活费，或者换取川资。"在合同中果然这样规定，高更每月要拿出一幅画，用以偿付他在阿尔勒逗留期间的用度。

伊卡洛斯的陨落从此开始，早在高更到来之前。高更与父亲的形象同化，便剥夺了温森特的全部能力。他的神经也崩溃了。比较他拿出来装饰的所有画作、他的向日葵以及"近乎上釉陶器"的黄色高调，他就妄自菲薄了！他必须不懈努力，画出上品来出示给他的客人。

他心甘情愿当小学生，要听从老师的教导。他要尽量给前来的准显贵，这位"教皇"一个好印象。必须让这位显贵满意，他要"做成一个完美的画室，环境能配得上前来当头领的艺术家高更"。

接着，他又操起笔，给他的朋友写信：这是他的《书信集》中最令人诧异的一封信，尽卑躬屈膝之能事，表现出一种少有的奴颜婢膝。即使他遭到欧也妮·卢瓦耶的拒绝，深深陷入难堪境地的时候，我们也没有发现如此自卑的书信。

温森特寄给高更的自画像，背景为淡绿色，现在轮到他描述了。他自我表现的眼睛略带鱼尾纹，剃光了头，没有胡须，扮成日本人。"我也夸大自己的特点，不过，我所寻求的是一个和尚的特点，永世佛的普通崇拜者。我画得相当吃力，如果我真想表现这件事，那我就必须从头再来。"当然了，学生的习作，不可能令人满意，必须在老师的监视下重做。但是不管怎样，在这幅自画像中，温森特还保持了几分自信：他的神态很淡定。不过，这幅作品却是门徒顺从师傅的一种契约，是他的一份祭品，奉献给化身为高更的父亲像前。永世佛……

信的下文只能证实了这一点。温森特几乎事先就把他的全部作品丢进垃圾桶:"我觉得比起您来,我的艺术创意太过一般了。我的胃口总像野兽那样粗俗。什么我都忽略,不会表现事物的外在美,只因我在作品中,把美的事物画丑了,而我看大自然很完美,画出来就粗疏浅陋了。"

还有可怜的一点欣慰,他自认为体现一种"独特的率真",但是"绘制却生硬而欠灵活"。

然而我们知道,自从海牙以来,温森特以多大热情探索这种粗野,探索既在素描上又在油画上操笔的高超技艺。可是,温森特全要烧毁,十年孜孜以求,又有热情洋溢的分析的支持,还参照了全部艺术史,就这样几行字一笔勾销,化为飞烟了。

最后,精彩的部分,一种奉承的杰作:他告知高更,他为高更的房间画了一幅装饰画:美妙的《诗人的花园》,并且这样评论道:"我画这座花园,本想尽量达到这样效果,让人既联想到这里的(不如说是阿维尼翁的)老诗人彼特拉克,也能联想到这里的新诗人——保尔·高更。这幅尝试的作品不管多么笨拙,也许您总归能够理解,我怀着十分激动的心情,一边想着您,一边为您准备画室。"

高更把这封信转给他的朋友舒夫奈凯。他有什么看法呢? 不得而知,但是可以相信,在他的思想里,温森特的形象很清晰。没有任何先入为主的东西,能促使他承认他的画商的这位怪诞的哥哥有更多新的价值。这封信就是结论。温森特本人供认了高更一直抱有的看法:温森特由他弟弟资助,但他也只是个二流艺术家,不管怎样,远远低于他高更。"这个可怜的小伙子",正如高更称呼的,再次成为他接触提奥必经的台阶。温森特从年初开始所写的书信都实在过分,高更从而加强了他的想法。温森特有好奇的眼光、独特的思想,是鉴赏和分析绘画的行家,他的绘画难道就没有受到他的喜爱吗? 其实在他看来,温森特就是个二流的画家,但是运气好,身后有兄弟支持,可以搞搞业余爱好,同时,这里再提一下他的说法,"进行日光浴"。高更受得了无休无止的奉承吗? 好嘛,还有更糟的。如果能大力推销他的画作,那么陪伴这个怪诞的崇拜者一段时间也值得。或许贝尔纳尔和拉瓦尔会前来会合,陪他消愁解闷呢。然而,他哪里想到要惊诧不已,殊不知,温森特有双重人格,他仅仅了解一面。另一面跟他同样有血性。

　　这封信引人深长思之:错看自己会造成多大损害,因为归根结底,假如在一八八八年这个十月份,这两位画家都突然丧命,那么在这个日期,面对温森特所走过的路,从一大批在巴黎的自画像,到阿尔勒的令人目眩的升华,还不算在纽南的表现主义画作,高更尽管有马提尼克岛的闪亮的油画,以及这年夏季在阿旺桥村的作品,不过客观地讲,他的遗产有多大分量呢? 高更从前的作品,我们说过其品质尚未得到人赏识,在一八八八年十月,高更虽有这些旧作,但是他刚刚起飞,而温森特已经如日中天了。

　　保尔·高更传记的作者们不惜一切代价,硬要为高更推卸一种本应公正判断的责任,硬要人们相信在他朋友到达之后,温森特就积劳成疾,这可能导致他发起疯病,因为高更有权利不喜欢温森特的绘画。这真是极不靠谱的假设。温森特抱怨眼睛很疲惫，还抱怨他真的很累，但是他本人就说能够恢复。事实上，眼痛很快就消失了，温森特在他画过的房间，夜晚睡起大觉："这次我一觉就睡了十六个小时，精力也就大大恢复了。"他在高更到达的一个多星期之前，于十月十四日这样写道。

总之，如果说他感到心情烦躁，他也明确说不是神经出了毛病，而是艺术创作中出现的亢奋所致。这种精神状态，艺术家们人人都有体验，当他们精疲力竭，创作的辛苦达到极限的时候。这是很平常的事儿，没有什么可大惊小怪的。温森特于十一月二十一日又写道："但是不管怎样，我还是得当心我的神经……"

果真是过度劳累和疾病引发了疯癫的话，那么温森特就该已经发疯多少次了，如在海牙居留的末尾，在德伦特地区居住的时候，在纽南父亲去世后陷入孤独境地，而在安特卫普处境还要糟糕。那些时候，他的神智为什么没有动摇呢？只能说这是紧随创作之后的正常疲惫，哪怕是一时精疲力竭。有作品在，可以反馈这种疲惫的信号，无非说明这是一种不可避免的意外情况，当然，这一作品的质量要得到艺术家的认可……

反之，正如我们前面所指明的，温森特在高更面前屈膝跪拜，逐渐丧失任何批评精神，甚至在这次相会之前就开始自残，从而为这场灾难准备了土壤，将两个对手置于一种主人和奴仆的关系：一个绝对统治；另一个被统治，享受奴役地位，但也是暂时受统治，绝不会等多久就要起而反抗。

阿旺桥村的自画像，终于寄到黄房子。温森特打开包裹。贝尔纳尔的自画像戴着帽子，完全呈蓝色，如果说既漂亮又温和的话，那么高更的自画像却让温森特吃惊。高更的自画像以铬黄为背景，并点缀白色和粉红小花。高更知道温森特喜爱铬黄，便以此向温森特递了个眼色，但是画像自诩为冉·阿让的一副形象，一个"悲惨的人"，被社会排斥的"印象主义画家"，则带着一种恼怒、一种不同寻常的粗暴来处理。眼神难以捉摸，眼睛的弧线令人不安，肌肤涂成蓝色，并且用普鲁士蓝强化了，犹如地狱的火舌。这画的不是人，而是一只野兽，背景的黄色活似一只随时扑上来的豹子皮。高更从来没有在一幅画中，如此倾注超强力，表现出一种肆无忌惮的攻击性。可是攻击谁呢？ 自画像表达一种要搏斗的骇人姿态，以求摆脱困境。高更似乎在唾世界，或者唾他的观赏者吧。温森特的和尚像有多温润，这个"悲惨的人"所标榜的恶力就有多"凶恶"。

温森特被这一攻击打乱了。这幅自画像仿佛对他说：你非要我来，可得当心！ 我就是这样子，一只黄眼珠、黄皮毛的花斑豹子，既然是丛林中的一只野兽，当然就不管什么区域了。贝尔纳尔的小幅画，在这幅自画像的上端，就好似在一幅狩猎画中的一个猎获物。高更在写给舒夫奈凯的一封信中，画了这幅画的素描，又加强了凶恶的特点，赋予他的形象一种近乎漫画似的凶悍。这就是在明显的意图和内涵之外，我们觉得这幅令人惊愕的自画像的阴影所传达的消息。伟大的高更就位了。这个人已经整合了，从此以后，再也没有什么能阻挡他的步伐。

温森特困惑不解。他那奴性的热情过分强烈，分析的能力处于衰微状态。因此，他把这幅作品解释为一种苦痛的宣泄，于是他声称高更状况不好，必须到阿尔勒来调养康复。他就不明白高更告知他，自己的身体已经恢复了,"准备好要重拳出击了"。

一个细节令温森特伤心:"再说一遍,画肌肤切勿用普鲁士蓝!用了就不复为肌肤,而变成树木了。"总之,这不是现实主义。他理解错了,这种普鲁士蓝是特意使用的,就是要增强整幅画的冷峻。两位画家之间的对立,他们的争论从此已经开始了。现实主义?高更越来越嗤之以鼻。温森特感到不自在。他把这幅自画像想象得太美了,觉得自己的作品不配同人家交换;可是使用普鲁士蓝这一点,削减了几分他对这幅作品的赞赏。

高更这方面承诺下来,则有十分明确的盘算。他给友人舒夫奈凯写信说直到提奥真正推销他的作品,他才会动身。十月十六日,他给同一个人写道:"梵高再怎么喜爱我,他(提奥)也不会因为我的美目,才毅然决定供给我南方的生活用度。他身为冷静的荷兰人,研究过这个领域,有意尽可能促成这件事,而且很执著。"

其实,在这件事上冷静的人,正是高更。目标只有一个,而且一成不变:他本人。后来,到了一九〇三年,他压了很久才写道:"温森特的友谊如此真挚,如此热情,我被说服了,于是上路。"在事情发生的时候,他对把他从深渊中拉出来的人,友谊就那么纯洁吗?

再说温森特,他给贝尔纳尔写了一封信,提出这是未来悲剧事件的主题。他还承认,此刻他在绘画中,不可能排除真实的成分。他不能沿着一条臆想的路走下去。他说为此担心,还估计不了他的现实主义能否抵制得了想象的魔鬼,只因他没有能力乞灵于想象时规避危险。他并不禁止别人运用想象,包括贝尔纳尔和高更。或许十年之后,他就有能力了。下的结论十分明确，使得他的举动很快就不可理解了："我的绘画不全是虚构出来的，正相反，我找到了现成的，不过是从自然中梳理出来的。"

一八八八年十月二十三日，高更乘坐十五个小时火车，抵达阿尔勒。这是关键时期，可以掌握的资料有温森特的信件、高更的信件、他们的绘画作品，以及高更去世前不久，于一九〇三年写的书。他在名为《前前后后》的一书中，旧话重提，进一步阐述了他已经在书信中所表达的立场。

可是，温森特的书信，即使意味深长，提供的情况却很少。温森特确实慌了神儿，特别害怕向提奥承认事情不妙，极力不谈他的感受。高更给他朋友的信，则有一些相关的段落。至于《前前后后》的文本，一方面透露事实，另一方面又不完全准确。一九〇三年，高更患病，感到死之将至，便要回顾一下这个悲剧事件。不过，他这样做是为了自卫："关于梵高，我早就想写点东西了，等我身体好的那天，肯定是要写的。眼下，我就讲讲有关他的事儿，更准确地说，有关我们的事儿：有些事情一经说透，在某些圈子里流传的谬误就自然止熄。"

须知十五年间，形势发生了变化，出现了一个重要情况：温森特的绘画，作为一位伟大画家的作品，得到了公认，甚至得到高更的承认。高更曾经傲视的这个人，日益享有更广泛的好评。而种种指责，往往是不公正的指责，雨点一般落到高更的头上。因此可以理解，要撰文为自己辩护，就只能字斟句酌，特别当心了。

最后，我们还要探问绘画作品，至少这些作品不会隐瞒什么。

高更天亮前到达阿尔勒，到车站附近的著名"夜咖啡馆"等待天明。老板一见到就嚷道："是您啊，朋友！我认出您了。"温森特给他看过高更的自画像，这样可能管点儿事儿。高更也很体贴，夜间不去打扰，让温森特睡足觉，直到时间合适了，才去敲黄房子的门。

　　温森特乐不可支，安顿，闲聊，散步，以便发现阿尔勒的美景和美人儿；可是，高更却没有那么兴高采烈。温森特异常兴奋，高更却颇为矜持。他当即就感觉不大好。"我在阿尔勒，一点儿也不适应，觉得地方太小，景致和居民，都小里小气。"他给埃米尔·贝尔纳尔的信这样写道。他刚一到达，就开始思念布列塔尼了。

　　另一个不愉快的发现，就是混乱。即使温森特让清洁工每周来两次打扫房间，他总有时间让混乱盘踞在那里。提奥就受不了，高更只是个新交的朋友，更不能容忍了。他航海多年，船上生活空间狭窄；养成了爱好整齐的习惯，他这种人一见东西乱就受打扰而反感。溢出来的颜料罐、挤完从来不拧上盖的颜料管，乱七八糟都无法想象；他心里不免嘀咕，自己到这儿干什么来了。

　　一种运气，温森特尽可能都让着，他很顺从，我们能想象得出来，他写了那么多信之后，自然唯命是从。

　　第二天他们就开始作画，两位画家的差异随之显露出来。温森特一下火车，撂下旅行箱，到傍晚就已经画出一幅油画，而高更却没有这么便当。像高更这样敏感而好幻想的人，身边有这样一个家伙，确实令人气馁。温森特绘画，正如他本人所讲，像火车头一样往前冲。他生产的频率超出了一般理解力。高更需要一个孵化期,他必须了解植物、树木,参透坏境的氛围:"我待了几周,才明确地把握住阿尔勒强烈的味道及其周围一带的情况。尽管如此,大家都在奋力工作,尤其温森特。"

高更是个要求生活环境的人。体质、行为、性情、性格不合,导致绘画上见解相左。高更刚来头几天,就感到自己被这个狂热者置于危险的境地。这些日子没有发生任何事儿,至少表面上,在您看来是这样,可是另一位排列起画作来,能要一个意志薄弱的艺术家的命。再者,这种两个人的小天地,这种"流水线"似的工作方式,这种修道院式的确切点说新教教徒式的简朴,这种投入工作、早起像去工厂上班似的苦行,高更都深感不适,就觉得被人强奸了意志。他无法忍受这种变成毁灭性的局面。

他概括这种局面,使用这样富有揭示性的语言:"他,那么胸有成竹,那么沉稳。我呢,这么心中没底儿,这么心神不宁。"

这就是他在回忆中所保留的心态,尽管很快传来好消息,似乎也没有触动他:提奥售出一幅油画《布列塔尼妇女》,给他带来五百法郎收益。在这段日子的开头,惶恐不安的情绪,并不表现在温森特这边,而是高更状态不佳。

在阿旺桥村,他住在勒格洛阿奈克家庭公寓,有一帮伙伴,大家都喜爱他,信赖他。那是一帮快活的画家,不管好坏,都闹闹哄哄;贝尔纳尔、拉瓦尔都奉承他;在餐桌上有人侍候,而布列塔尼女人开起玩笑来,也远胜过阿尔勒女人。布列塔尼女人不那么封闭,不怕见人,更加温柔,也更加开放。现在要同这个人一起,过几个月这种生活,那该怎么办呢? 对高更来说，创作是幻想的事，是偶发兴致的事，如同停留或飘过的云彩：
"我们要'梦想'，然后才安安静静地绘画。"他给他的朋友舒夫奈凯这样写道。灵感来或不来，由不得人，不来也罢，那就追随从一朵花落到另一朵花的蝴蝶，也总比没事瞎折腾有点意义。然而，待在一个时刻都有灵感的人身边，可不是件容易的事儿。

和温森特谈话，也同样得不到宽慰。目睹房间凌乱，也成为谈话内容。高更弄不明白，人怎么能喜爱价值差异那么大，有的还是平庸的作家或者画家呢。"就是这样，譬如他无比赞赏梅索尼埃，对安格尔却深恶痛绝。德加令他大失所望，而塞尚无非是个爱搞恶作剧的人。他一想到蒙蒂塞利，就会潸然泪下。"

高更从阿尔勒给贝尔纳尔写信："温森特和我，一般来说，我们极少能谈得拢。尤其在绘画上。他欣赏都德、杜比尼、齐耶姆（Ziem）和伟大的卢梭，所有这些人我都没有感觉；反之，他鄙视安格尔、拉菲尔、德加，全是我赞赏的人。于是我回答说：'队长，您有道理'，以便求得清净。"

如果说谈不拢是确定无疑的，那么把温森特的赞赏局限为都德、杜比尼和梅索尼埃，就表明这种偏见太过分了。看过温森特书信集的人都知道，频繁出现在他笔下的有德拉克鲁瓦、伦勃朗、米勒、雨果、狄更斯、左拉。而这些，高更未予理睬，实在令人费解。不过，说到底，这并不重要，有一件事可以肯定，他跟温森特没有充分交谈。而谈话始终是一场战斗。在谈到某些话题的时候，就必须收拢退缩，许多对话者都有过这种经历。高更也不是头一个。所有关于他局促不安的篇幅，无疑全是真实的。

然而，正是在这些谈话过程中，温森特说服这位朋友相信，他的道路在热带地区，他最好的画作来自那里，他还应该回到那里，以便带回他有能力绘制出来的伟大作品。高更把他的反应告诉埃米尔·贝尔纳尔："我颇为赞同温森特的见解：未来属于热带地区的画家，而热带风光还没有入画，必须有新鲜题材的画作，供给公众，愚蠢的购买者。"

初到阿尔勒的那些日子，高更感到不适，尤其刮起密史脱拉风，或者下起雨来；在这种天气的时候，两个人只好关在这座小房子里，与世隔绝。"两个人在一起，他和我，一个完全是火山，另一个也在沸腾，可是内心里，在一定程度上，正在酝酿一场斗争。"高更的朋友，达尼埃尔·德·蒙夫雷德这样说他，"凡是斗争与搏斗，他天生都喜爱。"

一场搏斗，这个词至关重要。意味深长的是，在一点儿一点儿回顾这种失衡的氛围之后，恰巧这个词进入文中。这证明感觉到的印象先于理论问题上的分歧。使用"搏斗"这个词来形容所发生的事，顺便也就戳破了温森特是自己情绪失控而发疯的命题。在一场搏斗中，要招架，还要击打对手。

不过，实际的需要起着支配作用。一场搏斗胜负难料。高更同提奥签订的合同，把他和温森特捆绑在一起。难得这次他在金钱上有了一种相对的安全，他极其厌恶这种境况，但是他没有选择的余地。需要钱就把他钳制住了，梅特和他们的子女需要他。他曾让梅特把儿子克洛维斯送到法国，可是负担不起孩子的费用，又请求梅特将儿子接回去了。莫大的屈辱啊！子女们的教育、他们的前程、他们的国籍，他想管也管不了。他没的选择，留下来是他的职责所在。

因此,高更决定发号施令,整顿这座房子,但是心里不无疑惧,只因他看出了温森特容易动怒。经济状态也同样一团糟,必须安排好支出。高更谈了这些事,温森特表示赞成,他巴不得有人呵护,从前有家庭,后来有兄弟,现在有朋友来呵护。

"在一个钱箱里的钱,规定多少用来夜晚逛窑子,多少用来买烟,多少用来意外开销,包括房子租金。箱子上放一张纸和一支铅笔,每人从钱箱里拿多少钱都如实记录。另一只钱箱装余下的钱,分成四份,为每周饮食之用。我们的小饭馆取消了,我用一只小煤气炉做饭,而温森特去不太远的地方购物。"

关于夜晚逛窑子,高更指明他们去逛朱阿夫兵第三团的夜总会。后来他也感染上了花柳病,并因此丧命。做饭便多了一份负担。有一次,温森特想要做汤,结果做出来的汤没法下咽。他给提奥写信说,新的安排运行顺利,不过他也补充一点,高更有时仿佛冲击他一手制定的规矩,以大公的派头出巡,花钱像刚到一个港口下船的海员……

总而言之,高更在阿旺桥村尽管负债累累、感觉却很好,现在来到一个他不喜欢的环境,一座他不喜欢的城市,终日同一个根本无法交谈的苦行者面面相觑,来此为了绘画,却又当上了小旅店主、饭馆老板和财务主管。我们应当补充一句,由温森特的兄弟付钱,高更就有负债感,不免觉得受温森特的监视。

开始绘画了,如果天气晴朗,风又不大,两位画家一清早就出发;他们在同一地点作画，但是采取不同的视觉。温森特向来躲避阿尔勒所能显示的游览的、历史遗迹的所有景点，拉着高更前往阿利斯冈墓苑。地点很美，引人沉思默想。一条长长的林荫路，高大的树木监护着路两侧的墓冢。温森特认为，高更会喜爱这地方。整整一周，他们天天到这里来作画。

自不待言，温森特完成四幅油画，而高更刚好来得及画出两幅构图，回到画室再完成。好吧，事情就是这样，说到底也没什么，反正两个人都画出了特别出色的油画。晚上，他们还没有筋疲力尽的时候，就去逛逛窑子。

其间，关于绘画开始争论了。我们了解温森特，他那么激烈，又特别执拗，总是反复冲击同一个点。高更对此有所反应，在信中对埃米尔·贝尔纳说道："他非常喜爱我的绘画，可是在我作画的过程中，他总认为我这一点不妥，那一点欠佳。他是浪漫派；而我呢，主要还是倾向于一种原始状态。从设色的角度，他看重蒙蒂塞利作品上色彩的偶然性，而我讨厌耍花样的笔法，等等。"

在温森特这种压力面前，高更起初似乎退让了，即使不像温森特那样绘画，至少采用他的题材、他接触这些题材的方法，同时也采用他的现实主义。绘画应依据现实，还是应该依据想象呢？这个根本问题，将决定二十世纪的艺术发展方向。温森特已有不可动摇的立场，而高更还没有考虑这么清楚，他倾心于第二种答案，但是厌恶理论上的武断的争论。他一如既往，等着瞧。这是他的力量。

第二周，从十一月四日至十日，星期二、星期五和星期六，下了三天雨。阿尔勒的秋季,从来没有这样多雨。直到那时,高更对肖像画兴趣不大,还是让温森特说服了。温森特认为这是重大种类,但是遗憾很难找到模特儿。高更善于同女人打交道,他说动了火车站咖啡馆老板娘同意,来到黄房子,身穿阿尔勒妇女传统服装,给他们当模特儿。

温森特想都没敢想能请她摆姿势,拿他的话说:"sabre"("大笔大笔勾勒"),当场就画出由黄色背景衬托的肖像。高更给这个女人画了一大幅素描。温森特画出的肖像,带有几分贵妇的神采,而高更赋予她一种暧昧的眼神,近乎摇荡,仿佛在撩逗调情。接着,高更又要画夜咖啡馆:在这一大幅油画上,只见近景坐着老板娘,她拿着一杯苦艾酒,脸上一副暧昧的笑容;她身后有一张台球桌,一个醉鬼瘫软在桌上,另一张餐桌则围坐着几名妓女。这幅画一旦完成,高更并不喜欢。他向贝尔纳尔敞开心扉:"我也以咖啡馆为题画了一幅油画,温森特很喜爱,我喜爱的程度就差了。说到底,这不是我想干的事,这地方下流的色调并不适合于我。表现在别人的画幅上我很爱看,但是我自己的手画总是很担心。这是受什么教育的问题,是改变不了的。"接着,他描述了这幅画之后,下了结论:"近景的人物形象过分逼真了。"

踏入现实主义之路是个失败。高更很不满意,在画阿利斯冈墓苑的现实主义的作品之后,这幅画是一种退步,比《讲道的幻视》差远了,甚至不如他的自画像。什么都不顺当了。温森特不是个好打交道的人。读他的信可以看出,高更原以为找到一条小狗,不料碰到一个真正的强手,他要与之展开搏斗。

然而，这个阿喀琉斯的脚踵在什么地方？搏斗是高更的长项，他要想出厉害的一招儿。不错，温森特画出很多作品，但他画的是什么呢？这种绘画有什么价值呢？高更为了自卫，也许还为了胜出而能生存下去，就由一种自然的、几乎难以觉察的倾向所指引，打开了禁忌之门，攻击起他朋友的阴影部分。他要扮演魔术师的弟子。

在高更到达之后不久，他们去看收获葡萄结束的景象。到了十一月份，葡萄已经采摘完了，但是他们决定去画令他们吃惊的葡萄园的那种红色效果。温森特画出一幅油画：《红色葡萄园》，表现收获葡萄的具体场面。高更则完全摆脱了眼前主题的束缚，创作一幅臆想的画，题为《收获葡萄或悲惨人生》。他就等于朝蚁穴踢了一脚……

高更画的收获葡萄的图景，很难辨认出一根葡萄枝蔓，或者一片葡萄叶，而是一个红色三角图形，铬黄色背景上的主题画得很有功力。两名采摘葡萄的女工在俯身干活。她们戴着布列塔尼妇女头饰。左侧，一副布列塔尼的高贵形象，戴着重孝，而近景的一个人物形象，似乎受一具秘鲁木乃伊的启发，双手捧着下颏儿坐在那里，一对杏眼，脸庞呈古铜色。高更在给贝尔纳尔的信上写道："这是我在阿尔勒所看到的葡萄园的印象。我画上了布列塔尼妇女——管他'准确性'呢。这是我今年最好的一幅画，等颜料一干了，我就寄往巴黎。"

"管他'准确性'呢"，高更这样强调。这幅画很奇特，富有诗意，而现实主义死了。温森特说高更在一种环境感到窒息的时候，像马尥蹶子似的，会有出人意料的行动。这幅神秘的画作就是一个实例。布列塔尼妇女，在阿尔勒葡萄园里收葡萄，还挨着一具印加木乃伊！温森特喜欢这幅画，他写信给提奥，可以立即买下来，至少出四百法郎。高更刚刚开辟了艺术的革命道路。温森特还不知道，对他来说，这幅画意味结束的开端。

温森特明白这样一幅画作的意义，一时欢欣鼓舞，他也要创作想象画，如他所说，"由头脑"产生画。他全然忘记他写给贝尔纳尔关于现实主义的见解，全然忘记他的探索，总之，他承认师傅技高一筹。高更仅用两三周，就以这条人的铁臂战而胜之。然而，他一旦取得这种优势，走在路上就停不下来了：经历了一段时间的局促不安之后，他要大获全胜，从他赢得的崇高地位上，在头脑里酝酿要重新教温森特绘画。这是他的责任所在。可以说他承担起这种责任，不能不预见到，他这样插手一个他不熟悉的不稳定地盘所造成的损害。

高更在一九〇三年出版的回忆录中，声称他培养了梵高，他认为梵高当时还陷在新象征主义画派的泥潭中。"他绘画杂乱无章，紫色上面涂的所有这些黄色、补充色的这种全部活计，还只是达到不完全而单调的甜美和谐，里面缺乏嘹亮的号声"。他说他找到了一个听话的学生，取得"惊人的进步"，作为这些"进步"的证据，令人惊诧不已，高更举出了《向日葵》和《欧仁·博克》。他就这样把温森特发现的高调黄色（黄上加黄）据为己功。看样子结论也不难下："说这些是为了告诉您，梵高既没有丧失一点点他的独特性，又从我这里受到一种富有成果的教育。而且每天，他都对我表示感激。"

这些篇幅若是在此引用就太长了，几乎全是假话，可悲的假话！诗人欧仁·博克的肖像画，在高更来到阿尔勒之前早已完成。说什么温森特绘画中只有不完全而单调的和谐，缺乏号角之声，如此有眼无珠，怎么说好呢？至于八月份画的那些向日葵，高更一走进黄房子就看到了，作为装饰画挂在他房间的墙上！

高更还补充这样一段说明："我到达阿尔勒时，温森特还在摸索，而我年龄大得多；已经是个磨练出来的汉子了。我欠温森特一点情，就是确定了我先前的绘画思想，我也意识到这对他也有益处；还有，在困难的时候，我还记得能发现比自己还不幸的人。"

不错，在同温森特接触过程中，面对这个不知悔改的现实主义画家，高更有必要给自己定位，确认了他从前的绘画思想，甚至可以说，他在阿旺桥村，多亏了同埃米尔·贝尔纳尔相会，没过几周就微微打开的一扇门，到阿尔勒才终于大敞四开了！面对这个海盗的胆量，我们只有惊愕的份儿了。至于"富有成果的教育"，我们倒可以谈一谈。

在一八八八年，高更没有认识到温森特的伟大，即使他喜爱几幅画，诸如《向日葵》、《温森特的房间》和《诗人的肖像》。据温森特说，至少也是在他观赏了许久之后。他认为这种绘画等而下之。再说了，一种绘画已经完美或者成功了，谁还会力图变革呢？还继续探索本身，就是这种绘画的价值判断。温森特死后得到公认，高更就不择手段，把他的天才说成是自己的功劳。

不过有一点，高更没有说谎：在这种令人难以忍受的"功课"之后，温森特绘画，几乎不再采用阿尔勒这样颤动的色彩了。打击很有效。温森特后来去圣雷米，重又采用过去的颜色，土灰色，色差小了，他绘画的独特性走上另一条路。他甚至说愿意回到纽南时期的色调，"像从前那样，赭色调"。阿尔勒作品上的那种魔术般的震颤，尚见于一些绘画，但持续时间不久。

然而，色调不是惟一的战线，还有所谓想象的或者"头脑"产生的绘画。让高更发了言之后，我们再回到温森特，以便确认一场灾难的过程。

他的朋友一到达，温森特就开始向提奥交底，他给高更许诺的这么大花销支撑不下去了，说他极为担心这种金钱上的承诺。提奥回信劝解，说他为别人做得太多了，而提奥本人倒愿意看到他稍微自私一点儿。

温森特也观察他不认识的新来者，他在给埃米尔·贝尔纳尔的信上写道："现在毫无疑问，我们面对的是一个野性十足的人。在高更身上，血性和性欲要胜过雄心。"

温森特在高更身上发现了一个冒险家。高更向温森特讲述他的旅行、他参加的海战，他喜爱的剑术、拳击，他初学绘画同第一代印象主义画家的交往，他在马提尼克岛上居留的日子。牧师的儿子被这个爱冒险的人物给迷住了："我原先知道高更旅行过，却不了解他是个名副其实的海员。他经历了各种艰难困苦，他是真正的水手，在桅楼上是绳缆索具水手。这让我对他肃然起敬，而且对他这个人更是绝对信赖。"肃然起敬和绝对信赖：确认一种父亲的形象，同继续自我毁灭深深扎根了。

在谈话过程中，温森特了解到，高更多么爱他的爱庭，尤其爱他的孩子们，他还给温森特看了孩子的照片。估计那时候，高更正在布鲁塞尔的先锋派（les Vingtist）画廊参加展出，而温森特心下明白，如果他的作品明显获得成功，他就将住到布鲁塞尔，以便离他的子女更近些。总而言之，高更可能突然离去，那么花了这么多钱经营起来的南方画室，就可能打了水漂儿。结论就是："我们这些人，在这方面可不精明啊！"温森特自然明白，这样一个野性十足的人，留是留不住的。从此，惶恐不安的情绪和负罪感，不断在他的心中滋长。

只需高更一发话，提起布列塔尼，温森特就会觉得那地方非常美妙，并且不惜抛弃普罗旺斯的自然风光，所谓的"灼热的普罗旺斯枯燥乏味的小自然"。

接着，很快就进入了问题的实质：温森特想要投身的想象画。他首先说，这让他在天气不好的时候，也能在室内作画，接着他又明确说："头脑里产生的画作，总要少些拙涩，比起师法自然的作品更有艺术感。"从这话里可以看出高更的批评。温森特没有明言的想法是，在高更到达之前，他的全部绘画都是拙涩的，"没有艺术感！"他所画的所有果园、海景图、收获场景，以及黄色时期的作品，除了受到师傅赞赏的几幅之外。换言之，高更说服他相信，他的绘画没有价值。而这种演变不会停止了。

于是，温森特试图创作一幅想象画：《埃腾花园记忆》。画面表现他母亲同一个像凯特·沃斯－斯特里克的女子在一起，他在一八八二年夏季的爱情。这幅记忆画显出一种忧伤的情调。构图奇异，有意营造一种梦境，让观赏者颇感不自在。温森特认为这是一幅失败的画，透出一种病态，他在咬牙切齿或者做怪相。温森特在这幅画上的表现违反他自己的天性。他的绘画动感的和谐,让位给了不协调的、尖厉而好斗的杂糅。在我们看来,在这场悲剧中,这是温森特的关键作品,是他的危机的开端,正如《收获葡萄》是高更的关键作品。他在给妹妹的信上写道:"…… 他(高更)大大鼓励我经常充分发挥想象绘画。"

可见,正是高更把他推出他的世界。他对提奥重又说到此事:"高更鼓励我多想象,而想象出来的东西,当然披上一层更加神秘的色彩。"然而,他还犹豫,他闯入想象的深渊,就唤醒了魔鬼。他的心理承受能力不强,很难再浮上现实的水面。这就等于为吞噬的烈火打开了门。他一直遵循的这种现实主义,不仅是一种审美观,而且一直以来是他本能的一种保护、一种自卫。主题的真实,将他牢牢固定在现实中,把他从自身、从他的脆弱中救出来,否则就是做怪相的疯癫,显露他在《埃滕花园记忆》中那样的面孔。

温森特到了圣雷米,才觉悟出来,又在信中写道:"不管怎样,力图保持真实,也许是一种良方,可以抑制一直令他心神不安的病症。"他对贝尔纳尔讲得更为明确:"如你所知,高更在阿尔勒的时候,有一两次我也不由自主,尝试尝试抽象画 ……"他列举了几幅画之后又写道:"……当时我觉得,抽象艺术是一条迷人的路。可是,这个领域又充满了魔幻,正是这样,我的老弟! 人很快就面对一堵墙了。"

在一八八八年十一月份后半段,温森特画了两幅现实主义作品:他的椅子和高更的扶手椅。他在一封信中还没有表达出来的,在这两幅画上却不会是虚假的。温森特的黄色粗木椅,是白天画的,后边一面蓝色的墙壁,椅子上放着他的烟斗和烟叶。黄色与蓝色相配，足以表明阿尔勒的幸福时光、温森特白天的内部世界。不过我们还记得，父亲去世后他创作的第一幅画，画的就是逝者的烟斗和烟袋。而这幅画，就好像温森特已经死了，黄蓝搭配的、成熟麦子和晴空的、从前的温森特死了。

反之，高更的扶手椅则又回到《夜咖啡馆》的色调，红色和绿色的配合。这种色调搭配象征邪恶的欲望、凶暴、犯罪。扶手椅做工更为精细，绘成夜色，挨着一盏煤气灯，椅子上放着一支点燃的蜡烛和两本书。扶手椅是红色的，而墙壁的绿色跟《夜咖啡馆》画上一样令人不快。自不待言，点燃的蜡烛表明扶手椅的主人还活在世上，不过，这种色调的配搭，营造了一种阴森的、电光蓝色的气氛。死亡在这幅画中游荡。死亡和仇恨。高更通过他的绘画有系统的摧毁，导致温森特的死亡。高更的死亡被推后了，但是在画上明明白白表达了渴望。

温森特感到自己摇摆不定。他还逃向肖像画，画了鲁兰一家人，包括婴儿，就好像他要紧紧抓住这种纯洁。同他所喜爱的人在一起，远离他那摧毁性的想象。在这期间，高更日益自信了，创作出构图十分独特的画幅，大肆展现他的色情（《猪女郎》），而温森特则拼命地要铆定肖像画、真人实景，他作为应答画了向日葵，既然高更喜爱向日葵……高更可能会说："这个嘛……这是……鲜花"，并且声称比较莫奈，他更偏爱温森特的绘画。这会让温森特欣喜万分……

继而，温森特写了一封前后矛盾的长信：开头他还受高更的精神影响，可是随着一页一页写下去，他就开始反抗了。阿旺桥村的一幅画售出，提奥寄给高更，要他按照顾主的愿望修饰。温森特说喜欢这幅画，但是又断言阿尔勒的作品要"好上三十倍"。接下来谈他自己，他下此意料之中的结论：提奥不要出售他在高更到达之前的绘画；如果无处存放，就寄还给他。就让他保留他所喜爱的，"余下来的，碍事的，都寄回我这里，当然事出有因：我画的全部'自然景物'，都是我从火中取出的栗子"。

他说明这些画的用途：这些油画就当作所见事物的记录，总之当作资料，在将来的想象画中再利用。"这由不得他，也由不得我，高更稍微向我论证了，到了我该变一变的时候了，我就开始由头脑构思，而为了这样创作，我的所有习作对我总是有用的，能让我回想起从前见识过的事物。"阿尔勒那些油画，就这样贬到了草图的档次！

再往后看，就到了这场悲剧的关键词：纯洁。"回到完全纯洁的一幅画，只有小桃树或者别的东西，我觉得这违背我先前的行为。"温森特丧失了能使他看见并画出天堂的这种纯洁：天堂的果园里只有开花的小桃树，显示童年的那种惊奇，而且，他也丧失了自己的灵魂。

这还没有完。温森特跟蒙蒂塞利一样，总好厚厚涂抹颜料。这无关紧要："因为高更对我说，颜料涂厚的画面，如何不断地洗刷就能变薄。不过，这样处理之后，我还得重画，重新润色。"

还剩下什么呢？我们可以从各个角度来看这个问题，这是一种有步骤的拆毁。幸好这一年的绘画作品都寄给了提奥，否则，真不堪设想，如果这些作品都在手头，温森特会怎样大开杀戒！勇敢的公牛战败认输，人家还耍戏他。他只剩下最后的绝望任务了。

快到这封长信的结尾,温森特还是起而反抗了:"幸而我还相当清楚自己要干什么,其实毫不在乎对我匆忙绘画的批评。作为回答,我近日创作**还要更**急匆匆。"作为回答?回答谁呢? 当然回答高更。这回,敌意公开了。

高更画了一幅温森特正在画向日葵的肖像。这是一幅想象画,既然这个季节没有向日葵了。也许他画的温森特正在临摹一幅向日葵油画,而他把温森特临摹的画换成了一束想象的向日葵。但是这幅画表现温森特夹在两条斜线之间,画架的斜线和西服上装的斜线,把他往下拖,拖向深渊。绘画的手在抽搐,躁动而不听使唤,那张面孔深陷,扭曲,犹如那些被枪毙而示众放在棺木中的巴黎公社社员尸体的脸。就好像在生活中,温森特只能扮演这种角色了,只能做这件事了:一画再画得到师傅青睐的这幅画。无论从哪个角度看,这幅画都是一次猛烈的攻击。只要对比一下劳特累克给温森特画的彩色粉笔肖像,就能一目了然了。

据高更说,温森特一看到这幅画就嚷道:"这正是我呀,但是发疯了的我。"他从圣雷米寄出的一封信也证实了这种说法:"那正是我当时的样子,疲惫到极点,浑身过了电。"

一天晚上,是不是温森特看到他的画像的当天呢? 高更是这样断言,可是很难说,这也无所谓,他和温森特在咖啡馆。我们听听高更怎么讲:

"当天晚上,我们去咖啡馆。他喝了一点儿低度的苦艾酒。猛然间,他把酒杯连同酒掷向我。我闪身躲开,上前拦腰抱住他,一起出了咖啡馆,穿过站前广场,几分钟之后,温森特就倒在床上,几秒钟工夫就呼呼睡过去，直到早晨才醒来。

"他醒来非常平静，对我说：'我亲爱的高更，我隐约记得，昨天晚上我冒犯您了。'

"'我诚心诚意原谅您了，不过，昨天的场面可能还会发生，假如我挨了打，我就有可能控制不住，会把您掐死。请允许我写信给您兄弟，告知我要回去。'"

事实果真像他讲述的这样吗？不得而知。高更记忆力很差，这是他家里人深知的，而且我们也看到，他好故弄玄虚，超出一般的想象。一只苦艾酒杯，有可能掷出去并摔碎，但是一个人拦腰抱住另一个人冲出咖啡馆，可就不寻常了。咖啡馆里没有任何人见证。肯定出了事儿，至于事情的确切性质，则始终存在疑问。酒杯真的掷出去，还是仅仅泼出了酒呢？

不管怎样，高更确实给提奥写了信，请求给他汇来售出画作的钱。他要回巴黎，讲述了二人性情不和，在一起生活难免发生冲突，最后还这样说："他是个很聪明的人，我非常敬佩，离开他很遗憾，但是我再向您重复一遍，这是必要的。"要注意，他承认温森特的聪明，而不是才华。

后来几天，似乎相安无事了。高更又改了主意。他写信给提奥，告知他想法变了，提议去旅行，到蒙佩利埃参观法布尔博物馆。高更也许估量了他的行为所造成的毁坏，也许想到了在走之前安抚一下温森特，或者同他画商的哥哥言归于好。只因他要走的念头还"一直潜伏着"，他大约十二月二十日给他友人舒夫奈凯的信中这样说，并且要求他绝对不能透出口风。然而，什么也阻止不了他走向深渊了。

在蒙佩利埃展出的绘画前,以及在回程的火车上,二人又把他们的分歧摊开了,对立完全情绪化了,直至发生了口角。在随后一封信中,温森特讲述蒙佩利埃之行,写道:"争论好似通了高压电,争论完了,我们头脑累极了,往往像一组用完的电池。"到了圣雷米,他又回忆道:"高更和我,我们谈论这个和别的类似问题,相互较劲,神经绷得极紧,直到耗尽生命的热量。"

温森特情绪过激,尤其喝了酒,喝酒是为了麻醉自己,熬过长长的寂寞时期。

在十二月份的后半月,他们又各自创作了一幅自画像,这回效果却相反。在阿尔勒乡间作画之后,温森特那副和气的和尚相,那么安详,那么沉静,现在则显出一种紧张、受折磨、好斗而痛苦的形象。这幅画像是作为交换给拉瓦尔画的,匆忙从画架取下来,还散见几道画布的粗纹理。高更的自画像则透出恢复了淡定。将九月份的两幅自画像和十一月份的两幅自画像,面对面比较一下,很能说明问题,恰好用上这个标题:《前前后后》。后来,温森特本人也谈到了。

对于随后所发生的事情的真相,人们有种种疑问,十二月份缺乏资料,重新准确编排出事情的过程,几乎不可能;不过,这还是次要的。要知道,温森特被打下去,被摧毁了,他确信了自己微不足道,他的绘画毫无价值,他十年来所走过的路徒劳无益,现在除了寥寥可数的机会之外,他本人要不断地以各种色调来宣布这种认识。他完全变了一个人,无论看什么都要通过高更的眼睛,通过高更的观念、作品和判断。由于他不可能成为另一个人，既然无论做什么，人始终还是自身，他就无所适从，被钉到了十字架上，整个儿毁掉了。

这场会面的悲剧转化为一场精神的骗取，并最终毁了一颗灵魂。这种相会不能不令人想起魏尔伦和兰波的相会，也是毁掉了第二个人。一八八八年，在这同一年里，高更在同贝尔纳尔较劲之后，又在这场较量中胜出，打垮了一个重量级的画家。

高更在阿尔勒再也没有什么可干的了，一心想着扬长而去，把温森特丢在绝境，丢在一片废墟中：他那伟大梦想、他那遭践踏的绘画、他那被摧折的激情、他那丧失的纯洁、他那惊奇的儿童般的遭挫辱眼神，都统统化作了废墟！提奥售出了高更新的画作，似乎在大力推销。高更又能往哥本哈根给妻子汇去二百法郎。可见，他留在这个受罪的地方还有什么可干的呢？现在他大谈特谈即将离去。逃离是他的固定念头，他自己说是他个性的一个特点。

至于温森特，反抗总是太迟，跟处死前的公牛那样，他走向阴暗面还是阳光面，又有什么关系呢，反正等待他的是终结。一天晚上，他问伙伴是否要走了。高更回答说是的。温森特撕下报纸文章的一个标题，塞到他朋友的手中，高更可以读到：《杀人凶手逃逸》。

高更讲述，夜晚，温森特时常起来，到他的卧室，走近他的床铺。为了看他是否在睡觉、他是否不辞而别。有可能。想要袭击他吗？难以接受，因为这意味预谋行凶，这种事不可能发生在温森特身上。我们还记得在博里纳日的时候，他宁可自己饿肚子，还喂小老鼠。温森特一生中，直到那时为止，人们只能举出一次动手打人的行为：反应迅速，打了拉肯的同窗一拳。除开这样的一次反应，再加上掷苦艾酒杯或者泼酒的行为，温森特意识的反应是一种非暴力，直至甘受虐待，进而自残。

然而，无不有可能，如果被逼得忍无可忍，自己最宝贵的东西，他的绘画之路遭到破坏，他就可能身不由己，突然行动了。不管怎样，高更他本人，睁开眼睛发现另一位站在他的房间，完全有理由觉得受到了威胁。他讲述说他随即醒来。"只需非常严肃地对他说一句：'您怎么了，温森特'，他就会一声不哼，回到床上呼呼大睡了。"高更知道自己的绝对影响力。

温森特最后写的几封信，有一封情绪倒似乎平静下来。他给提奥的信上写道："我认为高更对阿尔勒这座宜居的小城，对我们一同作画的小黄房子，尤其对我颇为失望。"

另一种因素，可能造成很大压力。提奥跟他朋友的妹妹，约翰娜·邦杰订婚了。这就宣告有了家庭负担。提奥还怎么能够帮助温森特呢？

听一听高更在一九〇三年讲述那年圣诞之夜发生的事情：

"我的上帝，多糟的一天！

"到了晚上，我草草吃完饭，想要独自出去，到正开花的桂树香径上透透气。我几乎已经穿过了广场，忽然听到身后有熟悉的脚步声，细碎而急促，很不均匀。我刚转过身去，就瞧见温森特冲到我面前，手中举着一把打开的剃头刀。当时我的目光一定很有震慑力，他当即就站住，垂下脑袋，又沿原路小跑回家了。"

情况究竟如何呢？真像高更十五年后所写的，温森特手上举着一把剃头刀吗？高更回到巴黎时，恰巧对贝尔纳尔叙述了这个场面，而贝尔纳尔又于一八八九年一月一日，写给他的朋友，艺术批评家阿尔贝·欧里埃的一封信中转述了这件事。然而，贝尔纳尔转述高更的谈话，却没有提到剃刀的事儿："我离开的前一天，温森特从我身后追上来——天已经黑了——我转过身去，因为一段时间以来，他变得很怪，我总得提防点儿。当时他对我说：'您一句话也不讲，我呢，我也要沉默不语。'我到旅馆过夜去了……"如果真谈到剃刀的事儿，贝尔纳尔听了高更讲述一周之后，在转述中怎么可能不提及呢？

剃刀这件事，在我们看来至少是个疑点。贝尔纳尔的说法估计更靠谱些，但是这并不排除先前受到了某种威胁。在高更的讲述中，"草草吃完饭"，就让人诧异。我们要提醒一句，那可是圣诞节晚餐，他为什么草草吃完饭，急忙出门去呢？我们可以这样考虑，真正的场面会不会如此：圣诞节晚餐做好，开始吃了，两个男人在咖啡馆已经喝了苦艾酒，现在又喝葡萄酒；接着，谈话越来越激烈，黄房子内部危机爆发了。当时发生了什么事儿呢？发疯了吗？像许多别的见证者注意到的那样，温森特一副疯狂的眼神儿吗？温森特问起高更要走的事儿，还是说了别的什么话呢？他威胁了吗？是否像那回在咖啡馆似的，将杯中酒泼出去呢？高更沉默不语，他能自我控制，但是内心像开了锅，他真想掐死这个总纠缠他的神经病；从傍晚开始，他就想念子女，想到他们没有他，在哥本哈根欢度圣诞节，而他却在这儿陪着这个疯子；他这样伤怀，心情十分沉重，不过，他去意已决，再也忍受不了，他不回答问题，起身离开餐桌，走出房门，以免他自己大发雷霆，并决定去住旅馆。不管怎样，他知道自己一闭上眼睛，夜里会发生什么情况，还怎么可能跟温森特住在同一个地方呢？他决定了，次日就起程。温森特一时怔住，知道高更这一走就不可能回来了，于是他冲出去，追上高更，手上并没有举着剃刀。他对高更说："您一句话也不讲，我呢，我也要沉默不语。"换言之，现在我不讲话了，我要行动了。看着高更要走，他感到万分不幸，对他来说，一切都完了，他自己完蛋了，他死掉了。他回到黄房子，精神完全崩溃了，也许又喝了酒，甚至可以肯定，如果相信危机之后他创作的头一幅画上，那只装血红色酒的绿酒瓶象征的话（红绿配），而每次喝烈性酒，总要兴奋过度，失去理智，他去找来剃刀，割掉自己的左耳。好像再也不想听了吧？听高更对他说要走，或者批评他的绘画，据温森特讲，他还是克制自己听了。然而，他容忍不了批评，当年冯·拉帕尔、安特卫普的那些教授，甚至提奥的批评，提奥认为他把荷兰画得太黑了（"浓硫酸"），他都不能接受。情况实在难说。不过，"沉默不语"一词和耳朵之间，明显有一种关系，一时又说不清是什么性质。

高更宁愿去住旅馆，好能最后睡一夜安稳觉，养足精神长途旅行，这也能证实他睡觉时，温森特曾窥伺过。根本没必要拿剃刀来说事，给自己的讲述添点儿调料，为自己的逃离辩解。在我们看来，有一件事可以肯定：如果温森特还掌握足够的手段，当场讲出该讲的话，那么他也不会操家伙，意欲行凶了。温森特若是攻击他人，也只能是一种自发的、没有预谋的、强迫性的行为。只要还有清醒的意识，他就是个非暴力者，如同基督教教徒。总之，高更果真受到攻击，就凭他那个剑术和拳击好手，不是会反应灵敏，立刻闪避，并且迅速夺下对面这个不幸者的凶器吗？如果是威胁的动作，突如其来，条件反射，未假思索，那么温森特在屋子里拿出剃刀，势必把高更惹恼了，他当即出门，这样做就免得他也狂怒起来，局面就不好收拾了。

第二天，高更来取自己的物品，看见黄房子门前站了一堆人。他做了自我介绍，以便进去，头戴瓜皮帽的警官多尔纳诺先生当众问他。高更讲述了那个场面：

"'先生，您对您的伙伴干了什么事？'

"'不知道……'

"'怎么不知道……您非常清楚……他死了……'"

高更当众遭到指控，就感到一个透心儿凉。高更说，好几分钟之后，他才镇定下来。这是他一生所经历的最艰难的时刻之一，只可惜他没有写自己当时的感受，要知道，一旦被确定为杀人凶手，将来他只有上断头台了。

"'那好吧，先生，我们上去，到楼上再解释吧。'"

高更和警官一同进去。各个房间，楼梯上满是血迹。温森特倒在床上，蜷缩成一团，一动不动，浑身裹着血污的毯子。高更轻轻地摸了摸身子，确认还热乎，这才松了一口气。他又恢复了魄力和智慧，请警官小心叫醒温森特，如果温森特要见他，就恳请警官说他走了。然后，他收拾好自己的物品,击剑的面具和手套先撂在这儿,并且"嚷了一声",他还要的,他这才走掉,去给提奥打电报。要他快来,接着就去旅馆等待提奥。警局的报告遗失了。

提奥赶头一趟火车,来处理这场灾难。高更同他见了面。提奥前去收治温森特的医院。据约翰娜·邦杰说,他们一道回了巴黎。

在那天黑沉沉的夜晚,温森特这边究竟发生了什么情况呢? 他在广场上同高更交换了这几句话,便回到黄房子,操起一把剃刀,在难以确定的时刻,割下自己左耳的一块肉,肯定是耳垂,也许稍微大些。在这件事上,传闻越传越玄,高更写他贴着头割掉耳朵。然而,医院病历上却说:"一只耳朵自残",可是阿尔勒医院主任医师得出的结论、圣雷米的佩隆大夫的报告也声称,温森特自残,"割掉耳朵"。不过后来,约翰娜·邦杰、保尔·西涅克、加舍大夫同他儿子都看到了温森特,他们见证割掉耳垂,弄残了耳朵。然而,传闻不管多么失真,总能左右大众的看法。许多人认为,温森特割掉了耳朵,贴着头只剩下一个洞了。这无可挽回地使他成为"另一个人",成为异类,如同沙米索①的故事中丧失影子的人。

温森特流了大量鲜血,竭力用毛巾和被单止血。他用一页报纸包起那

---

① 沙米索,全称阿德尔贝特·冯·沙米索(Adebert von Chamisso,1781—1838),最有才华的柏林浪漫派抒情诗人之一。原籍法国,九岁时为逃避法国革命的动乱,随父母避居柏林。他于一八一四年发表了中篇童话小说,类似《浮士德》的《彼得·施莱米尔的奇妙故事》,一举成名。小说写穷苦青年彼得,遇见一个"穿灰衣的人"(魔鬼),他用自己的影子换取灰衣人的口袋。口袋有取之不尽的金钱,但是他从此没有了影子,让人憎恶甚至害怕。彼得因而失去了未婚妻,他想要摆脱这种痛苦,便找到魔鬼,退还口袋,索回影子。魔鬼还要用口袋换取他的灵魂遭到拒绝。后来彼得买了一双七里靴,周游世界,将一生献给了科学事业。

块耳朵，整个小包叠得方方正正，然后戴上贝雷帽，到了一家窑子，于夜晚十一点半，把这东西作为礼物送给一个名叫拉歇尔的窑姐。温森特可能对她说："这东西珍藏好了。"年轻女子打开贵重的小包，当即昏过去。于是报了警。温森特回家睡觉去了。他一点儿也想不起来自己的行为了，只记得事后去看过拉歇尔，他在信中也从不谈起这段历史。

温森特一被警官叫醒，就索要他的烟斗，要求看一看钱箱。高更往坏里解释这件事，其实事情似乎很简单，无非是要看一看高更是否拿了钱付旅费。不管怎么说，认为他的状态不正常，就送他进了医院。他在医院里大发神经，胡闹起来，譬如要跟其他患者睡在一起，赶走护理他的护士，还要在煤箱里洗脸。医院就像对待狂躁发作的疯子那样，把他关进单间病房，锁在与墙壁连体的一张铁床上。提奥来到医院，就是看到他陷入这种境况。

给温森特治疗的内科大夫费利克斯·雷伊如何诊断的呢？他的结论指出："一种癫痫病，表现为幻觉和阶段性的神经错乱，过度饮酒容易引发。"雷伊不是精神病医生，而是泌尿系统疾病专家。后来，在放行温森特前往圣雷米的时候，阿尔勒医院的主任医生，于帕尔大夫则写道："半年前躁狂症发作，伴随一般性的狂想——当时，他割掉了自己的耳朵[1]……"于帕尔医生同样不是精神病大夫。我们看到两份诊断书在癫痫

---

[1] 参看圣雷米的圣保罗-德-摩索尔精神病医院现任院长，让-马克·布隆大夫的研究报告：《温森特·梵高在圣保罗-德-摩索尔医院》。——原注

病和躁狂症之间犹豫。我们再回到温森特的病例。

　　地方报刊报道了十二月三十日的事件。《共和论坛报》刊登一篇带边框的短文,尽管不大准确,对民众来说却是事件的真实报道。我们引述那句最重要的话:"上星期天,晚间十一点至十一点半,一个叫温森特·伏高(Vaugogh 原文如此)的人,出生于荷兰的画家,跑到1号妓院,要求见名叫拉歇尔的姑娘,交给她……他的耳朵,同时对她说:'这东西珍藏好了。'"在阿尔勒的居民看来,是整只耳朵割掉了。

　　提奥一回到巴黎,怀着绝望的情绪,给他未婚妻约翰娜·邦杰写信。他描述了温森特的状态和他的奋斗之后,便得出这样结论:"没有多大希望了。如果他必死无疑,那也只能如此,不过一想到这一点,我的心就碎了。"

　　两位画家一年的交往就此结束。这场交往,在巴黎初会之后,始于高更的呼救,终于温森特的沉没。在他身上的画家,完全又恢复了自己的能力,如同继续滑行的一条船,可是他这个人在短期之内难以复原,就是短暂恢复也不可能。他一直衰弱,意志消沉,指出这一点,让人看到他这一生的背景,则是至关重要的。我们所认识的那个温森特,那么自信,那么全身心投入艺术的温森特,色彩已经达到高度的张力,而且高度信赖自己,内心充满必不可少的喜悦,以便搞好一项事业的温森特,已经死了。朱阿夫兵米利埃所描绘的那个人,既带着艺术家的高傲,又一派天真,创作色彩绚丽的绘画的那个人,不复存在了。从此我们要追随的,几乎一直到终了,不过是一个影子,或者一个行尸走肉,而且他还不断地自残,为了贬低自己的作品,或者残害自己的性命,直到有一天他得逞了,完成自杀的这种最终的自残。

　　进入下一阶段，必须记住先前的危机，由欧也妮·卢瓦耶的拒绝所造成的后果。我重又发现当时记录的不少特点；很难翻过那一页，同欧也妮的受虐待狂式的关系，又原样在同高更的交往中再现，不可抑制的总要回到悲剧的现场，重新感受心灵的创伤，几乎每次都会再收获一场精神的崩溃。在欧也妮拒绝了之后，他总还能在别的基础上重打鼓另开张，以极痛深悲为代价，放弃画商的行当，转身投向艺术。进入了艺术，他就再也没有退身之地了：绘画成为他最后的庇护所，成为他人格的惟一支柱，而绘画根本得不到社会的认同。温森特一旦确信自己的绘画毫无价值，那么他本人也就毫无价值了，即使有几次清醒的时刻和生命短暂的迸发，他最终还是不能自拔了。

　　前因后果一旦理清了，在这个事件中一定得指责高更吗？我们并不这样认为，尽管他大言不惭有时叫人受不了。这个悲剧是一次严重撞击的结果。高更并不知道该往哪儿迈脚，他想象不出他的行为会对一个如此脆弱的人造成什么后果，更不必说，他也毫无一八八八年还深居虚无缥缈之境的心理学知识。毫无疑问，他被一步步引到这个地狱般的禁闭之所，只不过是为了自救，而这种开端对他而言糟透了。总而言之，要演出类似的悲剧，必须有两个角色，而他根本没入戏，也没有做任何事情，促使温森特对他这个人难以相信的固恋。

　　高更很可能认为"教导"温森特做得对，要把温森特从他自己的路上拉开。然而活见鬼，不管对方是一位什么样的艺术家，为什么偏要插手，改变人家最深信的观念呢？交换观点，相互传授行业的技术和技巧，正如他们之间所做的那样，这当然可以；如若根据自己的观点，彻彻底底改变对方，那就万万不行！我们再回到起点：那时候，不管怎么说，高更毕竟没有"见"过温森特的艺术，对温森特艺术的那种行为是盲目所致。这是他行为的根源，可是，似乎什么也不可能阻止温森特对他这个人的固恋，高更毫无责任。

"这由不得他，也由不得我，高更稍微向我论证了，该是我变一变的时候了；等等。"这句话我们已经援引过。这由不得他，也由不得我……温森特以其超人的清醒和聪慧，指出那种境况的悲剧性质。悲剧的发展遵循一种命数。拉封丹的沙锅和铁锅的形象很贴切：铁锅在无意中，撞碎它的同伴。后来，温森特写道："怎么也不要忘记，一个破了的瓦罐就是一个破了的瓦罐，因此不管怎样，我总有权怀有一些奢望。"

温森特看到高更的画《收获葡萄或悲惨人生》，惊愕之余，确信这幅画开创了一条革命道路，在艺术历史中具有划时代的意义。他以为自己也做得到，殊不知，这不是他的道路，这条路不是为他开辟的。这表明他还不完全清楚自己的独特性所在：在释放中，线条断断续续，从而他能表现事物的旋涡、事物内在的震荡、所见的时刻所包含的永恒与瞬间部分。

谁也没有安托南·阿尔托[①]那样善于理解梵高，他的一篇评论文章包

---

① 安托南·阿尔托（Antonin Artaud，1896—1948），法国作家、诗人、演员。他的著名的论文集《戏剧及其复制品》（1938），成为整整一代戏剧界人士的《圣经》，对西方乃至世界的戏剧改革产生巨大影响。他的诗作《梵高或为社会所迫的自杀者》（1947），表达了他对生活的痛苦和艰难的理解。

含多少闪光的见解：

"我认为高更主张，艺术家应该追求象征、梦想神话，将生活的事物一直扩大成为梦想神话，而梵高则主张，艺术家必须善于演绎最贴近生活的事物的梦想神话。

"因此我认为，梵高的主张对极了。

"因为，现实远远高于任何故事、任何寓言、任何神性、任何超现实。

"只需具有天赋，才善于演绎出来。"

一九四七年那时候，安托南·阿尔托还没有掌握梵高的《书信全集》，不可能看出温森特通过什么样的绘画手法，即从海牙就开始坚持探索的成果，才达到了这种目标。

最后，还应该指出，如何评价一个逼迫两位如此天才人物因缺钱而相互死拼的社会呢？这种地狱般的禁闭之地，一位小说家似乎写过，他会乐得看到人身上可能具有的最美好的成分死亡与毁灭。

22 割掉耳朵的人

提奥看到温森特在阿尔勒医院受罪,他也会见了负责温森特治疗的住院大夫费利克斯·雷伊、邮递员鲁兰,以及阿尔勒新教教会的萨尔斯牧师:这位牧师以出色的洞察力照拂温森特。那时候,在发病的头几天,大家认为温森特要死了,或者不久于人世,不管怎样,他已经神志不清了。然而,费利克斯·雷伊大夫,支持新医学派温和疗法的年轻医生则认为,某些迹象表明病情很快能好转。提奥尽力安排,将他哥哥托付给了这三个人,然后返回巴黎。

提奥看了黄房子,温森特的小天地,也看了火车站咖啡馆、邮递员鲁兰,可以肯定在阿尔勒城走了走,从拉马丁广场到主宫医院,还到城市周围转了转,以便亲眼看看他通过温森特的画作所认识的地方。在街道和田野,随处所见的景物平淡无奇,这让他明白了他哥哥提供那么多证据,表明化单调乏味的现实为神奇的能力。提奥回到巴黎,无疑又观赏这些画作,一种从未有过的大爱，在他的心中油然而生：这位哥哥曾极大地帮助了他，又常常惹他恼火，有时他真希望不惜代价将他远远打发走。有书信为证，提奥对温森特的爱，并未因为他订婚，继而结婚而消减，倒是因目睹了这种无以名状的痛苦景象而大增，以至达到一种近乎盲目的高度。

温森特病情好转，恢复很快。到了十二月二十九日，他的头脑基本清醒了，可以离开单间病房，搬到医院的普通病房了。清洁女工和鲁兰将黄房子里的东西全整理好了。一月一日，他能给提奥写信，说他又要踏上他的"小路"，很快又能画开花的果园了。他还说他实在遗憾，烦劳提奥跑来一趟，无端又多花了一笔钱。他对自己的精神状态非常乐观。正如过后几天他在信中写道，这不过是"艺术家的一时狂放"。

他在这封信的背面，给高更写了"两句坦诚而深挚的友谊"，责备高更将提奥叫到南方，言外之意就是抛弃了他。"您说说看，我的朋友，提奥有必要跑这一趟吗？"接着，他还请求高更不要讲我们可怜的小"黄房子"的坏话，并且请求回信。

这里有必要澄清一下。

一般来说，人们根据这样的引文，就说在这次犯病之后，温森特还一直做高更的朋友，这就能让人尽快忘掉这件事。说他始终敬重高更这个画家，这是确定无疑的，但是要谈他的"友谊表示"，那可得慎重了，因为，在十二月这场病之后的这些信中，也有对同一个高更激烈的指控。情况后来会有所变化，但是在当时，从一八八八年随后几个月，至少一直到一八九〇年一月，谈论什么友谊，我们觉得实在太勉强了。

一涉及到某些问题，包括他同高更的关系，温森特就不正常，神志不够清醒了。他书信的思路显示出惊人的反复，一行说白，下一行就说黑了，往往给人这样的印象：有些段落，他书写是带强迫性的，由矛盾的心理动机所授意。重又出现了早年伦敦信件那样混乱的特点。在一种如此大打折扣的语境中谈论"友谊"，在我们看来至少有些冒失。

至于高更，他在新的一年采取了不同的态度：他最终确认同自己打交道的是一个疯子，他给温森特回复的信件，语气总是那么和蔼，曲意逢迎，尤其从阿旺桥村写出的信。然而，温森特一提议见面时，高更的复信立即变了语气，以委婉而坚定的态度说这不可行，见面可能使温森特的神经受到刺激，等等。

一八八八年十二月二十四日之后，他们彼此写了几封信，这是温森特采取的主动，但是高更总设法不再直接面对他的旧伙伴。这种联系很细弱，能得以维持，也只因温森特在心理上还不能打消他对曾经是他朋友的那个人的固恋。他还将坚持认为高更就是一切，而他自己什么也不是，这种思维方式显然是病态的，完全是神经错乱。从这些信件里的引文来谈论"友谊"，至少对于一八八九年，未免太过分了。起码依照我们的观念，友谊意味着两个自由人之间精神与感情的关系，而在这一点上，我们看温森特不再符合要求了。

一八八九年一月七日，费利克斯·雷伊大夫认为温森特治愈，可以出院了。温森特也急于恢复正常生活。他回到黄房子，力图振作起来，打算第二天就画一幅静物，以便练练手，恢复绘画的习惯。他在阿尔勒认识的另一位医生,似乎喜爱德拉克鲁瓦的作品;费利克斯·雷伊也对绘画感兴趣,他很快就明白互补色是怎么回事儿,而温森特也很高兴能同阿尔勒有教养的人建立关系。总之,这是一个新的开端。他写信要提奥给雷伊寄来一幅伦勃朗的《解剖课》的版画。他在信中肯定地说一切很好,他平静下来了。可是,这封信给人留下一种不安的印象,让人感觉他放弃了,他在远处说话,在一道墙壁的另一面。

他画了一幅静物,只见一张桌子上放着几颗葱头、他的烟斗、健康报告书、提奥的一封信、一支点燃的蜡烛,以及装满红葡萄酒的一只绿酒瓶。这幅画上血红色为主色调,还有红绿配,在他的笔下富有深意。红葡萄酒色,桌子下面的红色地砖,墙壁短笔触的红道儿犹如血斑,而烛光本身又是红色的……这幅奇异的静物写生,莫非是突发病症,割下耳朵并各处溅血的写照吗?

威廉米娜写信感谢鲁兰所做的一切,鲁兰回信说:"我认为自己不配您这么感谢,不过,我总要尽力不辜负温森特朋友及其所有亲人的厚爱。"然而鲁兰,温森特在当地的惟一依靠,却要调往马赛,一月二十一日就动身。温森特实在运气不佳。

不久又传来别的坏消息。温森特得知,在发生一八八八年圣诞节那个轰动事件之后,黄房子的房东趁他住院期间,同一家酒吧兼烟店老板签订了转租合同,要把温森特赶出门了。温森特完全装修好的房子,要用来开酒吧兼烟店了。利益方沆瀣一气,显然要把他挤出这座城市。

更严重的是,他本来睡眠很好,现在却失眠了,要用"很大很大剂量的樟脑放进枕头和床垫里",以克制失眠,真是奇特的药物疗法。

一月十七日,他写了一封长信,算了总账,重又提起他同高更的这段交往。

"可是,有什么办法呢?"信中写道。这句"有什么办法呢?"表明他无可奈何,在这封信里出现,并将一直伴随他到最后,这将是提奥读他哥哥写的最后一句话。"可惜这太复杂了,原因也多方面:我的绘画作品没有价值,而这些作品也确实让我花费异常巨大,有时甚至付出了鲜血和脑力。我并不坚持,有什么办法呢,让我跟你怎么说呢?"

从此往后,总是肯定同一件事:他的绘画毫无价值,永远也不会有什么价值。正如他讲的,瓦罐打破了,这比什么表述都更贴切。此前,他一直把希望寄托于未来,总有一天,人们会承认他的。高更这个过客,把他修理成一个绝望者。耳朵自残的行为,还在象征的领域继续。

然后,他又算了这次突发病症花费的一笔账:住院医疗费、清理房屋、清洗血污的床单和内衣、买刷洗的刷子、十二月份要烧的木柴和煤炭、修补发病期间撕破的衣服,再加上提奥的旅费,总共花费二百法郎,还得加上房屋装修和配备家具所必用的花费,可是他的画一幅也没有卖。给他汇来的钱已经花光了,他又得饿肚子了。提奥一定得给他汇点来,好让他挺到一月末。他还指出:"……我感到自己很虚弱,又不安又害怕。"

接着,他就怨起了高更,就好像猛然清醒,来了精神。他为什么逃离?"我们就假定我完全是所谓的走入歧途者,可是为什么这位杰出的伙伴那么沉不住气呢?"

他颂扬提奥为他付出太多,让他永远无法抱怨生为梵高家族的人,接着,他又写这几行神秘的文字,引起传记作家们无限遐想:"有好几次,我看见他做了你我二人做不出来的事,因为我们太讲良心;我还听人说过他两三件事,也是同样性质,不过,我离得非常非常近看着他了,我认为他是爱想象,也许还受骄傲心理的牵制,但是……相当不负责任。"

高更请求提奥同意他跟温森特交换画作,他想要一幅阿尔勒的黄色背景的黄色向日葵。温森特却不干了。"如果高更想要用他留在阿尔勒的一幅草图,换取这样质量的一幅画,那就免谈。他的这些习作,我会给他寄去,这些东西,也许他用得着,对我却毫无用处。"由此可见,他一旦采取与高更冲突的立场,总要婉转地重申他的绘画价值。

"不过眼下,我的画保存在这里,没的商量,所说的向日葵画,我全自己留着。他已经有了两幅(巴黎交换的那两幅),这就足够了。"接着,他又发起攻击,在这个话题上,写出了最铿锵有力的几行文字:"他若是不满意同我的交换,可以取回他那小幅马提尼克的画,以及他从布列塔尼寄给我的自画像,同时也把我的自画像,以及他在巴黎拿走我的两幅向日葵还给我。"我们赞同他的看法:马提尼克的那幅画,当然抵不过在巴黎换取的两幅炽热的静物写生。他好像一下子醒悟过来。然而,高更就要寄来语气和蔼的书信,温森特重又沉入这种所谓的友谊和伴随他的自我毁灭之中。

尽管总结算账很累人,温森特还是下了结论,说他视高更为"印象主义的波拿巴小老虎",正如波拿巴"将他的军队弃置在军费匮乏的境地",

高更也逃避了，将他的朋友丢在痛苦和绝望中。

总之，温森特不顾明显的事实，坚持认为高更本来应该留在阿尔勒，留在那里会有很大收获！两天之后，他又推进一步，甚至写道："他可能做的最好的事，而恰恰他不会做的，就是痛痛快快回到这里。"他还补充下面这样一句话，可见他在这个问题上判断不清楚："幸而可以肯定的是，我敢相信实质上，高更和我天性就足以相爱，能在必要的时候再重新开始，还在一起切磋。"一点门儿都没有！

我们既不是精神病科医生，也不是精神分析专家，不可贸然分析这种临床的表现，但是至少可以存疑，不要急于发掘这样的言论来得出结论：二人又立即恢复了一种没有乌云的"友谊"。

温森特定时回到医院，给伤口换药包扎。他画了两幅这样的自画像，只见他刮了胡子，头上永远戴着那顶皮帽，叼着和没有叼着烟斗各一幅，耳朵包扎着，一副询问的眼神，有一点点斜视，那神情似在叩问他如何走到这一步。他也给雷伊大夫画了一幅肖像，比较本人的照片酷似得惊人，只是糊壁纸的背景上潜入了诡谲的动机。在画家的意识里，或许影射同模特儿职业相关的神经病吧？年轻内科医生的母亲讨厌这幅画像先是卷起来扔到仓房里，然后又用来塞鸡窝的一个洞。

前面看到，鲁兰动身去马赛。家室还留在阿尔勒一段时间，告别的时刻，温森特同他家人在一起。鲁兰换上一身笔挺的邮递员新装，没有离别的伤悲，大家都向他表示祝贺。这种别离感动了温森特。鲁兰的声音在他的记忆中，既唤起奶妈的甜美歌声，也唤起法国大革命的号声。

在发病住院期间，他回顾了自己的过去，自己的童年。"津德尔特那座房子的每间屋、每条小路、花园里的每棵树木、周围的景物、田野、邻家、墓地、教堂、我们房后的菜园——直至墓地那株高高的刺槐树上的鹊窝。"同样，他在记忆中又看到了他那生下来就死去的同名哥哥的坟墓，但是他从不提起。

温森特总是又不安又害怕；随着时间的推移，如果他的身体状况缓慢地好转，他就会承认他从前睡眠极好，后来有过难以容忍的幻觉和失眠。他的状态同一幅画的关系很明显，这幅题名为《催眠曲》的画，总是萦绕于心，以致他画了五幅复制品。画中表现奥古斯蒂娜·鲁兰坐在高更的扶手椅上，一副慈祥母亲的形象，背景花壁纸相当粗劣。温森特就好像要以这副母爱的形象，控制或对抗他一生的悲惨背景。

温森特在信上写他把这幅画看作一件安慰人心的物品，海员可以挂在自己的舱室里，以排遣长途航行中的伤怀。高更曾对他谈过冰岛渔夫，他们那种"忧伤的孤独"。温森特画这幅画时，心中想着那些渔夫。其实，要宽慰、要安抚的海员不是别人，正是他自己，只求能睡上安稳觉。除了向日葵，哪幅画也没有像这幅这样，让他魂牵梦萦。他十分清醒地承认，"可以说这很像低劣的彩色石印画"，不过，暂时他还画不了别的东西。后来他甚至说，这幅画"也许难以理解"。在惟一欢迎他的家庭中，鲁兰太太就是"母亲"，而他几乎成为家庭的一员。

温森特重又开始绘画，而且察觉出艺术疗法只有很晚才会有的效果："绘画恰好能让我分心。我一定得有消遣，——昨天我去了阿尔勒游乐园，当地戏剧诞生于此——出院后我这还是头一回，睡觉没有做噩梦。"病后康复，他的乐观情绪是真实的。他还说，干活使他的生活有规律，因此不能舍弃。

这年一月末，除了复制几幅向日葵（他最终还是决定给高更画一幅），他还画了两幅螃蟹习作。他在从前的幻觉看见了螃蟹吗？根据当时马尼昂那样的精神医生的研究，饮了高度苦艾酒的人，视觉紊乱，能看见螃蟹和别的虫子在墙上或者他们的床上乱爬。一幅画表现两只螃蟹，一只在爬行，另一只仰面朝天，像他每次画成双的东西那样，这幅螃蟹图立刻让人联想到温森特与提奥这对兄弟：一个走向幸福，另一个翻倒了，露出痛苦的五脏六腑，犹如伦勃朗所画的剥皮的牛。接着，他又画了第二幅，只见一只仰翻的螃蟹，必死无疑，或者已经死了，类似一幅自画像。

温森特睡眠重又纷扰不宁了。他去看雷伊大夫，大夫给他开了镇定药溴化钾。可是，吃药根本没效果，病情另有原因。一连三天，他反复说有人要下毒害死他，不肯吃饭。他的清洁女工将这话传给邻居，而邻居又去告诉多尔纳诺警官，警官就派人秘密监视温森特。于是，温森特重又被收入单人病房。阿尔贝·德隆大夫在二月七日的一份报告中，向警官证实，温森特有幻觉：有些声音指责他，他害怕让人毒死。

不过，这一次病也好得很快。雷伊给担心的提奥打去电报，说温森特病情好转，还让他继续住院以便治愈。十天之后，温森特就能回黄房子了，然而，再也没有什么能刹住街坊邻居逐客的机器了。这次新的打击击垮了他的勇气，他说他准备设法住院，如果有必要，可以住进艾克斯的精神病院，他事先就同意。提奥劝他来巴黎。他回信说，大城市的喧嚣对他一点儿好处都没有。

温森特在医院里食宿，只有散步和绘画才出去。可是邻居们，没有任何别的话头可嚼舌根了，总凑在一起议论，要联手行动。自从圣诞节之后，温森特的形象持续遭受贬毁。以前，人们还能够容忍他这个人及其古怪行为，现在只看到这个人：割掉耳朵的人，成为这地方的疯子，一个名副其实的基督——戏弄、嘲笑和迫害的对象，尤其少年儿童聚伙起哄的时候。他们跟在身后，嘲弄他，侮辱他，从而少些虚伪地放大了成年人讲的坏话。这引起温森特狂怒的反应，立即又招来一阵笑骂。当温森特在黄房子的时候，有些孩子还偷偷上楼，窥视他在屋里干什么，随后瞪大了双眼到处去讲。在这座穷极无聊的小城里，他就是大事件。他在博里纳日和纽南，已经身历了遭人唾弃的境况，然而在阿尔勒，又跨越了一道新的门槛。我们还要加上房东处心积虑要赶他走，也不要忘记曾输给他官司的那个旅店老板，就住在骑兵街，同他这里相距仅有百米。因此，没人会给他好果子吃。

温森特孤苦无助的悲惨境况，由普罗旺斯人、阿尔勒市图书馆馆员朱利安先生令人揪心的见证大白于天下。他干那些事的时候还很年轻，很久之后讲述他的生活如何跟温森特·梵高的生活一度交会。

"当时我还是个'爱打扮而自命不凡的小青年'。我们在十六岁至二十岁之间，组成帮伙，全是愚蠢胡闹的小青年，看到这个身穿肥大的工作服、头戴便宜草帽的男人，孤独而默默地走过去，我们就叫嚷笑骂来取乐。他那草帽虽然到处都买得着，但时而系上蓝带，时而系上黄带。我还记得，现在回想起来十分惭愧,我本人也朝他扔过卷心菜根!有什么法子……那时我们年轻,而他那样子又很怪,牙齿叼着烟斗,走向田野去绘画,高高的个子有点儿驼背,一副疯子的眼神。他总是像在逃跑,不敢看任何人。也许正是这个原因,我们才追着骂他。他从不惹事儿,即使喝了酒,而他喝酒是常事。只是在他割掉耳朵之后,大家才害怕了,都明白了他确实疯了!我经常想念他。这个人很温和,是一个很可能喜欢得到爱的人,而我们却把他丢给他那天才的巨大孤独,丢给他那骇人的孤寂。"

三十来名公民写了一份请愿书,呈递给市长。请愿书写得有水平,是多次聚会和一种真正策略的成果,要求将温森特关押起来,或者由他家人来照看。他们知道他有个兄弟在巴黎,圣诞节时当即赶来了。好多人,一些妇女,还抱怨他出言不逊,讲些猥亵的话,有个女人说他搂住了她的腰,另一个女人说他溜进她家里。真有其事,还是流言蜚语?众所周知,谣言一流传起来有多么厉害。要求把他关押起来,"以防不测,如果不对他采取有力措施,那么迟早有一天肯定要出大乱子"。

市长别无他法,只能倾听这些公民的意见,尽管也有些人,像吉努全家和鲁兰全家在支持温森特。市长将请愿书转给警察局长,警察局长就派人把温森特重新关进神经病病房,也没有什么真正的理由,还把黄房子给封了。更为严重的是,温森特抽烟斗、看书、绘画的权利都给剥夺了。这只会加剧他的痛苦。这其间,警察局长也调查过,询问了五名请愿书的签字人,他们都肯定那些指控。于是,警方做出案情报告,称温森特因精神状态,可能变成一个危险人物,会危害公共秩序,最好将他关押起来。

萨尔斯牧师写信给提奥："邻居们情绪都很激烈。他们指责令兄的那些行为（就假定准确无误），并不能确定一个人神经错乱，也不能要求把他关起来。可惜的是，导致第一次入院的神经错乱诊断书，让人从完全不利的方面，解释这个可怜的年轻人有时可能做出的稍微特别的行为。"

将近一个月时间，温森特未能给他兄弟写信，而他的头脑完全正常，只是警察总找麻烦，搞得他精神沮丧。直到三月二十二日，他才能够写信。"不管怎样，还是把我关了很长时间，关在乡间小屋，上了几道锁，还有看守，而这根本没有证实，甚至不用证实我有罪。"他深信这种指控肯定会石沉大海，就要求提奥不要干预；不过，看到这么多人串通一气，"整一个人，而且整的还是个病人"，他心中怎能不郁积极大的悲哀和愤怒。他倒是指出市长和警长还算是朋友，会尽力解决这件事。

"有三个月我没有绘画了，"他不免感叹，"要知道，他们若是不妨碍我，把我逼急了，我本来是可以工作的。"他对当局讲，他缺少经费，不可能打算搬走。他没有任何事情可以排遣，就连像别的患者一样吸烟都不可能，"整天整夜"只好想他认识的所有人。什么他都看开了，得出这样结论："自然而然，我实实在在在尽量以友善的态度对待别人，他们没有觉察出来，这给了我一个沉重打击。"

提奥写来信，保尔·西涅克要去南方，会去探望他。提奥问西涅克是否可以取道阿尔勒。西涅克是个重感情的人，同意从阿尔勒过一下。

其间，萨尔斯牧师设法在阿尔勒的另一个街区，给温森特租一小套房间。最终，还是雷伊大夫本人准备接受温森特当房客，因为他母亲闲置一套两居室的房子。可是，温森特在信中表示见到西涅克很满意，他还写了这样一句十分沉重的预言："这样意外重复的激动，如果还要持续下去，头脑一时的震荡就可能转化为慢性病。"

保尔·西涅克于三月二十三日，到阿尔勒医院去看他，进单人病房看到这个不幸的人，脑袋上缠着绷带，但是头脑完全清晰。西涅克征得同意，带温森特出去。他们走到了黄房子。西涅克询问能不能进去，警察局拒绝了，于是西涅克提醒说，任何法律都不能阻止温森特回自己的家，结果多尔纳诺警官让步了。西涅克扯下门上的封条，二人进去，温森特给他看了习作。"他带我去看了他的绘画，很多都很好，所有画都很奇特。"西涅克后来在给提奥的信上写道。关于温森特的眼光，高更也使用了同一个形容词"奇特"。这很值得注意，像高更和西涅克这样两位先锋派画家，代表不同的倾向，都没有突破不欣赏温森特的绘画的这种思维模式。这种话表明，即使在行家看来，温森特的绘画还是怪异。三十年后，古斯塔夫·科齐奥（Gustave Coquiot）明确说，西涅克曾对他讲看过这些"出色的画，这些杰作"，可是这话值得怀疑，善良的科齐奥有一种不良的倾向，总好美化。西涅克写下来的，只有上面引的那句话。

现在很难想象，黄房子当年的情景：白灰粉刷的墙壁上挂满了绘画，有多幅《向日葵》、《阿利斯冈墓苑》、《夜咖啡馆》，以及欧仁·博克的肖像、不同的《诗人的花园》、《播种者》、《椅子》、多幅《自画像》、圣马利亚的《船舶》，全都原样在那里，而一条光流即将涌入二十世纪，同时裹带着高更的画作，有他那幅冉·阿让式的自画像、那幅马提尼克的风景画，还有埃米尔·贝尔纳尔的蓝色自画像以及其他作品，正是世纪末绘画的阿里巴巴藏宝洞。西涅克和温森特共度一天，谈论绘画、文学、社会主义。西涅克在信上让提奥放心，说他看到他哥哥"身体和精神状态极佳"。不过到了傍晚，西涅克后来向古斯塔夫·科齐奥讲述，温森特就躁动起来，想要喝松节油。西涅克就把他送回主宫医院。

  当地守护神似乎对温森特的头脑具有极大的影响力。从前在伦敦也同样，每次重又见到卢瓦耶公寓，就要犯一回病，严重程度不同。现在又看到黄房子，巨大的感情投资的地点，在此相继发生了同高更的悲剧、割耳朵的突发病症，他因而丧失了方位标，开始沉没了。这天晚上，他明白了黄房子又将丧失，已经属于过去了，他不可能再回去生活了。这段时光逝去了，确认这一点，对他这脆弱的神经实在太残忍了。西涅克走后，还一直不停爬坡的温森特在第一封信上就写道："看来我这个人，只适合干点中介的事，成为二流的、被抹掉的角色。"

  终于允许他绘画了。于是他去取绘画用品。他注意到西涅克来看他这趟之后，这个街区有些人对他态度好转了。"我看到我在民众中还有一些朋友。"重新操笔，他要画什么呢？ 重新复制一幅众所周知的《催眠曲》！毫无疑问，这是一幅魂牵梦萦的绘画。继而，他画了一些土块儿，也可以说是几簇青草，花园的角落，有几朵花、玫瑰丛。就好像他再也抬不起头来望远方、望天空了。这些油画很好表现了他沮丧的心态，身陷幽禁的感觉。一幅习作，画了医院不见天空鲜花盛开的院子，另一幅习作画了患者住的公共病房，近景有一个火炉子。从圣诞节到他动身去圣雷米，他总共画了三十三幅油画,包括先前开始的头一幅《催眠曲》。而且,这个数字包括五幅《催眠曲》、三幅复制的《向日葵》和三幅邮递员鲁兰的画像。四个半月期间,这对他来说数量极少,即使加上嵌入他信中的两幅素描和两幅草图。这是他一生中成果最少的阶段:"工作进展不大",他离开阿尔勒之前不久,在给他妹妹的信中写道。

提奥于三月末起程回荷兰,准备四月十七日结婚,要等到四月二十一日才能返回。

雷伊大夫、萨尔斯牧师都劝温森特放弃黄房子,搬到雷伊家闲置的那小套房间去住,温森特接受了这个主意,总不免伤心,但是他承认,当初修缮房子,包括接通煤气管道那么高的费用,他投入巨大,却感到自己无力争取获得赔偿和利息了。他出门画最近几片果园,结果只画出三幅。他最终习惯了住在医院,只要让他出去绘画就行。"我会习惯的。"他明确写道。有了这种尝试,后来他就决定接受去圣雷米的建议。

鲁兰途经阿尔勒,前来看望温森特。温森特给他画了三幅肖像。"他来探望,让我高兴极了……"他十分激动地谈论他喜爱的这个人,而这个人也确实喜爱他,像一名老兵那样支持和鼓励一个刚入伍的青年。这将是他们最后一次见面。尽管受到各种恶毒的对待,温森特还一如既往,以博爱的胸怀得出这样的结论:"你听着,无论什么事我都无权怨恨阿尔勒,只要想一想我在这里见过,并且永远也不会忘记的一些人。"

这听起来像一声告别,而且就是告别。约摸四月中旬,他搬进雷伊大夫租给他的那两间小居室的套房。必须离开黄房子了,将里面的东西寄存到别处。车站咖啡馆的吉努夫妇租给他一块空地,放下了所有东西。黄房子逐渐搬空了,温森特面对这种景象,一时决心动摇、勇气尽失,他感到自己无力重新起步了。他在心里盘算,必须找一个什么机构,能接待他数月,只要让他绘画就成,一直住到他恢复精力。

他跟萨尔斯牧师谈了这个念头。牧师打听了,得知在圣保罗-德-摩索尔有一家精神病院,离圣雷米两公里远。那家病院坐落在乡下,那地方安定而僻静。如果病院不是作为真正的病人,而是作为需要两三个月康复期的患者接纳温森特,那么他在那里也许还能够画画。

提奥于四月十七日同约翰娜·邦杰结婚。他一回到巴黎,就给温森特写了一封信,表明他们兄弟之间什么也没有变,同时汇去一百法郎。提奥结婚与放弃黄房子的巧合令人不安。可以肯定,提奥建立家庭对温森特有影响。是怎样的影响很难判断。是这桩婚姻引起他的信心崩溃吗? 有人认为在这件事上,这桩婚事起了重大作用,时间巧合就说明问题,眼下:发病割耳朵事件,正巧发生在告知订婚的时候,而结婚之际,也是他进取的勇气尽失之日。

应该赋予这种时间巧合一种独有的重要性,并且当作图解来接受这种填字谜的表格吗? 我们并不这样认为。当年在伦敦,家中没有任何事件干扰,就已经发生了同样的状况。在提奥生活中的家庭变动是其因素,但是还有其他因素。

温森特选定了形象、地点、人物,就固守不变,哪怕以牺牲自己的舒适生活,以牺牲自己的理性和生命为代价。地点对他有一种安眠的作用,等他去了圣雷米，我们还会看到这一点。如同所有的艺术家，当然比起大多数犹有过之，温森特易感性超常，敏感到了极点：雷伊对他说过，他"特别容易动感情"。

自从他的人格和心理状态失去平衡之后，他确信他的艺术没有价值，任何强烈的感情冲击——家族的消息、重睹魂牵梦萦的地点，都会触发他犯病。他的心理变得异常脆弱，别人再加小心都没有效果：提奥就特意向他表明，他虽然结婚，但是什么也没有改变。约翰娜还给他写信，向他保证对他的情感。约翰娜是一位出色的女子，非常聪慧，温森特也很快就明白了。关于这位古怪的哥哥，她完全赞同她丈夫的看法，甚至，她也许比提奥更理解这种绘画。

四月二十一日，温森特明确表示，他愿意住进病院，自己感到"没有能力重新支撑一间画室，独自一人待在那里……"他试着想那么做，然而不可能。他说，他渴望住院，"既为了我的安宁，也为了别人的安宁"。在他的思想里，神经错乱也是一种病症。这封揪心的信标志一个终结，如同布景照明灯直射他的命运。"重新开始迄今为止的这种画家生活，很快又孤零零待在画室里，没有别种消遣，只能去一家咖啡馆或者饭馆，听邻居们五花八门的批评，等等，**这我受不了**……"他提议先定三个月，而面对这种挥霍，他感到自己又欠债了。

提奥让他放宽心，考虑到温森特在绘画和兄弟情谊的全部回报，这点钱根本不算什么。温森特回信说，他想参加法国的外籍军团，而提奥坚决不同意："多少人想做也做不到你所取得的成果。"参军的打算放弃了。温森特就坚持他住院的决定。他再也没有力量行动,独自闯荡了。

于是,提奥写信给圣雷米精神病院院长,恳请通融,特殊照顾温森特。但是院方告知,不允许到外面绘画,用餐不能喝酒,还声明每月少于一百法郎,病院不会接纳温森特,这比预计的花费要高,因为还必须另外付画布、颜料钱、邮寄费用,以及家具存放在吉努夫妇那里的租金。不过,这些条件,提奥都接受了。

提奥提议,温森特可以来巴黎,也可以去阿旺桥村;可是,温森特感到自己没有这种能力了,他"大多时间,毫无强烈的渴望,也没有强烈的遗憾"。在这个四月,他的精神状态非常消沉。其原因就是秋季以来,他确信了自己的绘画毫无价值。这种自残的事例:

"近日,我要用慢件托运去两箱子画,不少要销毁,你不必碍难。"两箱子画一旦确认运走之后,他又在信中写道:"箱子里装了一大堆粗劣的画,应该销毁,但是原样给你运去,就是要让你拣出来保留还看得过去的。"

粗劣的画!其余的也仅仅"看得过去"!艺术历史要大大感谢提奥,他根本没有理睬这种指令。温森特进入精神病院之前,还做出这样令人瞠目结舌的总结:"然而,我作为画家,永远也不会有什么突出的方面了,我绝对感到了这一点。"还做出这样结论:"我有时挺遗憾的,没有简简单单保持灰色调的荷兰画风,没有坚持在蒙马特尔画风景。"等等。

温森特似乎心服口服:一切都成了问题,甚至他在巴黎美学上所取得的成果。为什么他不始终留在海牙学派,做一名默默无闻的画家呢?为什么他没有听从特斯提格的劝告，画水彩画用以装饰荷兰市民家庭的墙壁呢？还需要长期奋斗，最后走到这一步吗？他说自己怀念最初学画的灰色调，就包含着所有这些疑问。

他向威廉米娜谈他的状态，像往常一样毫不粉饰："我严重发病总共有过四次，根本不知道自己说什么、想要干什么、干了什么。……有时惶恐得要命，表面却毫无缘由，或者头脑空空，一种疲惫的感觉……忧郁，痛悔……"他想到自杀，既然他说要采用从前狄更斯在阿姆斯特丹的那种药方。

不过，也并没有完全死掉，伟大的温森特一时再度现身，可以说又表现出了欲望。橄榄园将是圣雷米的重大主题之一，这就是希望。

"啊！我亲爱的提奥，这个季节的橄榄园，你若是能看到该有多好！……老绿银白色和嫩绿银白色的叶丛，映衬着蓝天。而犁过的土地呈淡橙红色。……非常微妙，非常出色！……橄榄园的沙沙絮语，传递某种非常私密、无限古老的意韵。实在太美了，我都不敢画出来，也不能构思。"

23 圣雷米

一八八九年五月八日,温森特由萨尔斯牧师陪同,从阿尔勒出发,前往圣保罗-德-摩索尔精神病院。院长佩隆博士接待他们,他看了阿尔勒医院于帕尔大夫的信件,接着倾听温森特谈他的病症和他的请求。温森特透露他的母系家族有癫痫病史。入院手续顺利办妥,提奥先就完全安排好了。温森特可以使用这座老修道院的两间病房:一间住宿,一间当画室。

萨尔斯牧师写信给提奥:"温森特先生陪伴我,一直到我动身,当我向他告别的时候,他特别热情地感谢我,看样子有点激动,无疑想到要在这家病院开始的全新生活。"我们可以说,温森特那种敏感的无意识,不可能不联想到另一个情景,他童年的一个场面:当时他眼睁睁看着另一位牧师,他的父亲,乘坐黄色马车渐行渐远,把他一个人留在普罗维利寄宿学校。在寄宿生和被收容的精神病患者之间,在他头脑里不可避免地进行比较。几周之后他给妹妹写信,主要是谈他在圣保罗铁窗的日子和他有规律的生活:"……我的生活绝对死气沉沉,跟我十二岁那年住校时一模一样,我在那所学校绝对没有学到任何东西。"

佩隆大夫在新入院患者登记簿上,做了第一份综合记录:他抄录于帕尔大夫的诊断书("尖锐的躁狂症,视觉和听觉的幻觉,导致自残而割掉耳朵"),接着,他在谈话之后总结认为:"梵高先生易犯癫痫病,但是间隔时间很长,应当在病院中长期观察。"

特奥菲尔·佩隆大夫当时五十五岁,主持这座精神病院已有十五年。他先是在海军当军医,接着到马赛安家,当上眼科医生,后来又对精神病症发生兴趣。可见,他不是一位名副其实的精神病大夫。法国有不少著名的精神病医生,温森特从来未能同他们打上交道。他这样描述佩隆大夫:"这人小个头儿,患痛风,丧偶已数年,戴一副墨镜。整座病院有点儿死水一潭。此人干这一行似乎并不怎么开心,而且事出有因。"

"普罗旺斯地区圣雷米的疗养院,主要治疗男女精神病患者。"这样定位,是一家私营医院,有不同等级的入住者,食宿的价钱也不同,追求的是收益,因而这里非常看重花销。男女分区居住,而男人只有十来个,还有空位,这就是为什么能如此痛快地给温森特两个房间。疗养院创建于一八〇六年,设在一座旧修道院里。大革命时期,修道院的资产收归国有,但确保服务的始终是修女;护理男患者则除外,另有男护理人员,由夏尔·特拉布克领导,温森特还给他画了一幅肖像。天主教的气氛很浓,这最终让温森特这个从前的新教教徒、现在的在俗教徒浑身不自在。后来他甚至写道,如果换病院的话,他愿意挑一家世俗病院。

这座修道院建于十二世纪和十三世纪，属于奥古斯丁教派。后来，又给原先的建筑主体扩建了两翼。圣保罗－德－摩索尔修道院从当初的使命中，保存下来一座非常漂亮的修道院和一座礼拜堂、长满蓝蝴蝶花和月桂树的花园，以及像当时的说明书上所讲，"宽敞的大园子，树木茂盛，浓荫遮护"。投下浓荫的大树弯曲的雄姿，是由密史脱拉风和暴风雨的摧折所致。修道院内部，走廊连着走廊，无穷无尽，修室有铁窗防护，不同的区间由铁栅栏隔开，一大间浴室附有其他设施。温森特非常欣赏中世纪建筑之美，但是这些建筑让人回想起来的那个世界（"中国噩梦"），又令他恐惧万分。他多次抱怨，这些宗教建筑对他过分敏感的头脑所施加的影响，而这种印象又因有修女而增强。然而，他喜爱她们，她们也很好地回敬他，觉得他特别有礼貌、和善、富有同情心。

　　到了十九世纪末，精神病治疗开始改进，但是，沿袭的主要治疗方法，如果描绘起来，更像是酷刑历史中的一章，而不是取自病痛通用治疗法的历史。尽管在一个世纪期间，人们越来越能明确地描述精神病症，并且分门归类，事实上，还根本一无所知。

　　医生还普遍采用"恫吓，给患者穿紧身衣或关禁闭，让病人坐转椅转晕头，电击。一八〇四年，阿尔迪尼给忧郁症患者实施脑震荡，直至找到正常的部位"。

　　人们以为"震动"患者，以任何猛烈的方式突袭，震慑患者，就可能取得效果，因为精神病视同一种睡眠状态。现任医院院长佩隆博士，在一份论文中列举这些治疗法。现在对患者还采用："催吐药（使之呕吐）；油脂和泻药洗肠胃（搅动肠腔）；放血和蚂蟥吸血，切开颈静脉或者颞动脉，'以使躁狂症患者的大脑排出杂质'"。

然而，医生药方也开刺激剂、颈部烧灼药，用滚烫水或冰发疱；金鸡纳、龙胆、水银、芥子等苦酒。还把病人置于强烈的气味之中，让病人受突然的强光、巨响、威胁、喊叫的刺激，或者听歌曲、音乐、温柔之声、欣慰的话语。现在还实施"鞭笞，用荨麻抽打，用钳子夹，敷发疱剂。脚掌或别的部位瘙痒，也同样不无益处"。

不过，温森特住进病院的时候，最拿手的疗法还是水疗法：冷热水活动喷头淋浴，或者直接猛烈冲头。佩隆博士引述一八八七年该院的一段说明："当躁狂症患者拒绝洗温水澡或淋浴的时候，猛然的冲洗适于治疗躁狂症。冷水造成的印象强烈、突然而出乎意料，使精神病患者惊愕之余，排除占据他头脑的念头。"

温森特在平静的时期，每周到大浴池洗两次澡，每次两小时，但是在他发病期间，不知道是否给他使用了那种水疗法，他犯病时意识不到自己经历了什么。令人担心出现最糟糕的情况：水疗法只能使他的精神更加委靡不振。

因此，这就不难理解，精神病院整天整夜都回荡着号叫声，只因病院没有任何办法让这些不幸的人平静下来。不过开头，温森特还庆幸来到这里："在这病院里，我看疯子和各种神经病患者的生活，就打消了隐约的担心、对这种事的惧怕。这样，我就逐渐认识到，作为一种病症，疯癫也跟别的病症一样。"他在信上告诉他妹妹，听见"可怕的号叫，就像动物园里动物嗥叫声"，不过，病人还能相互帮助。

饭食向温森特提供机会，表现出一种能透露他那状态的幽默。饭食有一股霉味，"如同在巴黎一家满是蟑螂的饭馆，或者一所寄宿学校的食堂"。患者没有任何消遣，只有滚球游戏和国际跳棋，连一本书也没有，他们终日吃了又吃鹰嘴豆、芸豆、滨豆。"这些东西不好消化，花费不多，就可以让他们安安稳稳消磨一天。"温森特拒绝吃这种食物，餐饭只要求浓汤和面包，院方同意了。

温森特一到达，就开始工作，他高兴地发现，病人的行为都那么平和，不会伤害人，他们来看他绘画，既小心谨慎又有礼貌。一种过分超前于时代的绘画，能在疯子们中间进行再好不过，他们至少不会硬要拿理性主义的、狭隘的标准来判断。在这样一种环境中，他绘画怎么可能不受妨碍呢？他走出病院绘画的时候，有一名看护陪同。那个名叫让-弗朗索瓦·普莱的看护作证说："他绘画的时候，就把他的不幸丢到脑后，其余一切他都不在乎了。"

由此看来，温森特住进病院开头阶段，一切还算不错：他不必为自己安排什么了，一日三餐定时开饭，床单换洗干净，也允许他绘画。初期看到真正疯子的情景，倒让他对自己的状态放心了，有工作人员看护也让他安了心：病情发作时，总归有他们在场。

温森特还像往常一样，满怀热情投入工作，画了好几幅色彩丰富的油画：蓝蝴蝶花、丁香花。他也画挂满青藤的树干、病院的花园、一只落在蓝蝴蝶花和海芋花枝上的"骷髅头"蝴蝶，画出来油画或素描。自不待言，这些作品沿袭了在阿尔勒最后完成的那些作品的构思格调：画面上几乎就看不到天空，总是一块块土壤，就好像他一直抬不起头来。不过，色彩却激情四射。"等以后，你收到我在这花园里绘制的油画，就会看出来我在这里并不太忧伤。"他给提奥的信上写道。他终于下定决心，要冲击一块有围墙的田地：他在自己的寝室，隔着铁窗望见了那地方。

他画了第一幅那块田地的素描，窗户的铁条在画面上不见了。但是，这个主题萦绕于心长达一年，他画油画多次回到这个素材。在温森特的心目中，麦子就是人。他这样写道：既然我们吃以面包形式出现的小麦，那么我们就是小麦做的。这块围住的田地往往一片混乱，而自然景物、房舍、远处的山峦，都非常宁静，这是他的境况的写照。

五月份和六月初的所有这些作品，都以这种或那种方式反映一种封闭的思想。要等到六月九日，才终于看到一幅"自由的"风景画，第一幅《有柏树的麦田》，接着约摸六月十七日，又画了一幅《星空》，随后便是头几幅《橄榄园》，以及一个三幅系列的《柏树》，这还不算一再重复的"封闭"的绘画，有围墙，不见天空，等等。

温森特放弃阿尔勒时期补充色的对比，又采用土色、半色调、赭色和泥土色。"有时候，我感到那种渴望，重新拿起在北方那样一个调色板。"

温森特又回到一种表现主义的线条，就像他在荷兰所实践的那样。线条扭曲，弯转，拧巴纠缠。温森特的狂暴，如果不通过色彩来表现，那么就寓于线条中。柏树弯弯曲曲升上天空，犹如地狱的黑色火焰。这已经不再是阿尔勒的春天和夏天那样天堂般的快乐，而是一种不安的期待。这些黑色的柏树似乎向黑夜吐烟气，遮蔽星光。

温森特绘画热情很高。将近六月二十五日，他说有十二幅油画正在绘制中。他不喝酒了，也不抽烟了，也不可能去会女人。他从早到晚绘画，却不能说他幸福。他的绘画没有表现这种情绪，他的话语也同样："……我每次试图思索，考虑事物，想弄明白我为什么来到这里，总之，只不过一种寻常的意外，一种巨大的恐惧和惶怖震慑我，阻止我思考。"

我们已经看到，他的精神状态显得消沉，这样说自己的绘画："我给你寄去一大堆东西，希望你销毁一批太差劲的，或者至少，只展示最能看得过去的……"提奥写信告诉他，一位欣赏者赞美他那幅黄色与黑色的阿尔勒女郎，他却回信说："这应当归功于模特儿，而不是我的绘画。"

提奥不仅什么也没有销毁，而且看到这些画作还惊叹不已。但是他担心，考虑到温森特的状态，希望不要看到他在令人眩晕的意境中贸然走得太远。可是，温森特让提奥放心："不必担心，我绝不会凭自己的意愿，冒险登上令人目眩神摇的高度……"然而，《星空》却是典型的一幅：星辰和月亮周围的光晕，就是借鉴修拉的技法。

提奥在他的套房中展示这种绘画，并且开始指给人观赏。去那里的不同客人喜爱这些油画，其中有卡米尔·毕沙罗及其儿子、吕西安、画家以撒克松兄弟（les Isaacson）、梅耶·德·汉（Meyer de Haan），还有一个名叫波拉克的人，他说《阿尔勒女郎》是一幅很美的肖像画，比得上西班牙大画家的作品。

约翰娜写信告诉温森特，她怀孕了，预计一八九〇年二月分娩，她和提奥希望生个男孩，取名叫温森特。温森特于七月五日收到这封信，欣喜得知这个消息，但是他又明确表示身处精神病疗养院，他不愿意当孩子的教父。他还提议给孩子取他们父亲的名字，就叫提奥，告知他要去阿尔勒取画作寄去，并且转述佩隆大夫的看法：他在疗养院还得住上一年，因为稍有不慎，他就可能发病。

果不其然，温森特这趟旅行回来，就突然发病，情景十分骇人。直到八月末，他才摆脱病魔。两个月的空白，他既不能写信，也不能表达。他一旦能够重新拿起笔来，便透露说："这么多天，像在阿尔勒那样，我完全神经错乱了；不是更严重，也同样严重。可以预料，这种病今后还会多次复发，这实在**太可恶了**。"

在发病期间，出现幻觉，做噩梦，万分恐怖，产生自杀的冲动，除了这种种难以忍受的痛苦，他还确认了一个可怕的前景：他摆脱病魔、回到正常生活的全部希望破灭了。他重又坠入深渊底部，因为这次犯病让他明白，也许他真的正在变成"疯子"，如同他周围的这些人，他看到他们丧失了人性。难道他被打入地狱，从人世间清除了吗？

这次重又坠入深渊，究竟如何解释呢？难道是由于提奥家一个孩子即将出世，可能取名温森特的消息吗？好几次发病的时间，都同提奥家庭建设的某个阶段巧合，但也并不是全如此。难道应该归罪于这趟阿尔勒之行，重睹他发病的地点对他的想象产生强烈的影响吗？他本人提到身边全是真正的疯子，应当承认，如果在提奥和约翰娜跟前，就可能不会这样发病。在他生命的这一时刻，我们还不能取得进展，得出令人满意的解释。

温森特正在外面作画，就突然发病了。画布上表现一条道路的入口，而这条路深入灌木丛和七扭八歪的树木之间，仿佛是绝境，又是一幅没有出路、没有天空的景象。尽管风很大，他执意要画完，可是，他由看护陪同往回走时，就再也控制不住了。一连五天，他受幻觉和自杀的冲动所控制，甚至吞食他画室里毒性很高的管装颜料。院方立即禁止他进入画室。五天后，幻觉和噩梦逐渐消失，随后，温森特便进入深度衰弱的状态。他病情开始好转时，就请求允许他作画，却遭到拒绝，这使他越发沮丧了。佩隆认为，也许是绘画将他置于这种状态。温森特实在太虚弱，无力反驳，但他认为事情正相反。八月末他记下这样的话："况且，如果迟早真有那么一天，我的病有望治好到一定程度的话，那也是因为我在绘画过程中痊愈，绘画能增强意志，从而压缩这类精神缺陷危害的机会。"后来精神病学证明温森特是对的，而圣保罗－德－摩索尔精神病院，如今对住院患者广泛应用艺术疗法。甚至在精神病学上，温森特也是一位先驱，大大超前于他的时代。

温森特一旦有精力做了，他便请求提奥干预，要对佩隆说绘画对他的康复是必不可少的，而这样一天天不能绘画，他是无法容忍的。

病院怎么对待他的呢？会像上文所描述的"治疗的"技术"震动"过他，进一步压他下沉吗？没有什么是不可能的，而且，随着他那状态的延长，肯定使用过冷热水疗法。

老天也来残酷地嘲讽他的命运：他这样受病魔折磨的时候，最后处于暮色苍茫的状态，最糟糕则沉入极度黑暗的深渊，哪知提奥一封接着一封给他写信告诉他参观者接连不断到提奥家欣赏他的绘画，唐吉赞不绝口，又由于他的作品很多，提奥就决定在唐吉公司租一间展屋，像在常设的画廊那样展示出来。一个在一场赛事中夺冠的挪威人很喜爱温森特的作品，最重要的还是"××"画社的秘书，奥克塔夫·摩斯（Octave Maus）的信函，请提奥答复温森特能否参加一八八九年未来的美术展览会。

"××"画社，或者二十画社，自一八八四年以来，聚集了一批前卫艺术家。他们在布鲁塞尔博物馆广场，每年组织一届反学院派的美术展览会，保卫现代绘画。温森特在巴黎时，曾组织好几次画展，展示他的作品和别的艺术家的作品，但这还是头一次邀请他参加一届正式的美术展览会。温森特的运气还是不错：欧仁·博克的妹妹，安娜·博克是二十画社的成员，正是这样的机缘，温森特的绘画得以冲出法国，在比利时开始为人赏识了。

提奥终于收到最后一个邮件，圣雷米的"极美"的作品。提奥更深地理解了温森特的艺术，约翰娜·邦杰似乎也有同感。

提奥久久没有温森特的音信，深感不安，接到佩隆的通知，又十分伤心，便用荷兰语给他写信，以免出现在阿尔勒主宫医院所发生的情况。八月中旬，约翰娜也给他写了一封充满感情的信，可惜直到月底，温森特才可能浮出水面。他叙述说，他正作画的时候，就感到要发病，点明这一点很重要，他更了解自己的病，可以抢先有所准备。

接着，温森特重又动起手来，无疑画出他的作品中最伟大的自画像，

23 圣雷米

尽管他的作品中拥有极美的画幅。面容憔悴，棱角分明，好似从格列柯的一幅画中走出来的一个神秘的西班牙男子，部分肌肤覆盖着绿莹莹的阴影，支棱八翘的红头发交织着绿线条，身穿他那件蓝工作服，他那眉弓下的目光直视我们，手上拿着画笔和调色板，而暗紫色的背景上，粗线条纵横交错，如同一根根铁条。他是从深渊底注视着，那双眼睛仿佛穿越人类，一直看到他那丧失理性的动物生存状况。虽说有伦勃朗、丢勒，也有最近毕加索的半活半死的人头，还从来没有一个人在画上，摆出这样一副直视我们生活状况的眼神。在一幅复制品上，如果只保留那双眼睛，眼神一突显出来，就会让人不寒而栗。他紧紧握住他的调色板和画笔，似乎在说惟独这个，在这颗颜色的头脑里还有意义。这幅殉难者或神秘主义者的肖像画，由个人收藏，不如随后一幅出名。后来的一幅清亮蓝色大肖像画，是他紧接着前一幅画的，不那么吓人，现在收藏在道尔赛博物馆。在这幅自画像上，温森特试图表现他的能力，他虽然身处疯子中间也有决胜的意志。

"据说，——我也情愿相信——人难于认识自己——不过，画自己也同样不容易。"

他又恢复了体力，不再让他吃面包喝汤了，佩隆心想是不是这种苦修的饮食使他虚弱了，就要迫使他吃肉和全餐。温森特说他狼吞虎咽，尽管像在巴黎那样，食物里发现了蟑螂。由于受到过阻碍，他现在投入工作就尤为狂热了，他说从早到晚绘画，要把失去的时间抢回来，特别是因为"这将是对抗病魔的最有效的避雷针"。

不过，这次大部分精力，他花在从德拉克鲁瓦和米勒汲取灵感来绘画。

应他的要求，提奥给他寄来米勒田间劳作图所制作的版画。这些绘画作品，他从前还十分笨拙的时候，曾经反复模仿，现在直接画出油画，完全自主上颜色了。他就这样复制了二十来幅。他还复制了两幅他在阿尔勒的卧室画的一幅表现一位老人的油画：老人坐在炉灶旁边的椅子上，双手捂住脸哭泣，两肘则撑在大腿上。这幅画，是根据从一开始就萦绕于心的一幅石版画完成的，反映他自己的不幸。风景画寥寥无几，就是他从铁窗望见而构思的景物。

灵感这种无可争辩的减退有多层原因。一连数周，他没有走出寝室，既怕见到那些疯子，又怕面对外界。这些作品主要还是一段康复时期的见证。他写给妹妹这样一段话，应该记到最后："这也是因为自从犯病以来，在田野里有一种孤独感攫住我，叫人万分恐惧，我就迟疑不敢出门了。"

然而，这种复制或"模仿"，在他精神状态不济的情况下，另有深层次的原因。开头，他照米勒的作品画了翻耕图，拿来比较普雷沃（Prévot）临摹戈雅和委拉斯开兹的作品，得出结论，同时提供这些作品的钥匙："也许我这样做更有用处，胜过我自己的绘画。"

一幅自画像，如果不算那大幅蓝色自画像，也许就是最后一幅了，表现他精神低落到前所未有的地步。温森特把自己画成一堆人类垃圾，或者一只恐惧的野兽，在角落里注视着，嘴巴收回，一副困兽的神态。自画像涂成绿色和腐烂的褐色，如同沼泽地正化成烂泥的枯叶。应当指出，他在同一时间复制的阿尔勒卧室那幅画，地板也绘成这种腐色。比较在阿尔勒画的原作，这幅复制品"沼泽化"，比任何评论都更能说明他的困境。他同时给提奥的信中写道:"不能让忧伤像沼泽地的水一样,郁积在我们的心灵。"

他又恢复了乐观情绪,不禁遗憾身处此境,既害怕其他病人,又嫌食宿费用太高。他对自己的绘画总是这样沮丧和贬抑也不足为奇:"我经常想到在布列塔尼的那些伙伴,他们肯定画出比我出色得多的作品。"他得知"二十画社"画家希望展出他的画作时,便写道:"……我很愿意参展,同时也感到自己水平低下,而多少比利时画家都那么才华出众。"他还一再说,在布鲁塞尔参展不参展,他都觉得无所谓,如果美展组织方把他忘记,那也没什么不好。

他决心已定,要等到圣诞节,心想到了割耳朵的这个周年的日子,他会再次发病。假如到十二月底,什么事儿也没有发生,他就要北上了。毫无疑问,他再也不能容忍,绘画还得请求医生批准,不过,更深层的原因,还是来自他的艺术变化。现在他采用的是北方色彩。当初也是同样道理促使他来到南方,现在他要去的地方,就是让他渴望在画布上展示的色彩,能在自然界中找到相应的色调。

提奥赞成。他们也想象如何安排,想到毕沙罗:他从前帮助过塞尚,后来又帮助过高更。毕沙罗会接纳温森特吗?他没有说不行,要考虑一下,但是,他妻子"当家",拒绝了,怕身边有个神经不正常的人,会影响他年龄小的子女。于是,毕沙罗提议,把温森特送到瓦兹河畔欧韦去。欧韦位于巴黎北面,那里住着一位医生加歇博士,印象派画家的朋友,他本人有兴致时也是艺术家。他可以照顾并看护病人,让病人绘画,不会刁难。欧韦的解决方案看来是最佳方案。毕沙罗答应就此事同加歇博士接触。

温森特终于出了屋,来到花园,就好像每次他都必须重新恢复他的地盘。油画和素描并举,他画园中的参天大树;那些树木彼此疏离,尽管线条扭曲,却似乎那么淡定地伫立着。他用这种间断的笔触表示枝叶或形状,而这种笔触赋予这些作品一种自由、一种洒脱,是一种他在画作上从未表现过的形象。当时正值秋季,这些油画有某种共同特点,同时蕴涵着忧伤、安宁和平静。至于素描,结构又升华,几近抽象,提奥不大喜爱,我们却认为很出色。温森特的习惯,总是先画素描后有油画,而这些美丽的构图,正是大气派的未完成品的素材,挥洒自如,同画纸的空白嬉戏,我们从中似乎觉出,这大约是温森特的艺术走上的道路,抒情抽象画的一种预示形象。

然而,在这批创作中,一幅虚幻色彩很浓的油画,表现两棵高大的松树,竖立在近景,仿佛在一片树林的前沿,衬着黄色凄凉的天空:一棵松树完整,另一棵遭雷电击断。又是兄弟俩主题的新形象,如同那双鞋、那对螃蟹,总是有一个安安稳稳,另一个翻倒或被击垮。一种梦幻的形象,让人猜出未来绘画的一些风格特点。画的所有这些树木,往往是松树,仿佛是从某种梦幻或者从"大梦全息"中游离出来。

温森特重又试着走出疗养院的围墙,到橄榄园画了一系列素描和油画。他新画的这些园林图,时而空荡无人,时而有闹哄哄的采摘者。油画的构图极富动感,平衡失调,受摧折的树木紧紧抓住淡红色的大地,断断续续的笔触突出了逃向土地的运动姿态,半旋的轨迹出人意料,脱离轴心,迫使人的目光迷失在扭曲的树干之间。

在巴黎,提奥不愧是个真正的画商,不断有所行动。他明白他哥哥在创作一种伟大的绘画,可是时间紧迫。必须让人承认温森特,这样也许能使他摆脱病魔的控制。提奥多方接触,邀请来艺术家、知名人士,如比利时先锋派中二十画派的凡·莱塞尔贝格。他给客人观赏了温森特的绘画,然后打发他们去唐吉老爹的画廊,再看温森特的其他作品。提奥这样做,就好像他已然明白,在病魔和他哥哥的艺术得到承认之间,开始了一场赛跑。

在独立画家美术展览会筹备之际,提奥还送展两幅作品:《罗纳河上的星夜》和《蓝蝴蝶花》。许多人前来跟他谈最后这幅画。雕刻家洛泽(Lauzet)来看温森特的素描和油画,他看了十分激动,明确说这比雨果的作品还要美,因此,提奥给了他一幅素描。"因为,你可以做出同样的来。"

他们朋友圈的一位画家以撒克松,喜爱温森特的绘画,他作为荷兰一家报纸的巴黎通讯员,要写一篇文章,介绍这种令他激动的绘画。于是告诉画家本人。画家同意吗? 温森特开始说他很吃惊,还会有人愿意专门给他写一篇文章,接着他建议等更好的作品出来,因为众所周知,他以前的创作价值不高,最后,他又放出这样的话:"现在没有必要提我的任何作品。"

这种拒绝态度能预见得到。提奥和以撒克松都很惊诧。以撒克松为他的报纸写了"巴黎通讯",或者他对提奥说过,或者他经不住诱惑,他在文章的空白边特意加一条注释，提到温森特的艺术，称颂为一种启示。以撒克松写道："在线条和色彩方面，谁为我们诠释了强劲的生活，十九世纪变得自觉的伟大生活？我认识一个，一个独一无二的先驱：他正在漫漫黑夜里独自斗争。他的名字温森特，注定要流芳百世。我希望能谈一谈这位杰出英雄的一点儿事迹。他是荷兰人。"刊登他文章的报纸，八月十七日在阿姆斯特丹发行。提奥将这份报纸和别的报纸寄往圣保罗。温森特立即有所反应："无需对你说，他在一条注释中谈到我的话，我觉得过分夸张了，因此，我更有理由希望他只字都不要提我。"

提奥明白，他哥哥病情很重，没有能力冷静判断自己的艺术境界。其间，二十画派的美术展览会在布鲁塞尔紧锣密鼓地筹备。这届展览会肯定能成为大事件，因为十三年来，塞尚再也没有展出一幅画。这次应邀参展了。除少数几个爱好者去唐吉画廊看看他的绘画之外，他几乎一直不为人所知，差不多成了一个谜。同他一起参展的艺术家有普维·德·沙瓦纳（Puvis de Chavannes）、西涅克、雷诺阿、西斯莱、吕西安、毕沙罗、图卢兹－劳特雷克。

奥克塔夫·摩斯，展览会的组织者，经圣保罗寄出一封正式邀请函。大家都难以判断温森特会如何反应，提奥那边也战战兢兢，不过还好，温森特接受了邀请，选出六幅油画参展，即两幅《向日葵》（背景不同）、《青藤》、《阿尔勒鲜花盛开的果园》、《日出的麦田》（作于圣雷米）、《红色葡萄园》（画于高更在阿尔勒逗留期间）。

其间，埃米尔·贝尔纳尔从英国回来，带着阿尔贝·欧里埃来造访提奥，欣赏温森特的新作。一年以来，贝尔纳尔成为这位作家和出色的批评家的朋友。欧里埃这个二十五岁的青年前途无量，在象征主义文艺领域颇有名望，是《现代主义者》杂志的主编。贝尔纳尔是于一八八八年在布列塔尼同他相遇的，对他大谈特谈温森特，给他看了温森特的信和几幅画作，还向他讲述了温森特发过疯病。不过，欧里埃还是到提奥的住所，接着又去唐吉的画廊，看了温森特的作品，从一八八八年起，他就深受吸引，迷上了温森特的绘画。在他看来，这种极富冲击力的作品如同一种启示。于是，贝尔纳尔提示他写点东西，介绍这些在印象主义潮流中出现的、孤军奋战的画家。这种设想被采纳，欧里埃决定写一系列文章，介绍"孤军奋战者"，头一篇文章就专论温森特。他刚刚参加了《法兰西信使》①杂志的创刊活动，论温森特的文章即将刊登在这家杂志的创刊号上。他又去唐吉画廊，再次观赏寄存的大批油画，明白这种绘画在温森特之前根本不存在，于是打算写一篇关于温森特的艺术的文章。他也去提奥那里，而这次，提奥就不再征求他哥哥的同意了。欧里埃将拥有完全自由。这篇文章将于一八九〇年一月发表，刊登在《法兰西信使》杂志上，祝贺布鲁塞尔的美术展开幕。

提奥也称赞温森特选送参加布鲁塞尔美术展的绘画，他定做了画框，非常期待二十画社这届美术展。温森特在回信中说，他后悔投身到绘画，为什么他没有留在古比尔公司当画商呢？那样的话，他不会有创作，但

---

① 《法兰西信使》，一八八九年，象征派诗人阿尔弗雷德·瓦莱特创办的文学月刊。

是能帮助别人。

圣诞节临近了。温森特写信给他母亲,表示关于他父亲,现在他内心十分痛悔,可惜父亲不在世上接受他悔罪了。他如此激烈地自责,究竟为什么呢?"关于过去的事情,我经常严厉地责备自己,因为归根结底,我的病症是由我自己的过错造成的,而且每次我都怀疑,是否会有那么一天,我能以这种或那种方式弥补我的过错。"他不断地回想过去,想他父亲,想他对父亲多么无情。这场持久的危机,从一种对抗高更起始,终于追溯到源头:对抗父亲,以便能成为艺术家。他用高更的眼睛来看他的作品之后,又换了角度审视了:他的绘画有价值。可是,他同父亲断绝关系了,同他小时候来普罗维利寄宿学堂接他,被他视为神的爸爸断绝了关系,这就是为什么他极力贬低自己的绘画,为什么他从内心深处,再也不愿意他的绘画获得成功,被世人承认。他也完全感到,他的绘画逃脱了他的控制。他在给母亲写的另一封信中,以意味深长的方式特意说明,他如何拒绝了以撒克松写他的计划。他的绘画越是得到世人的喜爱和赞赏,他越是要隐身,绝不露面,不想承认他的过去,干脆就不存在他这个人。现在我们接触到了温森特悲剧的核心:以失败证明父亲做得对。

温森特犯了一次病,是预料中的,我们看到在极度狂躁中,病魔如何耗尽他的精力。不过,令人惊讶的是,这次发病持续时间很短:仅仅一周。

在犯病这些天里,温森特又企图吞食颜料自杀。显而易见,绘画的这些管装颜料,同他对父亲的愧疚密切相关。眼下,温森特企图自杀,只是吞食绘画的颜料:松脂香精或颜料。但是与此同时,他也惴惴不安地等待佩隆重新准许他作画，因为只有绘画才能使他情绪稳定。他身处两种失控的强力之间，左右为难，痛苦不堪：绘画的行为既能救他，又能把他打入地狱。佩隆答应还给他绘画材料。提奥也一再催促大夫，他向温森特提议，也许可以先画画素描，手边暂时不必有管装颜料。

温森特考虑离开精神病院。他确信所有这些疯子集中在这个禁区里，谁进来都得发疯。他也意识到，这座古老的宗教建筑对他的想象产生强烈的影响，从而想到，他阶段性躁狂症发作，正是神学上的妄想引起的。他一定得从这里走出去。提奥准备在巴黎接待他一段时间，然而，这项计划还得推迟整整三个月才能实现。

这年一月份，在巴黎和布鲁塞尔，事态发展迅速，大事接连发生，不由温森特的意志为转移。在二十画社美术展览会于十八日在布鲁塞尔开幕之前，阿尔贝·欧里埃关于温森特·梵高的富有轰动效果的文章，在《法兰西信使》杂志上刊登出来。无论在巴黎还是在布鲁塞尔，引起一些行内人士的强烈反响。人们期待在这届美术展上亮相的塞尚，却几乎没有引起重视。倒是梵高作品的发现成为大事和轰动事件。"……梵高受此殊荣，引爆新闻高调激烈的批评！"奥克塔夫·摩斯后来写道。他的作品"给二十画社的大部分画家留下一种深刻、不可磨灭的印象"，但也不是所有人。在开幕式的两天前，一月十六日，一位象征主义画家，亨利·德·格鲁，二十画社成员，声明撤出他送展的作品，他不愿意看到跟他在同一个展厅里有"温森特先生的可憎的《向日葵花瓶》，或者任何别的挑衅性的展品"。

然而，德·格鲁还是出席了十八日开幕式的宴会。在座的有应邀参展的画家图卢兹－劳特累克和西涅克。德·格鲁又大放厥词，攻击梵高是个无知的人、江湖骗子。图卢兹－劳特累克当即跳起来吼道，辱骂这样一位伟大的艺术家，是一种侮辱。德·格鲁还反击，于是爆发"一场令人难忘的争吵"，摩斯这样写道。劳特累克和德·格鲁要进行决斗，双方指定了见证人，而德·格鲁的个头儿也不比他的对手高多少[1]！保尔·西涅克宣布，如果劳特累克中弹身亡，他就接替再来决斗。二十画社当即开除德·格鲁。继而，奥克塔夫·摩斯极力斡旋，说服亨利·德·格鲁主动道歉，这才避免了这场决斗。

翌日，一月十九日，二十画社的杂志《现代艺术》转载了阿尔贝·欧里埃那篇文章的节选。大家阅读，讨论这篇文章，温森特的绘画成为这届美术展览的核心。最后，这次也参展的安娜·博克，二十画社的成员和欧仁·博克的妹妹，她花四百法郎买下了《红色葡萄园》。这是温森特生前头一单重要的生意。似乎还有一单，是一幅自画像卖给英国画迷，但是这件事不能十分肯定。

提奥兴高采烈，他写信给温森特说，新闻记者特别注意"塞尚的室外写生、西斯莱的风景画、梵高的交响曲和雷诺阿的作品"。他还告诉温森特，三月份在巴黎市府会馆，将举办一届印象主义美术展览会，想要送展多少幅画作都可以。温森特有愿望参展吗？提奥最后这样写道："我认为

---

[1] 图卢兹－劳特累克小时双腿两度受伤，长成畸形，成年后身形矮小。

我们可以耐心等待，直到获得成功：你一定会看到的。"

温森特离开圣雷米之后的去处，考虑了几种安排。在巴黎同雕刻家洛泽共用一间画室，荷兰有一家精神病疗养院，还可以去瓦兹河畔欧韦。欧里埃文章的效果如何？提奥即使在他起初不大喜爱的作品中，也认识了温森特的艺术。这种绘画语言极其新奇，特别让人迷惑，现在在他眼里变得清晰了："要知道，我重看你的几幅《橄榄园》，就越看越觉得美了，尤其有落日的那幅，简直美极了。去年以来，你这么努力工作，真让人惊叹。""我重看……"提奥最终理解了，他对哥哥的爱就再也没有止境了。事件接踵而来，巴黎和圣雷米之间的书信交叉往来。一月二十九日，佩隆大夫写信告知，温森特去了一趟阿尔勒，回来又犯病了。三十日，约翰娜在分娩前夕，给温森特写信，告诉他阿尔贝·欧里埃的文章在《法兰西信使》杂志上发表的消息。三十一日，她生下一个男婴，取他伯父的名字，叫温森特·威廉。

一月底这次发病，还是短得令人惊讶，仅仅持续一周，这就让人产生希望。温森特每次发病，初愈时精神总是很消沉。他读了信件和阿尔贝·欧里埃专论他的文章。他身处幽深的寝室里，几乎足不出户，惟一的天地，就是这扇铁窗外一块有围墙的田地，再就是他这扇铁门，他并不了解外界围绕着他的作品战斗正酣。我们可以预料得到，温森特读了欧里埃的文章反而"黯然神伤了"……

这篇文章能让有限的公众，但是具有决定性的同时代艺术家认识并赞赏温森特。即使高更，也不得不信服这些理由。尽管那个时代的风格和写作的习惯用语,文章的分析内容,还是表现出极大准确性,而且熟悉温森特书信的读者,能从文章中找见温森特思想的关键词。欧里埃从未见过温森特,更不可能看过他从海牙写给提奥的信。不错,他同贝尔纳讨论过。有时候,人就有一种近乎神算的感觉。

欧里埃首先展现温森特的天空,"不知杂糅进了何等猛烈的硫磺,有时辐射开来,形成炽热的日光轮";接着谈到树木,"躯干扭曲,好似搏斗中的巨人";还有高山,"形若弓起躯体的猛犸";至于果园,白色、粉红和金黄色,"犹如少女的美梦"。欧里埃描绘出温森特的绘画留给他的自然的幻象:"激奋狂热的生命"。随后,他概括这种艺术的特点:"过头,力量过头,激情过头,表现手法狂暴。"在他的眼中,温森特是"一个强者,一个男子汉,一个敢作敢为的人,动辄粗暴,有时又质朴般细腻,一个可怕而疯狂的天才,往往很高尚,时而也怪诞……"

欧里埃谈到温森特的观念、他那穷苦人为穷苦人的艺术梦想,不无幽默地推测出,温森特小圈子的肖像画,宣告了二十世纪艺术天真而原始的特点,民众的、近乎幼稚的视觉:"《摇篮曲》,这幅超大型的埃皮纳勒天才彩图……《邮局职员》那副冷漠而又难以描摹的喜悦的肖像,《吊桥》那么强烈的光亮,又那么精妙的普通。"

最后,欧里埃进而谈到形式,他从中看出一些所有人始终没有看透的东西:"在他的所有作品中,绘制非常激昂、急剧、浓烈。他的素描很疯狂,遒劲有力,往往笨拙,还有点儿粗重,夸大了特征,简化了细节,以妙手、胜者跳过去,直达高度的概括……"至于色彩,"色彩十分奇特,令人目眩。据我所知，画家惟独他觉察出事物的色差，表现出了这种强度，这种金属般的、五光十色的品质"。

最后，欧里埃得出结论："温森特·梵高既过分简单，又过分精细，不适合当代市民的思想。他永远也不能完全被他的弟兄们，那些非常艺术的艺术家们所理解……也不能完全被小众的、极小众的那些幸运儿所理解……"

温森特的母亲，以及他妹妹威廉米娜怀着喜悦的心情，逐字逐句读这篇文章，明白这一页页文字承认了母亲的这个儿子、妹妹的这位哥哥，并给予他应有的评价。提奥几乎同时当了父亲，他面对这种评价，不禁感到无限激动：他这个哥哥，他极为赞赏，极力相助，还在疯人院里苦熬，受心魔的控制，现在终于得到公正的评价。他完全了解哥哥所受的磨难和进行的搏斗，而他并不总能理解哥哥，不过，所有走过的这些蜿蜒曲折的道路，现在终于明朗了。可是，温森特根本不这样看。他读了这篇文章，反倒悲从中来……的确，这篇文章恰好前来阻碍了他自贬绘画的思想，阻碍了他与高更发生冲突之后在头脑里的整个思想建筑。承认"师傅"到来之前他在阿尔勒绘画的才华，这是多大的亵渎啊！现在如何调解这两件事呢？

温森特的反应模棱两可，他也对提奥谈了这种情况。他认为欧里埃的文章指出他应该如何绘画，而不是说他画得有多不完美。况且，为什么评论他的《向日葵》，而不谈郭司特（Quost）所画的蜀葵、雅南所画的华美的牡丹呢？

信中提到的郭司特和雅南，正是当时"令人赞赏的"绘画的两个杰出代表。他们二人曾经荣获奖章，获得奖赏，受到抨击印象主义画家的批评界的热捧，早已成为官方画家。他们的作品多为花卉，适合市民的大套房，挂在五斗橱或餐具桌上方，一时能引人注目。只要将温森特的向日葵摆到旁边比较，就能领悟向日葵色彩的极度的震颤、有力而又抱憾的构图，不能进一步表达从中逸出的激情，因为这些花在说话，不仅仅是为了装饰。温森特本人后来也说，向日葵是一种"感恩"的象征。

　　那么长时间手法笨拙的温森特，羡慕这些绘画高手的令人目眩的技法，也是可以理解的，尽管这些高手除了事物的皮毛，没有任何东西可表达的；那么，要不是因为他那消沉的精神状态，怎么能参照这些他明知道短命的红极一时的作品呢？

　　温森特还是向提奥透露了想法，这篇文章能促销他的作品，从而补偿他绘画的花费。随后，他回复欧里埃，寄去一封令人诧异的，或者症候性的信。他感谢欧里埃，并许诺给他寄去一幅柏树的写生。然而，这封信极力证明，欧里埃的评价不当：温森特的作品并不那么出色，欧里埃看得比实际美多了。然后他又写道，别人比他更有资格领受这篇文章：蒙蒂塞利，当然在设色方面；尤其高更！显而易见！欧里埃主要评论阿尔勒的画作。温森特在信上所讲，就好像高更的羽翼覆盖了他的全部作品："再说，我在阿尔勒和他一起工作数月，况且我在巴黎就认识他了。"两个月变成了"数月"，而两次见面，在巴黎就开始影响他了！总而言之，他给欧里埃写信，是要表明他本应该谈蒙蒂塞利和高更，"因为，现在或将来考虑到我的部分，我可以向您肯定，将处于非常次要的地位"。

他一写完给欧里埃的回信，就抄了一份寄给高更，以便证明不管怎样，他总是高更的忠实弟子。欧里埃跟高更一样，不会改变主张。然而我们也能明白，高更认为温森特的才华多亏了他，这个念头从何而来。这是温森特在精神状态明显消沉的时候，亲自向高更提供的。他给提奥的信上写道："我要抄一份我给欧里埃的回信，给他（高更）寄去，你让他看看《信使》杂志上刊登的这篇文章，因为我确实认为，像这样的话本来应该评论高更，而谈论我那就太次要了。"

我们从这番话可以明白，温森特如何不肯超越他视为父亲形象的高更。他不能"杀害"他。在温森特的意念中，高更和父亲占据同样不可超越的地位。他只能是这两个人的学生。

为了向曾拒绝在阿旺桥村接纳他的高更证明，尽管有欧里埃的文章，他始终是高更的卑微弟子，他就按照高更在阿尔勒画的《阿尔勒女郎》，绘制一系列素描和油画。这种灵感糟糕透顶的系列模仿画，是受虐狂向师傅表示驯顺的一种方式。他寄给高更一幅素描，保证"恭恭敬敬地"遵循他的素描。这说明了一切。

温森特还写给他母亲和妹妹，说他的绘画等而下之，他本人什么也不是，或者不是大角色，提奥不该给他儿子取温森特的名字，而应该像爸爸那样叫提奥多鲁斯，等等。他告知次日要去阿尔勒一趟，并且已经开始画一根开花的杏树枝，好装饰提奥的婴儿和约翰娜的卧室。这不禁让人想到，他为小温森特的生命之初，选择了画杏树，而两年前二月份，大温森特初到阿尔勒，绘制寄出的也是同一棵杏树。这幅画他没有完成就出门了，腋下夹着临摹高更的一幅吉努太太的肖像，准备送给模特儿本人。

来自巴黎和布鲁塞尔的这种成功、这种确认，温森特却说，对一位艺术家，"最糟糕的事情"，无疑就是过分激动。他这趟旅行无人看护，出了什么事儿呢？无人知晓。温森特到了阿尔勒，再次犯病了，那幅肖像失落了，这个可怜的人迷了路，两天后由一辆带篷的小推车给送回来。大家甚至不知道夜晚他是在哪里度过的。这次发病比历次时间都长，也更厉害。两个月期间，温森特始终深陷在骇人的境况中，像动物园中的病兽那样哀号：幻觉、噩梦、极度衰弱、平日呆滞、时而有自杀的冲动。当他吞下管装的颜料时，就看见他眼珠子冒出来，满嘴流涎，必须马上给他灌最猛烈的催吐剂。他进食极少，身体迅速消瘦，长时间处于痴呆状态，既不能看书、写信，也不能整理自己的思想。

佩隆写信告诉提奥，去阿尔勒这几趟都不好，现在该认清这一点了！皮埃尔·马鲁瓦在《梵高的私密》中，关于这趟旅行提出一种假设：温森特前往阿尔勒，不仅仅是要取画作给提奥寄去，还为了到窑子来一次高更所说的"卫生散步"。这种假设并不荒唐。温森特在信中一再重复，他的生活如同修士，要定期去会会女人。有可能他渴望去见那个有名的拉舍尔，或者她的一个姐妹。然而，他转到圣雷米之前，就吃过大量的溴化钾镇静剂，后来他还继续服用这种药，带来的副作用影响了生育功能吗？不得而知。不错，在通信中，有好多语句暧昧不明，提到了阳痿。例如一八八八年夏季，他提到莫泊桑阳痿，说他"从身体上"同莫泊桑相似。

不过，这种情况可能是暂时性的。很难得出确切的结论。

佩隆身处这种危机的中心，不知所措，就决定让温森特随意行动，如有愿望也可以绘画。温森特挣扎在理性的外围，画了好几幅油画。都是房顶坍塌的茅屋，变了形，仿佛出自一个病孩之手，布拉班特地区一处景色的记忆，颜色"肮脏"，腐朽的灰绿色，并泛着不健康的橘黄色，构图极不协调，非常刺眼。他在意识蒙眬的状态中画出的这些作品，既有迷惑力，又让人感到不自在。

温森特患了什么病症呢？许多精神病科医生和精神分析学者都关注过他的病例，参照了文学作品中的描述、通信和作品目录，但是他们掌握的往往不全，当然还有各种传记，但是书中充斥着无法证实的轶事，以及这个时期或那个时期小说化的说法。

我们已经了解给温森特治疗过的三位医生的看法。温森特发病，尽管不是传统形式的癫痫病发作，不是浑身痉挛、咬舌头等等，许多精神病科医生把温森特的病症拉向癫痫形式，还有些医生说是精神分裂症，另一些医生则认为两种病症混杂，还有的甚至说是慢性中暑和受黄色的影响！专家们意见分歧就表明，温森特的病例并不那么容易研究。

援引让－马克·佩隆博士，圣雷米圣保罗－德－摩索尔精神病疗养院现任院长的结论，倒是很有意思。几年以来，佩隆先生在这家疗养院，同一些精神病科医生和精神分析专家一起推动临床讨论，在这种精神病文学的启发下，并对这位画家的生活有了更好的了解，以便研究温森特的病例。让这位临床大夫说说，他于二〇〇三年从这些会议中得出的结论：

"当代专家绝大部分做出了这样的诊断：躁狂抑郁型精神病，发病时激烈躁狂谵妄，产生幻觉；并发颞叶损伤型癫痫症，加剧的原因则有周期性的营养缺乏、过度劳累的状态，还有苦艾酒、毛地黄、樟脑、一氧化碳中毒，以及过度饮用咖啡和吸烟中毒。至于病因，还可以从生物学、心理学和社会的源头来继续探讨。"

这份表上没有列入几乎能确认的梅毒，须知温森特自从迁至安特卫普，到一八八六年底，他染上的梅毒正处于旺盛的发展期。表上还缺少对后来到欧韦这段时间情况的考虑。放在今天，温森特应该如何治疗呢？"一种临床的生命现象的流动监视。实施精神疗法。卫生营养学上的医嘱，并避开有毒物品。代偿失调时期，要住进一家资质高的医疗机构。"

温森特堪称艺术疗法的先驱，他不断讲绘画如何让他心情放松，增强他抵抗病痛的意志。

讲过这些之后，现在还有人说起这类突发的病症，就好像这是一般生活的人会有的现象，然而，温森特从缺乏营养到经济依赖，他的绘画在多少年间，又被所有人看低，他经受的难以忍受的高度紧张，多少人能顶下来呢？这些压力，他一直顶到三十五岁，创造出了留给后世的作品，表明他是个极为坚强的人。

提奥、约翰娜、威廉米娜得知他已发病，久拖不好，都非常伤心。信件堆积起来。高更、欧里埃、毕沙罗和其他一些人也都写了信。提奥告诉哥哥新情况：他的画作现在挂在巴黎展示了。不过要直到四月份，温森特才能了解这些。

在他发病期间，一八九〇年三月十九日，独立画家美术展览会开幕了。共和国总统萨迪·卡尔诺出席了开幕式，标志官方学院派美术展的衰落，新绘画的浪潮缓慢地，但是稳健地升起来了。提奥携约翰娜参加了开幕式。在阿尔勒和圣雷米所作的十幅油画，摆在显眼的展位上，画有柏树、橄榄园、向日葵、阿尔皮耶山风景。参展的画家还有修拉、西涅克、图卢兹-劳特累克（带着他的刚刚开业的"红磨坊"系列画）、昂克丹、勒杜瓦尼埃·卢梭、吕西安·毕沙罗，以及许多其他画家。

欧里埃的文章打开了大门，全巴黎的画家和艺术家，都想要看看这个昨天还不知名的温森特。卡米尔·毕沙罗天天去美术展，给提奥带回消息，温森特的绘画特别吸引观众，取得很大成功。克洛德·莫奈，现在是功成名就的艺术家了，他来看了展览，声明梵高参展的绘画是美术展中最出色的作品。埃米尔·贝尔纳尔、阿尔贝·欧里埃简直赞不绝口。柏树图中的一幅，已经归属欧里埃，以表谢忱。不过，在某种意义上，最重要的参观者还是高更。

高更来了，得以看见温森特的画作。这个人，曾对他个人生活起过举足轻重的作用，而他面对这个人，却不由自主地戴上了面具，他也未能看出他的全部才华。莫非是他看了温森特给欧里埃回信的抄件，才终于睁开了眼睛，领会了这位无与伦比的朋友对他的爱吗？这种爱，也许是病态的，但是却实实在在。高更身无分文了，有点儿沮丧，这里用"沮丧"一词只取其轻微的意思，他看到温森特这颗星越升越高，结论当然已经下过了。在这个耀眼的一八九〇年美术展的全部展品中，温森特的绘画占据了突出的地位。高更说，他的绘画是这届展览会"最精彩的部分"。

高更做得更好，他给他这位朋友写了一封信，终于毫无保留地表达他的赞赏。自不待言，他只谈"他们分手之后"的作品，不会因此改变主张，然而，他的这番话标志一种关键性转折，在温森特的心中，引起解开疙瘩和产生高度疗效的反响。

"我十分仔细地观赏了您在我们分手之后的作品。先是在令弟的府上，后来又在独立画家的美术展上。尤其在美术展上欣赏，才好评价您的作品，或是由于您的画作排列在一起，或是因为毗邻效应。我向您表示诚挚的祝贺，在许多艺术家看来，您在美术展上是最出色的。画自然景物，在这方面**惟独您在思考**。我同令弟交谈过，有一件作品，我愿意**用您挑选的任何作品来交换**。我指的是那幅山景图。有两个极小的行客往上攀登，似乎在寻找未知的东西。画上的色调极富暗示性，显示一种德拉克鲁瓦式的激情。零星的红色笔触宛若亮光，整幅画则是紫色调。非常壮美。我同欧里埃、贝尔纳尔，还同许多别人长谈过。所有人都对您大加赞扬。"

这样一种承认，来自温森特臆想中的这个杰出人物，只能激发他，几乎治好了他的病。他康复的速度惊人，画完了他动身去阿尔勒之前就动笔画的开花的杏枝。这就如同新的起步。提奥去见过加舍博士，这位大夫保证能在瓦兹河畔欧韦治疗温森特。动身赴巴黎和欧韦的日期，只是数周内的事了。温森特再也不愿意待在圣雷米了，经过这可怕的一年，到地狱深度游了一趟之后，他需要换换空气了。

他的身体好得很快，显得精力充沛了。他继续模仿米勒，画了许多素描和几幅油画，但是这属于过去了。新的创作表现在《树干和鲜花盛开的牧场》画幅中。当然，现在还不见天空，然而在画树皮方面，如此遒劲的表现力非常罕见，宣告了欧韦时期。两棵树，都那么生机勃勃，那是提奥和温森特并肩前进。他还模仿了伦勃朗和德拉克鲁瓦的作品，继而，他画了一系列玫瑰和蓝蝴蝶花束，阿尔勒色调又魔幻般地回来了。简直可以说，高更的话给他解禁，把他解放出来了。

紫色和蓝色蝴蝶花，同插在一个橘黄色的花瓶里，背景的黄色十分温暖，还像在高更到来之前阿尔勒最美好的日子里那样热烈奔放。另一束蓝蝴蝶花，摆放在绿桌上，衬着淡柠檬黄色背景，仿佛春风得意了。他让这些油画颜料干了，一个月后由佩隆寄往巴黎。

温森特的病治愈了吗？所有迹象都让人相信，而佩隆博士一直观察他，在他的病历上记录"治愈"。因此，要离开精神病疗养院的不是一个受诅咒的艺术家。布鲁塞尔和巴黎这两届美术展，已经把他公认为后印象主义新生代的著名画家之一。从莫奈到毕沙罗，他都得到了承认，售出了一幅画作，刊登出一篇专论他的文章，未来之路似乎打开了。

温森特离开了安特卫普之后这四年间，他走过一段不可思议之路，一路留下数百幅油画，其中在圣雷米绘制的有一百四十幅，价值固然不等，但是他在疗养院的几幅自画像，则构成世界绘画的高峰之一。

他还画了一幅神秘的《星夜中的柏树》，仿佛是南方地区和圣雷米的合题，作为他在这些地方所经受考验的见证。断断续续的笔触，将整幅图景带进旋涡，带进一种令人惊慌失措的惶恐中。这幅画是温森特的病魔。

柏树居中烧成黑色，将夜空分割成两部分，月亮在右侧，左侧一颗星，一条路好似激流在奔腾，远处一座房舍，如同他发病中所画的样子。这棵柏树，莫不是在他父亲和母亲之间痛苦的温森特？我们留下这种挥之不去的印象。表面上病态的绘画，其实他是告别病魔，因为他绘制时，绝对控制着运笔。每一笔都恰当其位，每一笔都有意味。

他自己也写道："一旦我稍微到园子里走走，我就恢复如初，作画时心里通明透亮；我头脑中意念从来没有这么多，无法实施也不气恼。挥洒起画笔，赛似一台机器。"

他收拾行装。终于自由了。

24 瓦兹河畔欧韦

一八九〇年五月十七日，星期六早晨，温森特抵达巴黎。他坚持独自一人旅行，而提奥在接站前那个夜晚没有睡觉。约翰娜一发现这个念叨得烂熟的大伯子，不禁十分惊讶，她看到是一个健壮的男子，宽阔的肩膀，笑容满面，一副毅然决然的表情。

温森特在巴黎待了三天。谁能相信他刚从疯人院里出来，一个月前还正严重发病呢？小住这几天，对所有人都是欢喜的节日。温森特一见面就喜爱上约翰娜，喜爱她的人品、她的聪慧。约翰娜讲述他们，提奥和他，一起进她的卧室看小温森特，他们出来时都热泪盈眶。

接着，大家谈论绘画、定期举办的美术展览会、最近举办的美术展，还谈论各种计划、信中可能容纳不下的一些小事情。提奥和温森特去唐吉老头儿的画店，他那里有间屋存放着数百幅油画。唐吉祝贺温森特，回顾了大家开始创业的时候。卡米尔·毕沙罗和他儿子吕西安登门拜访，他们谈论绘画，欣赏画作，还向温森特讲述了布鲁塞尔的美术展和独立画家美术展；讲述了劳特累克和西涅克如何准备为他拼命。图卢兹－劳特累克也来到皮加勒城8号，问候他这位老朋友，同在科尔蒙画室学习，多少次一同参加蒙马特尔咖啡馆中美术展览的老朋友。安德里·邦杰，已成为品画专家，他也来参加这种欢乐的聚会。高更在布列塔尼，贝尔纳尔也许无法来见面。

次日拂晓，温森特就起来，看他在普罗旺斯地区的画作。作品并不齐全，但是提奥和约翰娜的套房都挂满了。不管安装没有安装画框，到处都有，堆在衣柜下面、五斗柜下面、床铺下面。温森特将画幅铺展地上，另一些搭在家具上，他久久地审视，将这幅或那幅调调位置，只因其主色调破坏或者激发了临近画幅的效果。他当时的想法不得而知，但是我们注意到一种名副其实的变化。他从欧韦发出的信中写道："亲爱的，经过考虑，我不说我的作品很好，但这是我力求做得不那么差的。"在屡屡贬损的评价之后，这种进步非常显著。有了业界的承认、高更的话，眼前又有家庭、婴儿、热爱他的朋友们，他又恢复了自信。这三天的气氛抬高了他的身价，驱逐了悲观的念头。而且，他当了小温森特的教父，如他所称呼的："我的同名小家伙"。

提奥带着温森特去看战神广场美术展览会，那里聚集了一群艺术家，展示他们遭官方美术展览会淘汰的作品。在这次展览会上，温森特久久观赏普维斯·德·沙瓦纳的一大幅画：《艺术和自然之间》。一幅寓意画，呼吁古人和今人之间、自然和文化之间的和解，正如普维斯·德·沙瓦纳在为官方展览所作的大量油画。

这位还在摸索中的画家，温森特很喜欢，并且从他身上看出一位新的德拉克鲁瓦！温森特的欣赏眼光，有时不免让人困惑。不过，普维斯·德·沙瓦纳在批评像科尔蒙这样强硬的学院派的同时，也确实完成了一个壮举，达成意见一致。这大幅画是个长方形，不能排除这引发了温森特的念头；后来他到欧韦，也采用了 $100 \times 50 cm$ 的尺码。

温森特还参观了一些展览会，走在巴黎，觉得一天天很长、很累人。他终于决定快些动身前往欧韦，也不去提奥的画店看高更的作品了。他打算半个月后再回来，给所有人画像，包括小温森特，既然他讨厌照相。

温森特抵达欧韦，拜访了加舍博士，受到热情的接待。加舍博士六十来岁，保养得很好，黄棕色头发，很可能是着色。温森特给他画的肖像，表现出了他那和蔼亲切的面容，画出他那鹰钩鼻子、小胡子和忧郁的蓝眼睛。

加舍这个人物颇为独特。他是个自由思想者，就当共和制还艰难地要在全法国树立威信的时候，他就已经是坚定的共和派了，甚至是社会主义者，信奉达尔文主义、爱情自由、顺势疗法，他也兴趣盎然地关注字迹学，以及颅相学、相面术、手相术等荒唐的"科学"。他声称能预言每人死亡的日期，当然总是说错。这个人物既魅力十足，科学上又不靠谱，思想自由，却带着温和的江湖骗术的色彩；在开始阶段，他吸引住了温森特。

加舍早年曾会见了库尔贝和雨果，曾在蒙佩利埃通过了他的关于忧郁的论文答辩。他从来受不了解剖课，宁愿躲到角落里抽烟斗。他憎恶外科，也就不足为奇了。他在巴黎开了一家诊所，每天早晨去上班，接待精神病人。大家知道，他使用毛地黄甙治疗一些患者，还采用磁性感应；而温森特给他画的几幅肖像，就表现他手上拿着一株毛地黄；或者一杯毛地黄甙。他特别喜爱绘画，在欧韦认识了塞尚，在马赛认识了蒙蒂塞利，还认识毕沙罗、多米埃，以及一些雕刻家，他本人也热衷于雕刻和素描。他的作品署名为凡·里塞尔，换言之，就是"里尔的"，他所出生的城市。他在饮食学方面的建议，我们找见温森特转述的这条：每天喝两升啤酒。在加舍身上，开放精神同新思想和江湖医生，形成一种奇特的杂糅。

初次交谈，温森特就没有看错人，他看出这个古怪的人患了"神经病，我可以肯定，至少跟我同样严重"。至于他的住宅，给温森特的突出印象，拿温森特的话说，就像一家"古玩店"。"他的房子里塞满了黑乎乎的，黑乎乎的，黑乎乎的旧货，只有印象主义的绘画作品例外。"加舍喜爱新绘画，家中收藏很多，有莫奈、雷诺阿、马奈、吉约曼、库尔贝、塞尚、西斯莱、多米埃的作品，据温森特说，还有一幅毕沙罗的很美的画。他给画家治病，帮了许多忙，画家就用作品抵偿费用。房子四周是有围墙的花园，从前一所寄宿学校。温森特作了好几幅画。加舍还经管一个小饲养场，养了八只猫、八只狗、大量母鸡、兔子、鹅、鸽子，还有一只山羊。

保尔·加舍有一儿一女，女儿十九岁，儿子十六岁，他已是鳏夫，"这进一步摧残了他。可以说我们马上就成了朋友，每周我去他家工作一两天……"这种安排最烦人的，就是法式餐饮，加舍想要盛情招待他这位患者，每顿饭四五道菜，而对方完全把这视为一种肉体的折磨，一种难以容忍的空耗时间。

至少,加舍能够让温森特放宽心,建议他无忧无虑地绘画,不去想他遭遇过什么事儿。温森特每次感觉不好,就可以来同加舍谈谈,大门为他敞开,每周邀请他来一次绘画,吃晚饭,聊天。可惜的是,这种安排还不够:加舍时常前往巴黎,温森特万一犯病就无助了。然而,加舍却认为他的病已经治好了。

加舍推荐他住一家旅馆,每天六法郎。温森特嫌太贵,他选择了拉福夫妇的一个小公寓,每天三点五法郎,位于乡政府广场。

欧韦不是阿尔勒,相差很大。不过,他并不讨厌这个村镇,觉得自然风光旖旎。"这里色彩斑斓",他说道,并且庆幸自己到南方绕了一圈,才能更好地看待北方。"正如我所推测的,我在紫色的地方看到更多的紫色。欧韦非常美。"他对妹妹说道,"这里有些茅屋房顶长满了苔藓,美极了,我当然要画一画了。"

欧韦曾吸引过杜比尼,也吸引过塞尚。毕沙罗在蓬图瓦兹接待过高更,离欧韦也不远。加舍将此地改变成类似巴比松的地方,许多画家,特别是外国画家,常来这里作画。

温森特从抵达的第二天,约摸一八九〇年五月二十一日起,就开始工作了,在将近七十天里,画了七十幅油画。

然而开头,他感到自己就好像被遗弃了。"刚来这里几天,当然还是在正常的条件下,我就已经盼望你们来封短信了。"他又回到加舍住宅,却未能见到他,大夫去了巴黎。那么他万一犯病加舍怎么可能照顾他呢?

再说，巴黎方面也比较含混，他不知道能指望收到多少钱，提奥还什么也没有定下来。他每月能收到一百五十法郎，是从前的三倍吗？提奥打算携家人到荷兰度夏，温森特不免失望，他多么愿意在欧韦见到他们。他感到孤独，重新开始的这种咖啡馆生活，而医生又不在，这引起他极度的忧伤，而不是深深的沮丧。在同一封信里——信的日期约翰娜标明得不准，而批评界重新确定在欧韦居留期之初——温森特写道："我认为加舍大夫**根本**靠不住。首先，在我看来，他比我病得还要厉害，或者就算彼此彼此吧，就是这样。然而，一个盲人领着另一个盲人，两个人不是要跌进同一条沟里吗？"接下来，我们又看到他感觉不好时的惯用语："我感到自己——一事无成。这就是我的状况——我觉得这是我应该接受的，再也改变不了的命运。"

然而，一切会好起来：加舍邀请他，提奥和约翰娜（也称为"约"）给予必要的关怀，工作进入正轨，一度忧伤的情绪很快置于脑后。于是开始了一段愉悦的时期，如果了解他刚从哪里来，这个时期确实让人浮想联翩。他绘画数量很多，经常写信给提奥和约，给他母亲和妹妹威廉米娜，读这些信文，我们对其语气深感惊讶。这些语句很短，仿佛句尾都戛然而止，信也往往很短，让人想起他在伦敦遭欧也妮·卢瓦耶拒绝而发病之前的信件。温森特写信又像他年轻得意的时候，一八七三和一八七四那两年，他作为画商的才能得到社会的公认。欧韦居留期的开头阶段，尽管起步有点波折，还是轻快得像一次再生。我们可以估量出，漫长的成长是多么的高度紧张而又孜孜以求地想自我证明，从而导致长达十七年的病痛的折磨。

他在战神广场的美术展上看到普维斯·沙瓦纳的那幅画，他向妹妹描绘时这样评道："……看到这幅画，观赏时间久了，就恍若目睹一种完全而向好的再生，即原本相信、原本渴望的所有事物的再生，恍若目睹一场奇特的幸会，即远古的艺术同生涩的现代艺术的幸会。"这幅要给他这段居留期打下深深烙印的绘画，无疑能允许他更好地评价他的境况，领会人们可以称之为的在生涯中的一种成功。

　　因为，尽管他不断否认他受到赞扬的重要性，他还是不免向吉努夫妇，阿尔勒火车站咖啡馆老板提起来。他写信请他们将家具托运来，并且告诉他们："他们两次写文章谈我的绘画。一次在巴黎的一家报纸上，另一次在我参加展览的布鲁塞尔，现在，还有最近这次，在我的家乡荷兰的一家报纸上。这样一来，许多人都去看我的绘画，而且这还没完。"

　　温森特写的时候就知道，这几行文字发出响声，就像一种小小的报复，吉努夫妇会传播这条消息。巴黎和布鲁塞尔都刊登了文章！温森特重又振作起来，不管暗自地还是无意识地，他报复了高更，就在大家只谈论他的时候，高更似乎躲在深洞里。他写给提奥的话又多么令人惊讶："然而，不管怎样，不管怎样，总有那么一天，一些画作肯定能找到欣赏者。"对未来的信心，从一八八八年秋消失殆尽，现在又恢复了。

　　加舍大夫给温森特当模特儿，从而明白温森特画肖像的方法。眼看画作有进展，画成后他对这幅肖像的构思欣喜若狂，"显然爱不释手"，结果为他自己定制了一幅。他女儿玛格丽特也摆出了弹钢琴的姿势，温森特给她画了一幅美丽的肖像：她身穿近乎白色的长衣粉裙，衬着一面缀有橘黄斑点的绿墙。欧韦教堂，配以钴蓝色天空，如黄房子那幅画，还有茅草房、大片麦田、花园、剪枝的花束，尽管采用以蓝色为主的冷色调，却画得都很成功。欧韦的绘画透出一种优雅、一种华美、一种潇洒、一种自由、一种能让人捕捉到温森特再生的构图的精准。绘画的设置，可以称之为绘画的"话语"，以间断的、有时断裂的笔触，震颤而始终恰当，表明温森特的艺术没有削弱。

不少绘画没有天空，但这似乎并不是因为温森特一度忧伤，而是想要将画幅封闭在一种近乎抽象的结构中。这种绘画方法，是由他的病而引发的，表明一种无可争辩的远离真实，是迈向抽象的一步。树根或者土块儿，或者那幅由斯德哥尔摩博物馆收藏的《鲜花和叶丛》是他在加舍家用午餐前大笔大笔勾勒出来的，无不证明他走这条路不再是被动的，而是完全放手去探索。欧韦绘画中的一个常量：再也见不到太阳了，而这只火热的光轮，曾充斥、燃烧他的南方绘画。

他在给母亲的信上写道："能替代温度计的病的症状，这几天完全消失了（尽管照别人对我讲的，不应当过分相信这种现象）。"

提奥在巴黎同加舍大夫交谈过。"他对我说的意思，就是他认为你的病已经痊愈，他也丝毫看不出怎么可能有反复。"

受人承认的新证据，现在是其他所有画家竞相要同他交换，提议用他们最好的作品，换取温森特任何一幅画。

六月八日，星期天，提奥的小家庭在欧韦下车，温森特喜出望外，大家指给"同名小家伙"看猫、狗、母鸡、鸽子。小家伙害怕大公鸡，逗得

24 瓦兹河畔欧韦

所有人哈哈大笑。他们商量计划。何不租一座房子呢？既可以当画室，又可以作为提奥与约到乡间小住的落脚处，而小家伙也很需要呼吸新鲜空气。可是，温森特力劝他们在欧韦度假而未果。提奥全家要去荷兰过夏天，让外公外婆和奶奶看看宝宝。

画成了好几幅肖像，还打算画另外一些，温森特想要投入他的全部精力，他向他妹妹谈了他所说的现代肖像的观念："我想要画出的肖像，在一百年后的人看来就像幽灵。因此，我画肖像追求的不是照相式的相像，而是我们富有激情的表达方式，即应用我们在色彩方面的科学和鉴赏力，作为人物性格夸张的表现手段。"

总而言之，自从卢瓦耶小姐拒绝之后，温森特屡遭挫折，历经磨难，现在终于可以认为自己的双脚重又落地，现在和未来能证明他走对了路。加舍认为他已经痊愈，那么在一定意义上，他就是痊愈了。

然而，温森特注定要陷入绝境。是确认他痊愈，提奥才未加考虑，就于六月三十日给他写了那封致命的信吗？很有可能。虽然开头碰到一点困难，一个半月以来，温森特似乎被托上云端。提奥的信便终结了这种再生。

六月三十日这封信，开头便告知小温森特曾患过病，恐怕是约翰娜乳汁不足，孩子喝牛奶感染了。经过可怕的几天之后，小温森特总算脱离了危险，现在喂他驴奶了。然而，父母经不住这顿折腾，身心疲惫到了极点。

信开头这段内容，势必引起温森特惶恐不安。另一个温森特·威廉，在他之前出生便死掉。这种事还要周而复始吗？信的下文像一计重锤，砸到温森特的心上。提奥向温森特透露:"布索和瓦朗东这些老鼠对待我,就好像我溜进他们家里,被他们当场抓到了。怎么办?"他的职业地位受到威胁。

提奥以为温森特病治好了,就失慎地继续诉说心里话。以现在的收入,他维持不下去了,考虑"冒冒风险,自己开店"。他挣这么点儿钱,大家何必继续这样"勒紧裤腰带"呢。最好还是闯一闯,在温森特的帮助下,创建自己的画店。提奥以这种方式向温森特透露他已经变成家里的沉重负担。

提奥没有资金,自己开店是要凭侥幸,温森特了解这方面情况,伯父们当初态度就消极,不肯帮助提奥成为后印象派画家期待的画商。提奥对后印象主义画家,很可能成为杜朗－鲁埃尔之对印象主义画家的那种角色。一切都表明准能成事。然而,必须有一个非常坚实的资金基础:没有画廊,没有财力,那就只有挨饿的份儿,头一个付出代价的,必定是他们当中最弱者,小温森特。

提奥是否感到应当缓和一下他这些话的效果呢? 他继续写道:"你怎么看呢,老兄? 你不必为我,或者为我们伤脑筋,老兄,要知道,让我最高兴的事,就是你身体健健康康,就是你在工作,画出令人赞赏的作品。"

提奥经历一段忧心惶恐的时间;不向温森特,又能向谁交心呢? 他写出来,肯定一吐为快,但是他就应该把这封信留在兜里。我们料得到读了这样的信文会有什么反应。不管提奥怎么有所保留,这些话发出去了,这场悲剧的秒表已经按下了。提奥要供养他的家庭、他母亲和温森特。就像从前在海牙那样,他再次陷入困境。温森特自以为飞升到云端,这下重又跌落到地面。

提奥一个月一个月支持他,算来已有十年。他会变成什么样子呢?他怎么能从一个孩子的口中夺面包呢? 温森特准备七月八日去巴黎。他写了一封信,担心小家伙的身体,主张呼吸乡村的新鲜空气,建议约翰娜来住到加舍家中,可以住上一个月。至于提奥所担心的生意,温森特没有答应什么:"将来是怎么样就怎么样吧。"

下一个星期日,温森特到达巴黎,气氛没有他初到之日那样欢喜了。提奥同他的老板关系很糟。提奥同哥哥谈了这种情况,并告诉他,已经决定去荷兰度假,这让温森特黯然神伤。他无法接受这种决定,他要独自一人熬过漫长的几周,看到远景甚至近景都堵死了。不错,劳特累克来了,他引逗所有人发笑,阿尔贝·欧里埃也来了,终于认识了他赞赏的画家。然而,温森特丢掉了幻想,决定不久留了,提前回欧韦,当天晚上就动身了。他的心某个部位已经碎了。

他一回到欧韦,就写信说他觉得,提奥和约翰娜想象可以离开布索和瓦拉东,就是要"不顾境况硬拼"。提奥和约翰娜意识到了造成的伤害,约便给温森特写了一封亲热的信,让他放宽心,还会继续帮助他的。

于是温森特又写了一封信,他那喜悦的情绪完全消失了。他感谢写来的信,说这封信对他"确确实实像《福音》,排解了惶恐不安……这可不是小事,我们大家不约而同地感到,日常面包难以为继了……"不过,伤害已经造成。温森特还是太脆弱,承受不了情绪如此剧烈的变化:"回到这里,我也同样,还是感到伤心不已,并且继续感到威胁你们的暴风雨也压在我的头顶。怎么办……我的生命也一样,甚至连根受到攻击,我的脚步也跟跟跄跄了。"接着他承认自己惴惴不安,担心成为他们极大的负担。约的信让他放了心。

然而,这封信到得太迟了。温森特的忧虑不安,已经开始凝结在他的几幅画中了,而这些画幅又让他再度经历了这种痛苦。这些书信字字句句都有其重要性,能让人大致了解他所经历的悲剧:"就这样——回到这里,我重又开始工作——然而,画笔几乎从我手中失落——不过,我完全清楚自己要做什么,回来之后又画了三大幅油画。画的是浑浊天空下的一望无际的麦田,我放手表现悲伤、极度的孤独……这些画幅能告诉你们我不能用话语表述的意思、我在乡村看到的健康并令人振奋的东西。"

他在信上讲的很可能就是那幅有名的《乌鸦乱飞的麦田》。田地还是阿尔勒的一种黄色,可以说钴蓝色的天空动荡不安。三条绿色的红土路从近景起始,却不通向任何地方。黑压压一群乌鸦如同送葬飞向远方,消失在画幅的右角。这些作品展示了温森特的两种色彩搭配:浓黄色与深蓝色搭配,制造出大白天的夜晚效果,就像《黄房子》那幅画;而另一种,暴力和死亡,绿色和红色的搭配,如同《夜咖啡馆》和《高更的椅子》。再加上乌鸦的吊丧的黑色。极度孤独。生活当然是美好的,但是"我的路"却找不到前途,用这两种颜色给他的心带去死亡。

提奥明白传达的信息,七月十四日给温森特的信上写道:"危险确实不像你以为的那么严重。如果我们人人都能保持身体健康，可以着手进行在我们的头脑中逐渐形成必做的事情，那么一切都会顺利。"他告知第二天动身，携约和孩子去荷兰，再前往安特卫普办点事，一周之后返回。关于他的去留，他等待布索和瓦朗东的答复，最后写道："这趟旅行如果运气好，我谈成几笔生意，那么我就会松快多了。"

然而，悲剧开场了，再也无法阻挡了。这种局面尤其将温森特置于绝望境地，因为此前他的病太像治愈了。是不是从这一刻起，不知道通过什么途径，温森特弄到一只手枪呢？他似乎在这种忧心忡忡的状态中，同加舍大夫闹翻了。

温森特注意到，大夫家里挂着一幅吉约曼的油画，没有安装画框。他请求主人尊重一下他的朋友。加舍答应给这幅画安画框，可是温森特再次拜访时，画框始终没有安装，这就把温森特惹恼了，加舍只好请求木匠量尺寸，但是没有结果。温森特发现事情还是照旧，不由得勃然大怒。据大夫的孩子们说，他的手伸进兜里，好像要掏什么东西。掏手枪吗？加舍目光严厉，凝视着他，赶他出去。总之，重复跟高更争吵的场面，而温森特的狂暴注定要用来解释后来发生的事。

谁也没有见过那只手枪，事后大家才知道它的存在，那么怎么看一位医生赶走他的正处于这种状态的患者，也不想一想这个患者能干出什么来呢？类似攻击的动作，能成为辩解的理由吗？一位医生为尽父亲的职责，能推卸他对患者的责任吗？就像刚到欧韦的时候，温森特陷入焦虑之中，不是也无法找到加舍吗？很可能如此。温森特最后几封信中，就提也不提加舍大夫了。关系闹翻是确定无疑的，这只能损害温森特的自信心。他不能交心，谈谈他的焦虑，而提奥一家人又走了，他只好回到自己这种无边的孤寂中了。

他给母亲写信，向她谈一幅油画："至于我，我的全副精力都投入到这幅画的创作：以山峦为背景的一望无际的麦田，像海洋一样广阔，色彩柔和，一片黄绿色，还有那淡紫色，是一块锄过草并耕过的土地，均匀分布着开花的马铃薯秧的绿色，这一切的上空色彩柔和，呈蓝、白、粉红和紫色调。"他所说的这幅画，估计就是那幅著名的《蓝色天空下的田野》[1]，他还补充道："我完全处于一种近乎过于恬静的心境，正是创作这种画所需要的状态。"

在那么多幅没有天空的画作之后，这幅画却表现一副无边寂静高悬的形象，宛若这个存活的，或者将来没有他而存活的世界消隐之后的净空。

七月二十三日，温森特知道提奥返回巴黎，便给他写信："我希望你重又得到这些先生对你的好态度。"他这方面已经深思熟虑。怎么办？一些画家团结起来吗？可是结果如何已经看到了。"另一方面，即使联合起来了，如果其余的难免沉沦，那也同样会散伙。也许你会对我说，一些画商会为了印象主义画家联合一致，但这只会是暂时的。总之，我觉得个人倡导不会有效果，已经有过体验了，难道还要再试一试吗？"毋庸置疑，他这方面要帮助提奥，哪条路也走不通。

---

[1] 《乌云密布暴雨欲来的天空下的麦田》(1890年)。瓦兹河畔欧韦，梵高博物馆。——原注

接着，他提起他见过在布列塔尼的高更的一幅画，认为很美，然后他在信上画了《多比尼的花园》的草图，而这幅油画不能说负载着忧虑。他还像往常一样要颜料，便道别了。

因地区不同，有的已经开镰，有的即将开镰，在麦收的这些日子里，温森特作起画来，用他自己的说法，就像一辆火车头。好几幅杰作，从这种创作的狂热中产生了，诸如：《有麦秸垛的风景》、天空未画完的《欧韦街道》、《从格雷到沙蓬瓦尔的茅草房》；这幅画不那么出名，但是运笔绝对自如，技法赛似那幅《乌鸦乱飞的麦田》，另外还有《麦田》，以及像抽象结构纠缠在一起的《树根》。

如果说提奥困境的问题确实存在，可是无论信件还是绘画作品，似乎都没有表明自杀的念头。不过，我们倒是可以注意到，最后这封信对他十分重要，语气忧伤，没有了初到时候那种简短而轻快语句的喜悦。思想忧虑的严重危机过去了，至少没有表现在绘画上。极大孤寂的画作属于前一阶段。那么，他的头脑里萌生了什么念头呢？我们永远也不可能了解，尽管同提奥的困境的关系是显而易见的。最有可能性的念头，还是他感到自己成为多余的人，给他兄弟的家庭带来巨大的负担。一八九〇年七月二十七日，温森特朝自己左胸口开了一枪，未能击中心脏。

如果说我们基本上了解事实，但是见证值得怀疑。加舍的儿子保尔力图维护他父亲的名誉。旅馆老板的女儿阿德琳·拉福，则力图确立他父亲的好角色，因为拉福一家人不喜欢加舍。

七月二十七日下午这个时间段，温森特通常待在旅馆后厅工作，这次他却出门绘画去了。他朝自身开了一枪，瘫倒在地上，过一会儿又站起来，要往回走。在返回的路上，他跌倒了三次。他迟迟不来吃晚饭，别人才注意到他不在。他回到旅馆走路的姿势很怪，引起拉福全家人的注意。温森特上楼回房间了，却没有下来吃饭。于是，拉福先生上楼去看他，只见他躺在床上，便问他怎么了。温森特猛然翻身，解开外衣，露出他的血染的衬衫，说道："您瞧，我想要自杀，可是没有得手。"

拉福叫来村镇医生马兹里博士。温森特要求请来加舍大夫。加舍得到消息，带他十六岁的儿子来了，他儿子拿着父亲荒唐的治疗器械，磁感应线圈。加舍看伤员已经由马兹里给脱了衣服，也在烛光下检查了伤口。温森特平静地讲述了事情的经过。两位医生开了诊断书。温森特没有过多失血，也没有伤着任何维系生命的器官，否则的话，他出事之后已经没命了。两位大夫给他包扎了伤口，便退到隔壁房间商议。子弹似乎从胸腔下边穿过，留在离脊椎不远的什么部位。两位医生排除了取出子弹的想法，认为太危险了，可是，他们又没有决定送进一家医院，甚至送到巴黎，就诊于一位比他们医术高的医生或外科大夫。

马兹里是乡村医生，主业是产科以及分娩后的护理；至于加舍，他本来就憎恶外科，他们决定等一等。马兹里走了。温森特要他的烟斗。加舍给他的烟斗装满烟叶，点着了。温森特开始默默地吸烟。加舍要提奥个人住址，以便通知他，画店星期天休业。温森特不肯告诉加舍，还像在阿尔勒那次发病一样，惟恐打扰他兄弟。于是加舍回家了，留下他儿子保尔看护伤员。

24 瓦兹河畔欧韦

星期一早晨，加舍大夫派画家伊尔茨格去通知提奥。提奥立刻来到欧韦，一见面，温森特就对兄弟说："又失手了。"他看到兄弟哭倒在地，便又补充一句："不要哭嘛，我这样做是为了大家好。"

这期间，警察闻讯赶来，以便确认这是一种自杀的行为。他们询问了温森特之后，便离去了。提奥守了他一天。没有试图采取任何救护的措施，没有送他去巴黎由外科医生检查。提奥希望他天生健壮的体格这次还能挺过来。继而，他看到伤势没有好转，想要采取点措施，温森特把他劝住了，说道："那就要一直伤心下去。"

不过，温森特想要见一见约翰娜和小家伙，这表明去荷兰度假的决定，在多大程度伤了他的心。提奥立即写信给约翰娜要她回来，他左右为难，一方面希望看到温森特再度重生，另一方面又极为担心自己的命运，没有对他隐瞒处境的严重性。

时光流逝，温森特一直抽烟斗，而这间阁楼在烈日照射下特别闷热。必须指出，根据所有见证，温森特片刻也没有给人以发病的印象，不像在圣雷米那样，先是呆痴和昏迷，然后又在无意识的状态中企图自杀。现在，这种举动是经过深思熟虑的。弄到武器，等待有利时机，一切都表明，他轻生是冷静地遵从自己的意愿。

是什么缘由呢？不能怪罪绘画：他的绘画又恢复了活力，得到了承认；也不能说他可能感到自己要犯病了，因为，正如夏尔·莫隆所强调的，当时绝没有出现任何发病的迹象。还是应当承认，提奥职业和家庭的处境不是温森特自杀之举的惟一原因，他走到这一步的历程足以说明这一点，然而这却是让他肩上过重的负担失衡的原因。

到了夜晚，伤口感染了，温森特喘不上来气，开始窒息了。提奥明白到了最后时刻，他坐到温森特身边，将哥哥的头放在他的胳臂上。"我就愿意能这样死去。"温森特说道。也许他们讲的是荷兰语，也许他们想到了里斯维克磨坊的那次散步，当时兄弟二人发誓永远互助。提奥虽然极痛深悲，还是紧紧抓住他无比热爱的人的临终时刻，仅余的时间越减少，他对这垂危的人的爱越接近无限，而痛苦就不算什么了。温森特在他兄弟的怀抱中揿气，继而，他的意识已经沉没了，还讲出了这句话："现在我想回来。"一八九〇年七月二十九日凌晨一点半钟，温森特咽气了，享年三十七岁零几个月。

25

提奥

　　拉福放下百叶窗，以表示举丧，只有餐厅还开业。加舍上午来了，画了躺在灵床上的温森特面部的素描。提奥和拉福到瓦兹河畔欧韦乡政府报死亡。乡长卡凡先生亲自在死亡登记簿上签了字，提奥和拉福也签了字。葬礼定于星期三下午两点半举行。委托木匠勒维尔打一口棺材。提奥到蓬图瓦兹印了名片，但是险些未能起灵，只因欧韦的本堂神甫不肯出借灵柩运一个自杀的人。最后，毗邻的梅里乡政府出借了他们的灵柩。

　　由于没有牧师做宗教葬礼仪式，而本堂神甫基于同样缘故再次拒绝，提奥就决定举办世俗葬礼，在欧韦小墓地下葬。提奥、拉福和其他人收拾出温森特用作画室的咖啡馆后厅，布置成火热的小礼拜堂。开着盖的棺木放在支架上，脚下摆放着温森特的调色板、画笔、画架和折叠凳：这些都是他到处去绘画携带的东西，有时要走很远，到田野画橄榄树、树林、隘谷。他的画作陈列在整个厅堂和墙壁上。用树枝绿叶装饰灵堂，以便提醒人们，温森特从童年起对乡村的热爱。

第二天，加舍抱着一大束向日葵来了，接着，巴黎的朋友们赶到了，带着黄色的鲜花，使整个厅堂闪耀着温森特所认可的爱的色彩。安德里斯·邦杰前来支持他的妹夫和朋友，接着，唐吉老爹赶来时已是泪流满面。夏尔·拉瓦尔，温森特曾同他交换一幅肖像的画家，埃米尔·贝尔纳尔，鼓动阿尔贝·欧里埃写温森特、大大帮助过他的朋友，进入灵堂已太晚，棺木刚刚上盖，未能见到遗容。吕西安·毕沙罗代表他父亲和他本人，随后也加入吊唁的人群。所有人都到场了，还有拉福全家、伊尔茨格等一些画家和一些陌生人。

最后送别温森特的情景，讲述最出色的是埃米尔·贝尔纳尔，永远的朋友，他在给欧里埃的一封信中写道："三点钟，抬起他的遗体。是几位朋友一直把他抬上灵柩。送殡的人群中，有几个人哭泣。提奥多尔·梵高崇拜他哥哥，始终支持他为艺术和独立的斗争，他不停地痛苦地抽噎。外面烈日炎炎，我们登上欧韦的坡道，一路谈论他，他给予艺术的大胆的推动，谈论他的头脑总在酝酿重大的设想，他对我们每个人的好处。我们抵达新墓地，全是新石头砌成的，坐落在俯瞰麦收田地的山丘上，头顶一大片——也许——他还深爱的蓝天。继而，就把他放进墓穴。

"加舍大夫想要讲几句话，称颂温森特的一生，但是他也在哭泣，哽咽得厉害，只能声音含混地向温森特告别。他激动地描述了温森特所做的努力，并指出他的崇高目的，以及他本人对他的极大好感……他说道：'他是个诚实的人，是个伟大的艺术家；他一生只有两个目的：人类和艺术，正是他优先一切追求的艺术,还将让他活在世上……'然后我们返回。提奥多尔·梵高因伤心过度而体力不支。"

大家回到拉福家,提奥建议在场的人拿温森特一两幅画留作纪念。拉福要了他十二岁女儿的肖像画和一幅他们住宅的油画。加舍大夫没有找到机会买温森特一幅画,后来又放过了机会,这次在他儿子的协助下收获颇丰。这些特殊的绘画作品,现在全部陈列在巴黎奥塞博物馆。提奥整理他哥哥的遗物,从温森特的外衣兜里发现一封未写完的信,他又能从中听到哥哥的声音了。

奇怪的是这封信跟他收到上一封信,开头一句都同样关于布索和瓦拉东公司:"我希望你重又得到这些先生对你的好态度。"随后他似乎明确说,他宁愿丝毫也不了解提奥的境况:"其他画家,不管他们怎么想,总是本能地远离现时交易的讨论。"

接着,温森特谈到商人,并且赞扬提奥:"……我还要重复对你说,我会始终认为,你不同于一位普通的柯罗的经销商,你通过我,甚至参与创作了一些油画,而这些画作即使在崩溃的境况中,也还能保持平静。"在一段类似一种结论或概括之后,这封未写完的信最后几句,回荡着告别的声音:"要知道,我本人的劳作,我不惜自己的性命投入这种生涯,我的理性也沉没下去一半——好吧——不过,据我了解,你不同于那些人贩子,我认为,你能下定决心,切切实实地同人类一起行动,你还要怎么样呢?"

这封信像有人长期所认为的那样,是一封诀别信呢,还是一份遗弃的草稿呢？按照约翰·胡尔斯凯的整理，恐怕就是一份草稿。温森特似乎想要在七月二十三日之前自杀，于是动手写这封信，继而，他放弃了自己的打算，又另写一封信，用同样的话开头。不过，这封信他没有撕毁，塞进外衣兜里了。四天之后，情绪又极度消沉，或者已经决定了，心想他的兄弟被老板逼上绝路，处境难以忍受，他不能过分拖累提奥，便付诸行动了。

是不是草稿无关紧要，关键是这封信集中谈了提奥职业的处境，谈了画商和艺术家、在世或不在世的艺术家之间的关系，谈了一位画家的真正价值和市场，如他所说的，和生意之间的差距，这是他终生身受其苦的事。正如安托南·阿尔托所写的，也是在这种意义上，温森特确实是个"社会的自杀者"。

在我们看来，起决定性的自杀原因，还是极度焦虑要降落到提奥头上的经济灾难。温森特一自杀身亡，立刻就会减轻提奥这只船的负载，使他能够开始重振他的事业。这正是这句话的含义："我这样做，是为了大家好。"

高更一得知温森特的死讯，立即写信给提奥："在这种情况下，我不愿意向您讲些哀悼的话——您知道，对我来说，他是一位诚挚的朋友，也是一位**艺术家**，这在我们时代是难能可贵的事。您在他的作品中，还能继续见到他。——温森特就经常这样讲：'石可烂，话语会留在人间。'至于我，我用我的眼睛和这颗心，将在他的作品中见到他。"

可是，高更给埃米尔·贝尔纳尔的信却这样写道："他的死不管多么令人伤心,可还是给我一点安慰,因为我早就预见到了,也了解这个可怜的小伙子在同疯魔搏斗中所受的痛苦。此刻死去,对他是一大福气,总算结束痛苦了。他若是托生另一个人回来,就会在这世上享受他的善行善果(根据佛陀的法则)。他没有被他兄弟抛弃,又为几位艺术家所理解,这是他随身带走的安慰。"

作为悼词,我们倒希望再厚道一些。高更将近两年没有见到温森特了,他对温森特的变化又能了解什么呢?八月份,高更就向他的朋友舒夫奈凯表示担心:温森特总对提奥施加极其重要的影响,以有利于他的画家朋友,而他一去世会有什么后果……

提奥给母亲写信,表达他的极痛深悲。他在信中指出:"……然而现在,这种情况常见,对他的才能,人人都赞不绝口。"他又发出这样的喊声:"母亲啊!我们兄弟二人,彼此又何其相近,是的,何其相近啊。"

提奥患了慢性肾炎和肺病。他心里装着一个重要的念头:要在绘画爱好者、艺术评论家和画商中间,给予温森特的作品以应有的地位。此举有可能成功,已经给了一次推动力,然而命运再次发威,没有放过这项事业。

提奥的头一个行动就是去荷兰,争取他的全家人立下字据,关于温森特的作品放弃他们一切权利。由于他们认为这些作品毫无价值,无需费力就全同意了。接着,提奥要从两个方向努力。他恳请杜朗-鲁埃尔在他的画廊举办温森特画展。杜朗-鲁埃尔先是犹豫,随后拒绝了。于是提奥决定在他的住宅里展示,请埃米尔·贝尔纳尔帮助他挂画。贝尔纳尔答应了。提奥又转向阿尔贝·欧里埃:他是否肯写一本画家的传记?提奥保证提供所有必要的资料。欧里埃接受了，不过，他说明不能立即投入，先要写完一部长篇小说。可是，两年之后，小说出版了，他却死于伤寒。温森特的作品就这样丧失了一个具有决定性的途径，未能让世人更早地了解。

提奥又同奥克塔夫·摩斯，布鲁塞尔二十画社秘书接触。西涅克加入了二十画社，事情就容易办了。奥克塔夫·摩斯同意一八九一年再组织一次美术展览会。

然而，事态的发展不允许这项事业从容地壮大。提奥显然受负罪感的侵蚀。温森特还在世的时候，有一天提奥对伊萨克松说："如果我哥哥成为一个比得上贝多芬那样的伟大天才，我也不会感到奇怪。"他怀着这样的信念，肩负起既高尚又具有毁灭性的重担，因为，他越是卖力说服别人相信他哥哥是天才，他就越要责备自己未尽到职责，反省自己该负的责任。

当时他把自己同老板的关系、职业处境告诉温森特，他这样做对不对？温森特迁到欧韦是件好事吗？同加舍一起做出的安排，留在那么远的地方，便酿成了灾难。为什么他没有把温森特留在身边，随时支持他呢？他那不幸的哥哥经历了地狱的劫难，在这刚刚恢复的第一年，他们为什么去荷兰，而不是去欧韦呢？这些问题要摧毁提奥这个极度敏感的人，确切地说，又齐集到梵高家族致命的心理温床。提奥变得易怒、焦躁、粗暴了，就好像他哥哥的幽灵附到了这个腼腆而谦抑的人身上。一次关于德冈的一幅画，他同两位老板争起来：德冈是一个没有价值、很快会被遗忘的画家。他一时火冒三丈，摔门而去，精神迅速失去了平衡。

25 提奥

从此以后，就好像温森特的幽灵，仿佛一个溺水的人的胳臂，在拉他沉下深渊。即使没钱，提奥也想要做温森特梦想过的所有事情。他给高更发去电报，说他去热带地区有了保障，钱随后汇到。然而，钱仅仅存在于他那妄想的头脑里，高更等了很久方始明白是怎么回事。提奥还要想在阿戈斯蒂娜·塞加托里铃鼓咖啡馆，创建一个画家协会。继而，他的肾炎加重了，发高烧，出现妄想。约翰娜没了主张，请教加舍。加舍虽然有磁感应线圈，采用顺势疗法，也同样无能为力。提奥发起病来，对他妻子和儿子特别狂暴，想要杀掉母子俩，就好像怪罪有他们存在，才导致温森特自杀。最后，他请求住进医院，试住了好几家诊所，包括布朗什大夫那家著名的诊所。

布索和瓦拉东很快换了人，毫不客气地将干了十七年的提奥打发掉了。在先锋派画家的圈子里，大家都惊愕不已，因为，惟独提奥为他们说话，展示他们的作品，还售出几幅画。布索和瓦拉东，古比尔的两个女婿，始终弄不明白，这位画店经理为什么执意要卖这些新画家的作品，费那么大劲赚二百法郎，而销售当时热捧的名画家，雅南、郭司特，以及梅索尼埃之流的作品，一笔生意就能获利数千法郎，甚至数万法郎。

提奥经过休养，病情好转，炎症消退，约翰娜更抓住机会，将提奥送回荷兰，送到她从前教过英语的乌得勒支。不料，提奥再次发病，只好送进乌得勒支精神病院。他的病情更加复杂，又突发心脏病，导致瘫痪，随后便昏迷不醒，根本没有指望了。惟一观察到他有生命的反应，就是在医生给他读报上一篇谈温森特·梵高的文章的过程。那之后不久，一八九一年一月二十五日，在他哥哥死后半年，提奥便埋葬在乌得勒支了。

　　约翰娜带儿子回到巴黎。她重又成为孀妇，带着一个刚满周岁的孩子，没有了谋生手段；生活完全毁了，只守着温森特的数百幅油画、同样数量的素描，以及大约六百五十封信。这些作品，似乎在她的周围播种死亡，现在该如何处置呢？她哥哥安德里斯·邦杰，对温森特始终持否定态度，他就劝妹妹扔掉这一大堆没有价值的破烂东西。幸好约翰娜很有品格，见识远在这个思想狭隘的哥哥之上。

　　约翰娜没有听从哥哥的话，她把这堆信件整理分类，一封封阅读。她后来讲述：起初她就是想找回提奥，她深情爱过的男人。她开始阅读，走了我们走过的这段历程，遇到了温森特。她再观赏油画、素描，她的生活选定了方向，她的命运在她看来一目了然了：要让世人了解，再把这些作品交给这个世界。她决定的头一件事，就是在她儿子的名下设立基金，让这个婴儿成为他伯父作品的继承人。

　　接着，约翰娜表现出了无愧于她大伯子的一种耐心、聪明和魄力，保证这些作品存留，并为所有人大放光芒。举办画展，向新闻界介绍，出售几幅画作，以便让人了解，整理提奥生前当她面所作的回忆，撰写出第一本温森特的传记，还将书信译成英文，约翰娜就这样善于保卫并确立这些作品的地位。到了一九一四年，她就将提奥留下来的东西全部运到瓦兹河畔欧韦，靠近温森特的坟墓。

　　然而，她儿子，从温森特的祖父算起，第五代温森特·威廉·梵高，成年之后就执意再也不出售一幅画作，这导致他同母亲的冲突。他的决定是正确的，收藏的绘画不应该散失。他同意借画展览，但是不再卖任何作品。

小温森特长大成人，成为好几个孩子的父亲，在他母亲去世之后，他有了个大主意，请求荷兰国家帮助，完整地保存这批收藏。政府答复接受他的请求。一九七三年，建起了阿姆斯特丹梵高博物馆，收藏他的继承人还掌握的作品和档案材料。

26 几句结束语

这部讲述温森特·梵高生平的小说,这样结束得很突然,还留下几个问题,几个争论不休的问题,即使不要求解答,至少也要求信念。

在一八九〇年,温森特走到他艺术生涯的暮晚了吗? 不然,瓦兹河畔欧韦的创作包含许多杰作,构成了真正的绘画大教堂。这个阶段还仅仅是开端,似乎能产出大量成果。一种趋向抽象形式的变化,在这些《树根》和《鲜花和叶丛》作品中已有所表露:这些作品不再表现一种封闭的意境,而是表达一种探索某些结构的意愿本身。温森特曾梦想到其他国家,梦想附和高更最初的计划,一同去马达加斯加岛。我们可以想象到了热带地区的梵高,作品该有多么华美……温森特生涯之路并没有走完。

温森特是疯子吗? 面对精神病科医生之间的种种矛盾说法,这个问题确实存在。这些研究的绝大部分都过时了,写传记的作者所掌握的材料差得太远。为此,必须回到一些简单的事实。人们可以永无止境地分析材料，但是什么也不能替代同本人的接触。那么，两位见到温森特的医生，都认为他从一八九〇年春天起就治愈了。至于雷伊，他在温森特的身上，完全看出一个极为敏感的人。

布隆和加舍，不管他们的医术多么不高，他们同温森特相处，二人都知道一个真正神经错乱的人是什么样子，他们天天见到，因而他们的见解不能一挥手就给否定了。温森特确有一个神经官能症区，可以说同所有人一样；不过，他心理上和身体上经受极度的紧张，有时情绪就爆发了；这样的发作，可以归属于精神病，但的的确确是深患不治的精神病症状，甚至间歇时段也让医生惊愕吗？恐怕不如说是躁狂剧烈爆发，不管显得多么严重，随后也能完全治愈吧？他所经历的那种高度紧张，换了谁能不发作呢？正是同高更的冲突，这也是有原因的，就险些夺走了他的理智。然而，一八九〇年春天，高更一旦给他寄去那封我们引用过的信；即高更终于承认他是与自己比肩的艺术家，温森特病就痊愈了，他又在绘画中找回阿尔勒的色彩，直到临终，再也没有出现一点点有病的征兆了。

在圣雷米最后那次发病之前，温森特复制了几幅阿尔勒女郎，"恭恭敬敬地"遵照高更的素描。有趣的是，后来他从欧韦给高更写信，说起这幅古怪的作品，称作是他们二人工作的一个"概括"："为了这幅画，我这方面还付出了一个月的病症。"在这幅"付出了"一次发病的画作之后，在高更那封承认他是与自己比肩的艺术家之后，温森特就复活了，要弄明白这种复活的心路机制，就必须进行全面研究。

还剩下自杀的问题。凡是自杀都是病态的吗？温森特的自杀是有病理原因吗？对头一个问题，我们回答是否定的，这是以人的自由的名义，没有这种自由，就什么也谈不上了。对第二个问题，就不能给予斩钉截铁的回答。我们只是指出，温森特开那一枪的前前后后，丝毫没有发病的征兆。担心再次发病而住进医院吗？还是清醒冷静的行为，如同一位家长为自己的孩子做出牺牲呢？答案，已由温森特随身带走了。

温森特是个孤独的人。他的作品展现一种希望，他的青春在作品中大放光芒，而他的中年，且不说老年阶段，一定能允许他走得更远。高更的享年比他多了二十五岁。可是，温森特的所有作品只用了十一年，须知这个阶段也包括学艺的时间。然而，就在五年伟大绘画的创作期间，他为野兽主义、表现主义和抽象表现主义开了先河。他率先解放了绘画的动作，改变了绘画本身的概念，因为按照他的意思，他的作品几乎全是"习作"，其实都是未完成品。在绘画动作中，哪位画家也没有他那样自由，在构图的方式上，哪位画家也没有如此求助于自由观察的目光。

温森特非同寻常的命运化作受诅咒的艺术家的神话，我们不应该因此忽略他由自己的绝望的画作相伴，描绘纯粹的幸福时刻中自得的无穷乐趣。世界有时是美妙的，在温森特的眼里，甚至经常是美妙的，即使他可能经受多么大痛苦，也难以表明这一点。我们让他用这句已经援引过的话，来结束这部书信体小说吧：

"甚至大中午我还在干，顶着烈日，在麦田里，没有一点阴凉，就是这样，我像一只蝉似的在享乐。"

Vincent

梵高

提奥

梵高的妹妹威廉米娜

提奥的妻子约翰娜和儿子温森特·威廉

1876年,梵高受斯托克斯先生雇用在拉姆斯盖特的学校教书

1876年,梵高住在托马斯·斯莱德－琼斯家

1878年,梵高到博里纳日矿区传教

《杨树林荫路》· 1884 年

《吃土豆的人们》· 1885 年

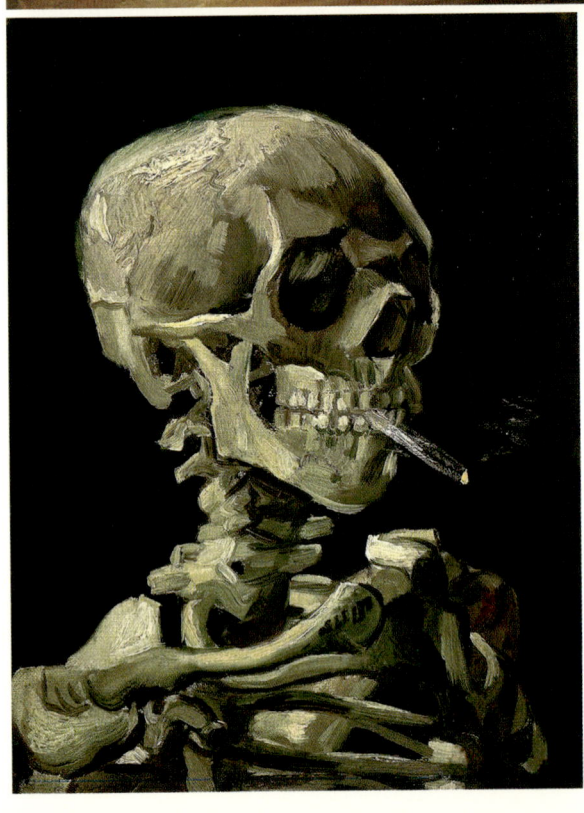

↑《静物:翻开的〈圣经〉》· 188
←《吸烟的头盖骨》· 1885 年

《一双鞋子》· 1886 年

《黄房子》·1888 年

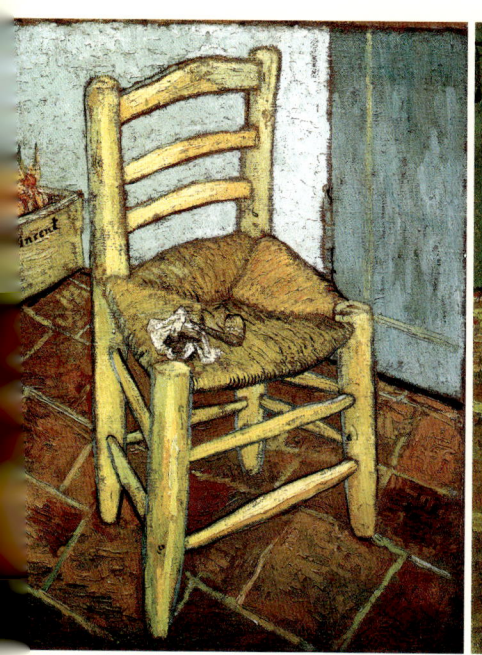

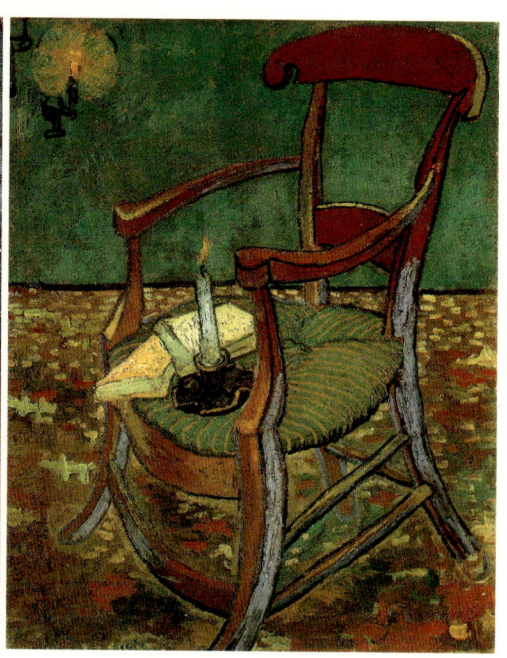

→《高更的椅子》·1888 年
←《梵高的椅子》·1888 年

《向日葵》· 1888 年

《咖啡馆露天座夜景》·1888 年

↑《温森特的房间》·1888 年
↓《夜咖啡馆》·1888 年

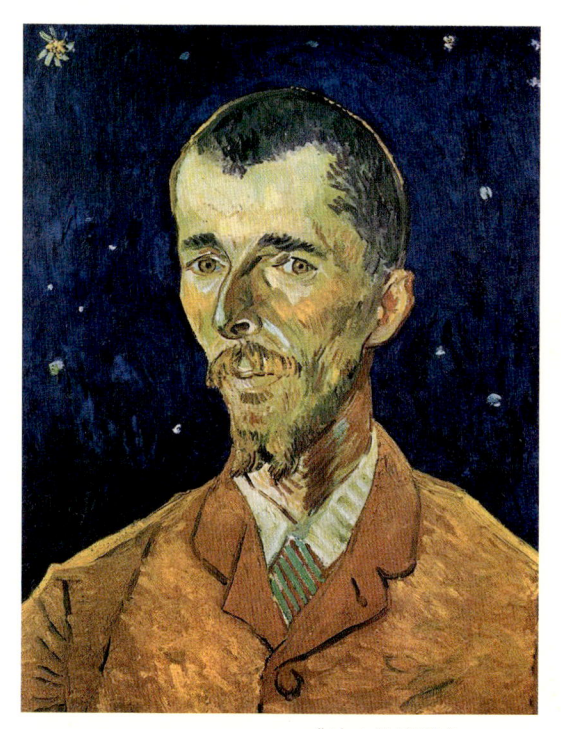

《诗人的肖像》· 1888 年

《阿尔勒女郎》·1888 年

↖ 《罗纳河上的星夜》·1888 年
↗ 《红色葡萄园》·1888 年
↙ 《埃滕花园记忆》·1888 年
↘ 《鲜花盛开的果园》·1888 年

↑《阿尔勒景观》·1888年
↓《蓝蝴蝶花》·1889年

《割耳朵后的自画像》· 1889 年

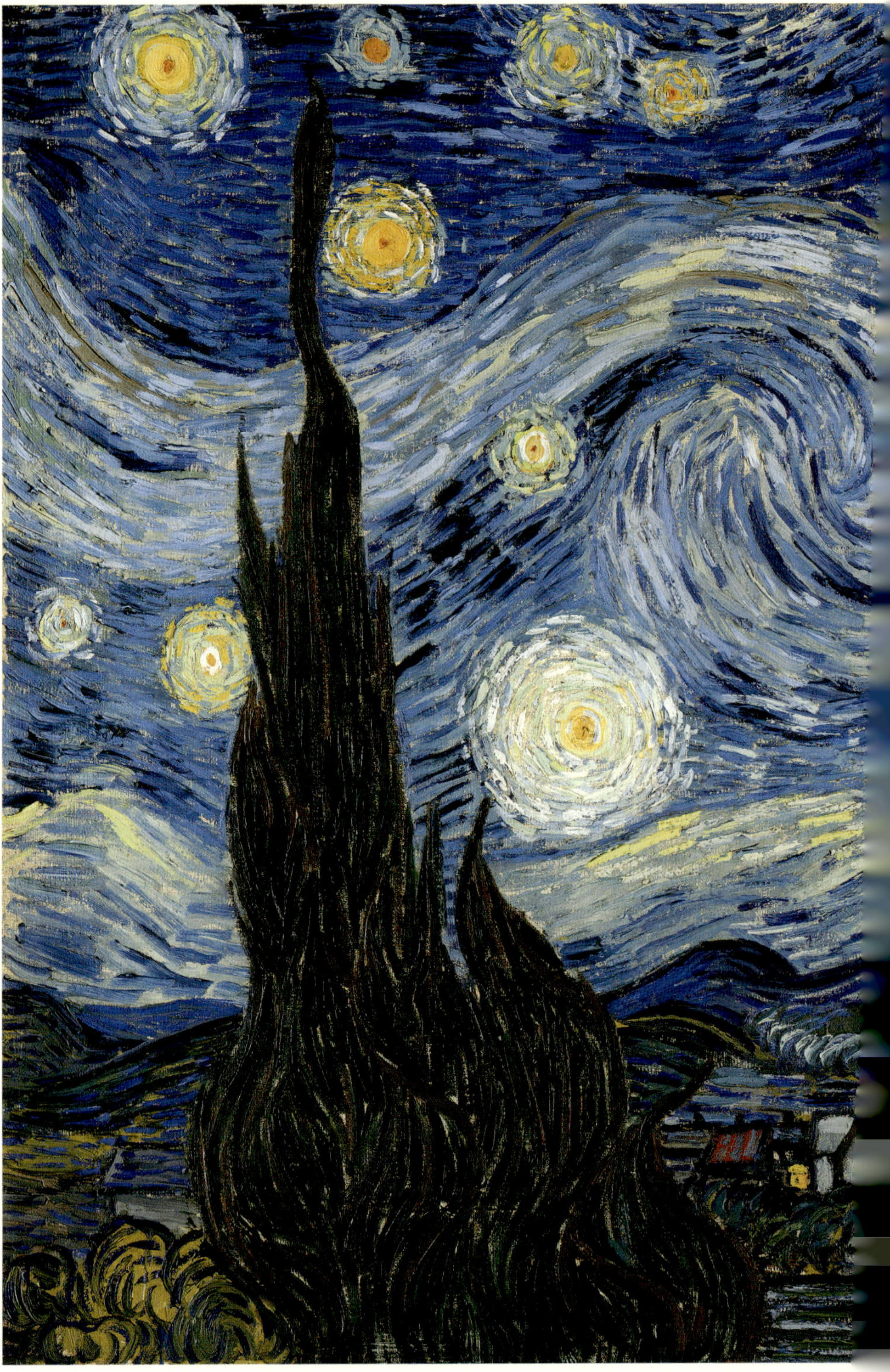

《星空》·1889 年

↑《邮递员鲁兰》·1889年
↓《催眠曲》·1889年

↑《有柏树的麦田》· 1889 年
↓《柏树》· 1889 年

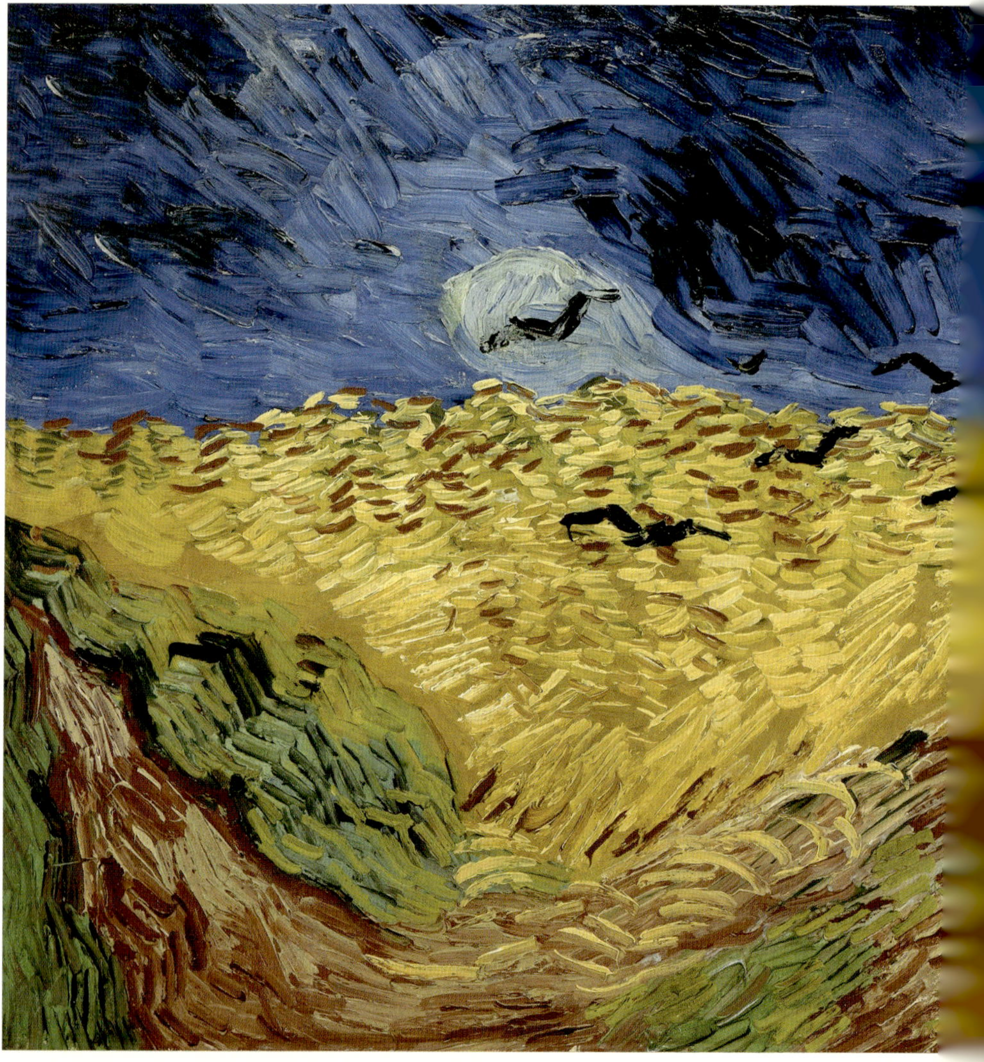

《乌鸦乱飞的麦田》·1890 年

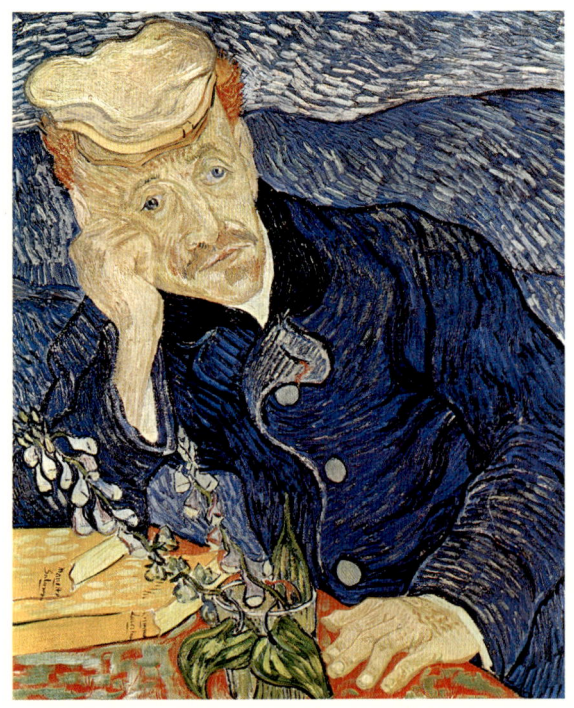

《加舍大夫像》·1890 年

《欧韦教堂》·1890 年

《加舍小姐弹琴》·1890 年

《欧韦街道》·1890 年

《星夜中的柏树》· 1890 年

↑《多比尼的花园》·1890 年
↓《树根》·1890 年

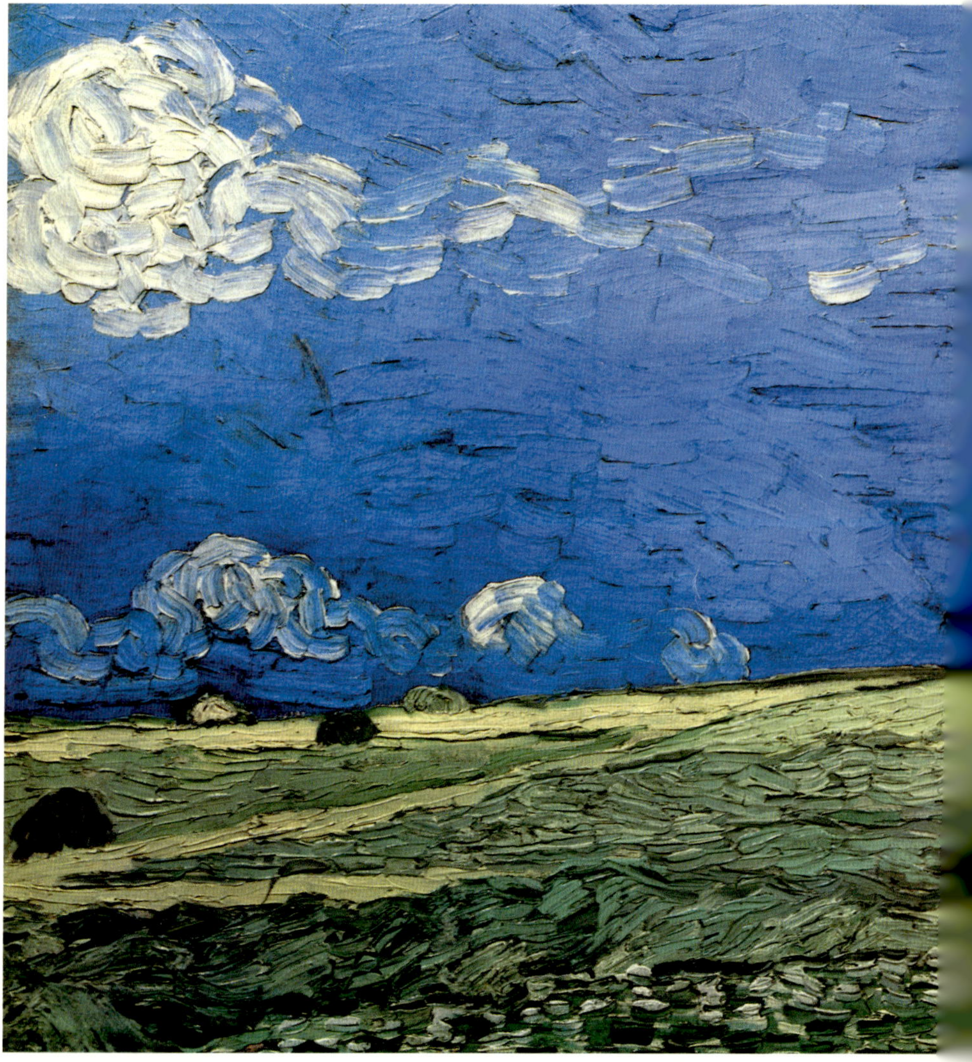

《乌云密布暴雨欲来的天空下的麦田》·1890年

Van Gogh

梵高的调色板

为了它（绘画），我拿自己的生命去冒险；由于它（绘画），我的理智有一半崩溃了；不过这都没关系……

甚至大中午我还在干，顶着烈日，在麦田里，没有一点阴凉，就是这样，我像一只蝉似的在享乐。